READING LIVY'S ROME

Selections from Books I–VI of Livy's *Ab Urbe Condita*

Milena Minkova

and

Terence Tunberg

Bolchazy-Carducci Publishers, Inc.

Wauconda, Illinois USA

Editor
Laurie Haight Keenan

Contributing Editor
Andrew J. Adams

Typography, Page and Cover Design
Adam Phillip Velez

Cover Illustration
Jacques Louis David (1748–1825), The Oath of the Horatii.
Louvre, Paris, France. Erich Lessing / Art Resource, NY

Reading Livy's Rome
Selections from Books I–VI of Livy's *Ab Urbe Condita*

by Milena Minkova and Terence Tunberg

Bolchazy-Carducci Publishers, Inc.
1000 Brown Street
Wauconda, IL 60084 USA
www.bolchazy.com

Printed in the United States of America
2005
by United Graphics

ISBN 0-86516-550-5

Library of Congress Cataloging-in-Publication Data

Minkova, Milena.
  Reading Livy's Rome : selections from books I-VI of Livy's Ab urbe condita / Milena
Minkova and Terence Tunberg.
      p. cm.
  ISBN 0-86516-550-5 (pbk.)
  1. Latin language--Readers. 2. Rome--History--Problems, exercises, etc. 3.
Readers--Rome. I. Tunberg, Terence. II. Livy. Ab urbe condita. Selections. III. Title.

  PA6452.A3M56 2004
  478.6'421--dc22

                                                        2004023374

OPERAE PRETIUM EST ... HISTORIAM ROMANORUM LEGERE[*]

Contents

PREFACE

Livy begins the preface of his vast history of the Roman people with the following words:

> *Facturusne operae pretium sim si a primordio urbis res*
> *populi Romani perscripserim nec satis scio nec, si sciam,*
> *dicere ausim...* "I am not sufficiently certain whether
> it will be worth the effort to describe the history of
> the Roman people from the beginnings of the city
> of Rome, nor, should I be certain, would I dare to
> speak..."(Preface 1).

He professes to doubt whether his effort will be worth while if he writes the history of the Roman people from the very beginnings of the city, largely because so many other authors have treated the theme, who claim either to present a more accurate account, or to surpass their predecessors in writing skill. As we read the rest of the preface, however, we can hardly doubt that Livy did consider his effort worth while (*operae pretium*). For even if his work were to be overwhelmed by the mass of other writings, Livy could console himself not only by considering the greatness of the authors whose works obscured his own, but also because in writing about the history of early Rome he could call his mind away from the difficulties that beset his own time and be inspired by the virtues of the early Romans. In our book, which introduces readers to reading Latin and to Livy at the same time, we deliberately recall these words in our epigraph—*Operae pretium est...* *historiam Romanorum legere* or "it is worth while to read Roman history"—because we are convinced that it is worth while not only to read history, and to read this particular monument of historical writing, but also to acquire the ability to read Latin and thereby gain access to the vast store of literary and cultural riches contained in Latin texts written not only in ancient times, but in later periods also.

Livy (59 B.C.–A.D. 17) was born at Patavium, which is now Padua. At some point, probably in early manhood, he migrated to Rome. We have no evidence that he held any public office, but he was introduced to the circle of the emperor Augustus, and apparently devoted his life to writing. He won fame for his vast history of Rome in 142 books, entitled *Ab urbe condita* ("From the Foundation of the City"). Of the entire work, only a small part has come down to us: Books 1–10, which treat the history of the Roman state down to 293 B.C., and 21–45, which cover Roman history from 219 B.C. to 167 B.C. Of these, books 41 and 43 are incomplete. There also survives a fragment of book 91. At a rather early date in the transmission of the text of Livy, a series of abstracts or short summaries of all the books, called *periochae*, was drawn up. The *periochae* of all the books are extant, except those of books 136 and 137.

In his preface, Livy explains his purpose. He wishes to hand down to posterity a record of the way of life of earlier Romans who brought Rome to a height of power and greatness, while he deplores the decline of morals that led to the troubles of the period immediately preceding and including his own lifetime. Livy makes no attempt to vouch for the truth of the stories about early Rome. For Livy, the fact that these stories illustrate the virtues and attitudes of the early Romans is more important than their historical truth in every detail. Although Livy deplores the signs of moral decay prevalent in the period of Roman history closer to his own times, we can detect through the work signs of a firm belief in the essential excellence of the Roman people and the strength of its values.[1] While he does not deny the negative elements in the Roman past, he prefers to concentrate on examples of this excellence and virtue. This point of view perhaps sets Livy apart from two other outstanding exponents of historical writing in the late republic and early empire, Sallust and Tacitus.

---

[1] For example: *Ceterum aut me amor negotii suscepti fallit, aut nulla unquam res publica nec maior nec sanctior nec bonis exemplis ditior fuit, nec in quam tam serae avaritia luxuriaque immigraverint, nec ubi tantus ac tam diu paupertati ac parsimoniae honos fuerit.* "Moreover, either I am deluded by my partiality for the project that I have undertaken, or there has never existed another state which was greater or more observant of religion or richer in good examples, nor into which greediness and opulent excess infiltrated so late, nor where poverty and frugality were honored so much and for such a long time." (Preface 11)

Livy made use of earlier historians for their narratives. A comparison between Livy and the Hellenistic Greek historian Polybius, for example, would suggest that for large sections of his work, Livy merely reworked the Polybian narrative, and modified it purely for literary reasons. Livy perhaps read earlier historians quite extensively, but seems to have had a tendency to follow one account, and to have made little attempt to use a variety of records in any systematic way. This approach makes more sense if we constantly remind ourselves that for Livy the moral lessons of his narrative were always more important than creating the most accurate possible chronicle of events. Livy, moreover, lacked any special knowledge of politics or military affairs. Hence his narrative in itself and unsupported by other evidence rarely gives us much insight into actual political, military, and economic conditions. However, though a pro-senatorial bias often seems to show through his narrative, he is often unbiased to the extent that he usually informs his readers about variant versions of events, if more than one narrative of the same story is known to him.

Livy's work is remarkable as a monument of Latin prose and literary artistry. Especially noteworthy are the brilliance and vividness of his descriptions and characters, as well as the rhetorical skill of the speeches given by the leading personae in his narrative. We are probably not misrepresenting Livy's work, if we conceive of it as a kind of epic in prose that celebrates the glory of the Roman people, a line of thought that Livy himself encourages, when, at the end of his preface, he mentions the custom of poets, who begin by calling upon the gods to give success to their works.[2]

---

[2] *Sed querellae, ne tum quidem gratae futurae cum forsitan necessariae erunt, ab initio certe tantae ordiendae rei absint: cum bonis potius ominibus votisque et precationibus deorum dearumque, si, ut poetis, nobis quoque mos esset, libentius inciperemus, ut orsis tantum operis successus prosperos darent.* "But let disputes—not even agreeable when perhaps they shall be necessary—be absent from the beginning of such a great project: we would more willingly begin with good wishes, vows and prayers to the gods and goddesses, if we had the custom <of beginning this way>, as the poets do, so that the gods would give good success to a work that is just in its beginnings." (Preface 12–13)

How to use this edition:

For several reasons the text of Livy offers appropriate material for those who are beginning to read Latin prose. Livy's narrative is intimately concerned with the traditions of the Roman state itself and the Roman people, and the stories told by Livy are repeated or echoed in countless ways not only throughout the subsequent Latin tradition, but also in European art and in various European national literatures. Moreover, Livy's language is complex and rich, and introduces the reader to a wide range of constructions and vocabulary that may also be encountered in other Latin authors.

Several features of this book are designed specifically to benefit those who have just learned the essentials of Latin grammar, and are undertaking for the first time, or nearly the first time, to read a Latin author. Extensive glossaries are added to each chapter. The glossaries include all words not found in the main glossary in the back of *Wheelock's Latin*, by Frederick M. Wheelock, and revised by Richard A. LaFleur (New York, Harper Resource, 6th edition, 2000). Inserts are found at various points in our text of Livy that explain different features of Livy's language. Each chapter in our selections from Books I–III of Livy is preceded by a Latin paraphrase of that chapter. The language of the paraphrases is simple, and in the paraphrases readers will find fuller explanations of elements that are expressed elliptically in the Livian text. We recommend that students read the paraphrases before reading each chapter. Teachers may find it useful to ask students in class to read a paraphrase at sight and interpret it, and then study outside class the chapter of Livy which is the basis for the paraphrase and prepare to explicate that chapter in the next class period. Readers should note that in the paraphrases the Livian narrative is often retold with vocabulary other than that found in the corresponding part of the Livian texts. This will augment the opportunities for the beginning reader to increase her/his vocabulary quickly. Not only the Livian text itself, but also the paraphrases are equipped with glossaries that explain every word not found in the vocabulary to the edition of *Wheelock's Latin* mentioned above.

Each chapter of Livy's text, as well as the corresponding paraphrase, is divided into several parts, each of which has a title in English. The titles are designed in such a way that they immediately reveal to the reader the contents of the passage in question. Furthermore, throughout the book, there are English summaries of the events that occur in the chapters of the same book not included in the present selections.

Throughout this book we have arranged the Livian material according to a progression, designed to bring the reader to a level at which she or he can read the unaltered text of Livy with some confidence and enjoyment. We recommend that instructors who use this book keep this progression in mind, which is as follows:

Books I and II: Our selected passages from these two books of Livy have been very slightly simplified. Each chapter from Books I and II of Livy is preceded by a Latin paraphrase which is even simpler than the modified text of Livy. The paraphrases, moreover, are usually characterized by a somewhat fuller mode of expression than the Livian text. In this section, there are copious grammatical footnotes that help the reader quickly understand the structure of sentences (the footnotes become less frequent in Book II). In the appendix at the end of this book the reader will find the same passages from Livy, but in their original and unsimplified form.

Book III: Here the reader will find the first transition to a more advanced level. The passages from Livy selected from Book III are entirely unadulterated and unsimplified, even if here and there sections within chapters have been omitted due to considerations of length. All of the passages from Livy are preceded by simple and full Latin paraphrases, as in the case of Books I and II. Notes designed to help the student understand the grammar and syntax of Livy are ample, but slightly less copious than in Books I and II.

Book IV: Here the reader finds the second transition to a higher level. Our selections from Book IV consist of unadulterated passages from Livy, without any Latin paraphrases to accompany them. As in the case of Books I and II, the selections from Book IV are provided with very full notes on syntax and grammar, to help the reader who has for the first time progressed to the (unsimplified) Livian text without the help of a paraphrase.

Books V and VI: Our selections from Books V and VI consist of unaltered passages from Livy, with no accompanying Latin paraphrases. Here and there (as in the case of our selections from previous books of Livy) a few sections of very long passages have been omitted to keep length within bounds. Grammatical notes are still present in this section, but they are not as extensive as the notes that accompany the selections from the previous books. The amount of grammatical assistance provided in this section is approximately comparable to that found in intermediate-level school editions of classical authors.

We have often, but not exclusively, followed the text in the Oxford edition of Livy by Conway and Walters: *Titi Livi Ab Urbe condita*, edd. R.S. Conway, C. F. Walters, voll. I–II (Oxonii, e typographeo Clarendoniano, 1965, reprint of 1914 edition). We have also consulted the Livy's edition by Ogilvie: *Titi Livi Ab Urbe condita*, libri I–V, ed. R. M. Ogilvie, vol. I (Oxonii, e typographeo Clarendoniano, 1974). The following work has proved very useful in the discussion of the first five books: R.M. Ogilvie, *A Commentary on Livy, Books 1–5* (Oxford, Clarendon Press, 1965).

Milena Minkova prepared the selections from Book I, 4–7; 24–26 (with paraphrases); Book II (with paraphrases); Book III, 26–29 (with paraphrases); Book IV, 13–14; and Book V. Terence Tunberg prepared the selections from Book I, 8–9; 55–60 (with paraphrases); Book III, 33–38 (with paraphrases); Book IV, 8; and Book VI. Both authors together composed the preface, the glossaries, and the inserts pertaining to Livian language, and each constantly benefited from the ideas and advice of the other at every stage in the composition of this book.

M.M. and T.T.
Lexington, KY
2004

LIBER PRIMUS

The Capitoline Wolf. She-wolf suckling mythological founders of Rome, Romulus and Remus. Etruscan bronze sculpture, 6th–5th century BCE. The twins were added during the Renaissance. Musei Capitolini, Rome, Italy. Alinari / Art Resource, NY

(Livy's text is slightly adapted at times. The original text is in an appendix at the back of this book.)

Aeneas arrives in Italy and establishes himself there. His descendants reign in the city of Alba. Numitor succeeds to the throne, but is expelled by his brother Amulius, who murders Numitor's sons and forces Numitor's daughter Rhea Silvia to become a Vestal virgin, thus depriving her of hope of offspring.

I, 4 PARAPHRASIS: *The Vestal Rhea Silvia gives birth to Romulus and Remus, and Amulius orders her sons to be exposed*

De origine urbis Romae opinionem meam afferre volo. Roma est urbs permagna. Imperium quoque Romanum est maximum omnium, imperio deorum excepto. Talis urbis talisque imperii origo fatis debetur, a fato ipso decernitur. Vestalis violata est et
5 hanc ob causam prolem, duos scilicet filios, edidit. Mater dixit patrem esse Martem. Huius rei causa poterat esse duplex. Nam aut hoc revera credebat, aut putabat culpam huius rei imminui posse, si deus hoc fecisset. Nemo tamen Rheam Silviam a crudeli rege servare poterat; nec di nec homines hoc facere
10 valebant. Amulius Rheam Silviam (sacerdotem, id est Vestae sacratam) catenis vincit et in carcerem mittit. Filios autem eius in aquam eici iubet.

1 **origo, inis** f. – origin
opinio, onis f. – opinion
2 **permagnus, a, um** – very large
4 **Vestalis, is** f. – vestal virgin (priestess)
violo, are (1) – violate
5 **proles, is** f. – offspring
scilicet (adv.) – namely, that is to say
6 **duplex, icis** – double

7 **revera** (adv.) – really, in fact
imminuo, ere, minui, minutum (3) – diminish
10 **valeo, ere** (2) + infinitive – be able to
11 **sacratus, a, um** – consecrated
vincio, ire, vinxi, vinctum (4) – bind, chain up
carcer, eris m. – prison

I, 4. TEXT: *The Vestal Rhea Silvia gives birth...*

Sed debebatur, ut opinor, fatis tantae origo urbis maximique
secundum deorum opes imperii principium. Cum Vestalis vi
compressa geminum partum edidisset, Martem incertae stir-
pis patrem nuncupat, seu ita rata seu quia deus auctor culpae *b/c The god as author of the sin*
honestior erat. Sed nec di nec homines aut ipsam aut stirpem a   5
crudelitate regia vindicant: sacerdos vincta in custodiam datur,
pueros in profluentem aquam mitti iubet.

---

2   **secundum** (preposition + acc.)
    – following, after, according to
   ops, opis f. – wealth, influence,
    power
3   **comprimo, ere, pressi, pressum** (3)
    – press, suppress, restrain
   edo, ere, didi, ditum (3) – set forth,
    produce, beget
   stirps, stirpis f. – stalk of plant or
    tree, lineage, offspring

4   **seu... seu** – whether... or
   reor, reri, ratus sum (2) – think,
    believe, suppose
5   **honestus, a, um** – honorable, worthy,
    proper
6   **crudelitas, atis** f. – cruelty
   vindico, are (1) – lay claim to, liber-
    ate, defend, avenge
7   **profluo, ere, fluxi, fluxum** (3) – flow
    forth, flow along

---

1   **ut** – followed by the indicative, with
the meaning 'as'.

   origo – subject of *debebatur*.

2   **secundum deorum opes** – 'after the
power of the gods' (i.e., in the second
place to the empire of the gods).

   cum...edidisset – a temporal clause
in which time prior to the main verb
nuncupat is indicated; the mood is
subjunctive and the tense is pluperfect; *cum* means 'when'. See Gilder-
sleeve/Lodge, p. 374.

   Vestalis – Rhea Silvia, a descendant
of Aeneas and a daughter of Numitor,
the king of Alba. Her uncle Amulius,
trying to usurp the throne, forced her
into becoming a Vestal. The Vestals
were supposed to keep their virginity,
and thus Amulius hoped to prevent
any legitimate claims to the throne.

   vi – ablative of means or instrument,
from the noun *vis*. See Gildersleeve
and Lodge, *Latin Grammar* (New
York, 1895; reprinted and enlarged
Wauconda, Illinois by Bolchazy-
Carducci Publishers, 2000, with forward by W. Briggs and bibliography
by W. E Wycislo), pp. 257–59. We
henceforth refer readers to this man-
ual for further discussion of certain

features of Latin grammar and usage.
From here on we cite this work in the
abbreviated format 'Gildersleeve/
Lodge', along with the appropriate
page numbers.

4   **nuncupat** – here and in many in-
stances afterwards, Livy employs a
present historic tense for a more vivid description.

   rata – a perfect passive participle with
an active sense, because the verb *reor*
is deponent. It has not only a temporal, but a causal meaning: 'having
thought'. See Gildersleeve/Lodge, p.
153.

   **quia deus auctor culpae honestior
erat** – more honorable than if it were
a deed of a mortal man.

6   **regia** – this adjective modifies *crudelitate*. 'The royal cruelty' refers to the
cruel actions that Amulius is about to
perpetrate.

   sacerdos – could be either masculine
or feminine. Here it refers to the Vestal and is feminine.

7   **iubet** – the subject is Amulius. This
verb takes the accusative (*pueros*) and
infinitive (*mitti*) to indicate an indirect command. The infinitive *mitti* is
passive.

Romulus and Remus are left floating in the Tiber, but are washed up on dry land

Omnia postea facta divinitus imperata videntur. Eo enim tempore Tiberis extra ripas diffundebatur et stagna formabat. Ergo
15   nemo ad ipsius fluvii cursum appropinquare poterat. Homines, qui infantes ferebant, putaverunt eos mergi posse etiam aqua leniore quae inveniebatur in stagnis extra cursum fluvii. Itaque ii homines putantes se iussa regis exsequi infantes in aqua superfluenti reliquerunt. Illo in loco invenitur arbor ficus Ru-
20   minalis nuncupata, quam dicunt antea esse appellatam ficum Romularem. Illic pueri exponuntur. Tempore quo pueri sunt expositi iis locis vastae erant solitudines.

13 **divinitus** (adv.) – divinely
14 **ripa, ae** f. – bank
    diffundo, ere, fudi, fusum (3) – pour out
    stagnum, i n. – pool
15 **fluvius, i** m. – river
16 **infans, fantis** – infant
    mergo, ere, mersi, mersum (3) – immerse, sink

18 **exsequor, i, secutus** (3) – follow up, carry out
19 **superfluens, entis** – overflowing
    ficus, i f. – fig tree
20 **nuncupo, are** (1) – name
21 **illic** (adv.) – in that place
22 **vastus, a, um** – immense

Romulus and Remus are left floating in the Tiber...

Forte quadam divinitus super ripas Tiberis effusus lenibus
stagnis adiri usquam ad iusti amnis cursum non poterat, sed
spem ferentibus dabat posse quamvis languida mergi aqua in-   10
fantes. Ita velut defuncti regis imperio in proxima alluvie ubi
nunc ficus Ruminalis est—Romularem vocatam ferunt—pueros
exponunt. Vastae tum in his locis solitudines erant.

---

8   **super** (preposition + acc.) – over, upon, beyond

    effundo, ere, fudi, fusum (3) – pour out, spread out

9   **usquam** (adv.) – anywhere

    amnis, is m. – stream, river

10   **languidus, a, um** – slow, sluggish, languid

11   **defungor, i, functus** (+ abl.) – finish, discharge

    alluvies, ei f. – a pool of water made by overflowing sea or river

12   **ferunt** – people say

---

8   **forte quadam divinitus** – i. e., *forte quadam divinitus <data>...*

    Tiberis – the subject of both *adiri non poterat* and *dabat spem.*

10   **ferentibus** – its object is understood to be the children. The participle here is being used as a noun meaning 'the bearers' or 'the ones carrying <the children>'.

    posse quamvis languida mergi aqua infantes – an accusative with infinitive depending on *spes* and explaining the hope: 'that the infants could be submerged by even sluggish water'. *Aqua* is ablative of means.

11   **defuncti** – this perfect participle has an active sense ('having fulfilled'),

because the verb *defungor* is deponent. The verb *defungor* takes the ablative, in this case *imperio.*

12   **Ruminalis** – the Romans connected *Ruminalis* with the goddess Rumina, a nursing goddess (*rumis* means 'a breast'), since figs were often conceived symbolically as human breasts; furthermore perhaps it was thought that Romulus and Remus sucked on the she-wolf's teats for the first time under that tree. Perhaps the name refers to a place where flocks used to graze (*ruminor* means 'to ruminate'). Livy also calls the place *Romularis* because of the desired connection with Romulus.

Romulus and Remus are fed by a she-wolf, and afterwards recovered by a shepherd

Haec quoque in fabula narrantur. Alveus in quo pueri iacebant
in fluvio huc atque illuc fluebat. Aqua tamen minimae erat alti-
25   tudinis. Itaque alveum in terram siccam exposuit. Haec quoque
fabula narratur. Lupa quaedam in montibus qui circa hunc locum siti sunt vagabatur et desiderio aquae laborabat. Vagitum
sive eiulatum infantium audivit et ad eos venit. Illa mammas
suas pendentes infantulis praebuit. Tam tenera erat lupa ut pas-
30   tor (qui pecora regia curabat; nomen eius erat Faustulus) invenerit eam pueros lingua sua lambentem sive lingentem. Pastor
ad stabula rediit una cum infantibus et eos Larentiae uxori dedit. Propositum erat ut Larentia pueros educaret. Alia fabula
de eadem re narratur. Quidam dicunt Larentiam modo minus
35   casto vixisse et corpus suum inter omnes divulgavisse. Hac de
causa a pastoribus Lupa est nominata. Inde fabula de vera lupa
et de miraculo est excogitata.

23 **alveus, i** m. – hollow vessel
24 **altitudo, inis** f. – depth
25 **siccus, a, um** – dry
27 **situs, a, um** – located
    vagor, ari (1) – wander
    desiderium, i n. – desire
    vagitus, us m. – squalling of children
28 **eiulatus, us** m. – wailing
    mamma, ae f. – breast
29 **pendeo, ere, pependi** (2) – hang, be suspended, depend on
    infantulus, i m. – tiny child

    tener, era, erum – tender
    pastor, oris m. – shepherd
30 **pecus, pecoris** n. – herd
31 **lambo, ere** (3) – lick
    sive (conj.) – or, or if
    lingo, ere, linxi (3) – lick
32 **stabulum, i** n. – stable, stall, dwelling
33 **educo, are** (1) – rear
35 **castus, a, um** – chaste
    divulgo, are (1) – disseminate, prostitute; publish
37 **excogito, are** (1) – contrive

Romulus and Remus are fed by a she-wolf...

Tenet fama cum tenuis aqua fluitantem alveum, quo expositi
erant pueri, in sicco destituisset, lupam sitientem ex montibus, 15
qui circa sunt, ad puerilem vagitum cursum flexisse; eam adeo
mitem submissas mammas infantibus praebuisse ut lingua
lambentem pueros magister regii pecoris invenerit— Faustulo
fuisse nomen ferunt; ab eo ad stabula Larentiae uxori educandos datos. Sunt qui Larentiam vulgato corpore lupam inter pas- 20
tores vocatam putent; inde locum fabulae ac miraculo datum.

---

14 **tenuis, e** – light, thin, delicate
fluito, are (1) – flow, float

15 **destituo, ere, ui, utum** (3) – set
down, abandon

16 **circa** (adv.) – around (also preposition + acc.)

flecto, ere, flexi, flexum (3) – bend,
turn, change

17 **submitto, ere, misi, missum** (3) – let
down

20 **vulgo, are** (1) – disseminate, publish,
prostitute

---

14 **cum...destituisset** – a temporal
clause referring to time prior to the
verb *flexisse* on which it depends.

15 **lupam...cursum flexisse; eam...mi-
tem...praebuisse mammas; <pueros>
educandos datos <esse>** – accusatives
with infinitives in indirect speech
depending on *tenet fama*. See Gilder-
sleeve/Lodge, pp. 329–37.

17 **ut...magister...invenerit** – a result
clause; the antecedent in the main
clause is *adeo* (related to *mitem*). See
Gildersleeve/Lodge, pp. 351–53.

18 **lambentem** – a participle that refers
to the wolf.

magister regii pecoris – the chief
shepherd of the royal flock.

Faustulo – a name-indicating dative.
It has virtually the same meaning
as the accusative in apposition with

nomen (which could also be used in
such a sentence): 'they say his name
was Faustulus'. See Gildersleeve/
Lodge, p. 224 (section 349, note 5).

19 **ab eo** – the pronoun refers to Faustulus.

educandos – gerundive that means
'to be brought up'.

20 **sunt qui...putent** – a relative clause
with the subjunctive that indicates
a result. Such clauses are often described as consecutive. See Gilder-
sleeve/Lodge, pp. 403–05.

vulgato corpore – an ablative absolute. See Gildersleeve/Lodge, pp.
263–65.

lupam – this word can be used as a
derogatory term to mean 'prostitute'.

21 **locum** – i.e., the origin.

Romulus and Remus grow up to be young men

Hoc igitur modo pueri nati atque educati sunt. Postquam ad adulescentiam pervenerunt, non erant segnes in rebus ad
40   stabula et ad pecora pertinentibus. Silvas quoque perlustrabant venantes. Ex hac re eorum corpora atque animi fortiores sunt facti. Itaque non tantum bestias venabantur, sed latrones quoque oppugnabant qui praedam ferebant. Romulus et Remus praedam ex latronibus sumere et aliis pastoribus tradere
45   solebant. Una cum pastoribus fratres et res graves peragebant et ludicra faciebant. Itaque grex horum iuvenum in dies magis numerosus fiebat.

---

40   **perlustro, are** (1) – wander over
41   **venor, ari** (1) – hunt
42   **latro, onis** m. – robber
43   **praeda, ae** f. – booty, prey
45   **una** (adv.) – together / **una cum** + abl. – together with

perago, ere, egi, actum (3) – finish, perfect, spend
46   **ludicrum, i** n. – sport
    grex, gregis m. – group, gathering

LIVY'S LANGUAGE
HISTORICAL INFINITIVE

Livy, like other historical writers, such as Sallust, makes extensive use of the historical infinitive. This device contributes to the vividness of narration. The historical infinitive may be employed alone, but is typically used when the author describes a series of actions, and it may often denote an action habitually or repeatedly done. The subject of the historical infinitive is nominative, not accusative.

"Ita geniti itaque educati, cum primum adolevit aetas, ... robore corporibus animisque sumpto iam non feras tantum *subsistere* sed in latrones praeda onustos impetus *facere* pastoribusque rapta *dividere* et cum his crescente in dies grege iuvenum seria ac iocos *celebrare.*" (I,4)

Romulus and Remus grow up to be young men

Ita geniti itaque educati, cum primum adolevit aetas, nec in
stabulis nec ad pecora segnes venando peragrare saltus. Hinc
robore corporibus animisque sumpto iam non feras tantum
subsistere sed in latrones praeda onustos impetus facere pasto-   25
ribusque rapta dividere et cum his crescente in dies grege iuvenum seria ac iocos celebrare.

---

22 **gigno, ere, genui, genitum** (3) – beget, produce
   adolesco, ere, adolevi (3) – grow,
   mature
23 **segnis, e** – slow, sluggish, lazy
   peragro, are (1) – cross, wander or
   travel over
   saltus, us m. – woodland pasture,
   ravine, mountain valley

24 **robur, oris** n. – hard wood, strength
   fera, ae f. – wild beast
25 **subsisto, ere, stiti** (3) – stand, remain, (trans.) resist
   onustus, a, um – burdened
   impetus, us m. – attack
26 **divido, ere, visi, visum** (3) – divide

---

22 **cum primum** – the phrase means
   'as soon as'. It introduces a temporal
   clause in which the verb is indicative,
   as here (*adolevit*). See Gildersleeve/
   Lodge, pp. 360–61.
23 **segnes** – this adjective modifies Romulus and Remus.
   venando – a gerund in ablative indicating manner. This type of ablative
   gerund can have a meaning very
   close to that of a simple present participle in agreement with the subject.

See Gildersleeve/Lodge, p. 282 (section 431, note 3).
   **peragrare...subsistere...facere...di-
   videre...celebrare** – historical infinitives. See Gildersleeve/Lodge, p. 413.
24 **robore...sumpto** – an ablative absolute.
25 **praeda** – an ablative of instrument.
26 **rapta** – i.e., *res raptas*.
   cum his – in this phrase we understand *pastoribus*.

I, 5 PARAPHRASIS: *During the celebration of games, Remus is snatched away by bandits*

Eo tempore in monte Palatio ludus Lupercal nuncupatus iam
exstabat. Ipse autem mons appellatus est primo Pallanteus a nomine urbis Pallantii, quae urbs erat in Arcadia. Deinde nomen
in Palatium est mutatum. Multis ante annis Euander Arcadus
5   ea loca possederat et illic sollemnem cultum ex Arcadia allatum
instituerat. In eo cultu iuvenes sine vestimentis Pana Lycaeum
adorabant. Currebant enim ludentes atque lascivientes. Quem
deum postea Romani Inuum nominaverunt. Ludi omnibus
erant noti. Itaque quidam latrones contra duos fratres qui eo
10   tempore ludo se dedebant insidias posuerunt. Latrones enim
irascebantur quod praedam suam amiserant; quam praedam
Romulus et Remus iis eripuerant. Romulus vi se defendit, sed
Remus ab latronibus est captus. Latrones eum regi Amulio tradiderunt et eum accusaverunt. Dicebant enim fratres in Numi-
15   toris agros impetum facere. Dicebant quoque fratres gregem
iuvenum collegisse et tamquam hostes in illis agris praedari.

2 **exsto, are** (1) – appear, exist
5 **possideo, ere, sedi, sessum** (2)
   – possess, occupy
   sollemnis, e – regular, established,
   sollemn, religious
   cultus, us m. – cultivation, worship,
   culture
   adfero/affero, ferre, tuli, latum
   – deliver, import, report, allege

6 **vestimentum, i** n. – garment
7 **adoro, are** (1) – worship
   lascivio, ire (4) – frolic, frisk, run
   wild
8 **nomino, are** (1) – name
10 **dedo, ere, didi, ditum** (3) – deliver,
   apply, dedicate
16 **praedor, ari** (1) – plunder, pillage

I, 5 TEXT: *During the celebration of games...*

Iam tum in Palatio monte ludicrum Lupercal fuisse ferunt, et
a Pallanteo, urbe Arcadica, Pallantium, dein Palatium montem
appellatum; ibi ferunt Euandrum, qui ex eo genere Arcadum
multis ante tempestatibus tenuerit loca, sollemne allatum ex
Arcadia instituisse (ut nudi iuvenes Lycaeum Pana venerantes 5
per lusum atque lasciviam currerent) quem Romani deinde vocarunt Inuum. Cum sollemne omnibus notum esset, ob iram
praedae amissae latrones insidiati sunt iuvenibus huic ludicro
deditis. Cum Romulus vi se defendisset, Remum latrones ceperunt, captum regi Amulio tradiderunt, ultro accusantes.) Crimi- 10
ni maxime dabant in Numitoris agros ab iis impetum fieri; inde
eos collecta iuvenum manu hostilem in modum praedas agere.

5	**nudus, a, um** – naked, unarmed	10	**ultro** (adv.) – beyond, besides, voluntarily	
	veneror, ari (1) – venerate, worship		**crimen, inis** n. – crime, charge, accusation	
6	**lusus, us** m. – jest, play, game			
	lascivia, ae f. – playfulness, sportiveness	11	**inde** (adv.) – thence, from there (in place or time)	
8	**insidior, ari** (1) – lie in wait for, set an ambush for	12	**hostilis, e** – hostile	

1 **Palatio** – *Palatium* is one of the seven hills of Rome; actually the one on which Rome was first built.

Lupercal (sg.) or *Lupercalia* (pl.) was one of the most primitive Roman rituals, held on February 15. Its name is usually related to *lupus* ('keeping away the wolves'), and thus explains the ritual as averting wolves' depredations on herds.

2 **Arcadica** – *Arcadia* is a mountainous province in the Greek Peloponnesus.

3 **Euandrum** – *Euander* was a Greco-Roman hero who had settled in Italy as head of a colony of Arcadians several years before the Trojan war.

Arcadum – genitive plural of *Arcades, um*, m. pl.

4 **tempestatibus** – means here *aetas*. The ablative indicates degree of difference in time as related to the adverb *ante*.

sollemne – substantive: 'a custom'.

5 **ut...currerent** – a clause explaining the contents of *sollemne:* 'established the custom brought from Arcadia, that naked youths would run, venerating...'

Lycaeum – the pastoral deity Pan, 'the one of the wolves', because he guarded flocks from wolves's attacks.

6 **vocarunt** – a contraction of *vocaverunt*.

7 **Inuum** – the origin of this name is not quite clear.

cum sollemne...notum esset – when *cum*, as here, has the meaning 'since,' the verb in the clause which it introduces is normally in the subjunctive. See Gildersleeve/Lodge, pp. 374–75.

9 **cum...se defendisset** – understand *cum* as having a meaning contrasting to that of the main clause: 'although Romulus <successfully> defended himself by force, bandits captured Remus'. See Gildersleeve/Lodge, p. 375.

10 **captum** – understand *Remum*.

ultro accusantes – 'accusing him too': they were accusing Remus of the things of which they themselves were guilty.

12 **eos...agere** – an accusative with infinitive depending on *crimini...dabant* and explaining the contents of *crimen. Crimini maxime dabant* means 'They especially brought the charge that...'

Given to Numitor for trial, Remus is recognized as a royal offspring

Ita Remus traditus est Numitori ut puniretur. Faustulus vero inde ab initio sperabat se regiam prolem educare. Nam sciebat regem infantes exposuisse; sciebat etiam se eodem tempore eos

20 invenisse. Nolebat tamen rem nimis immature aliis aperire. Hoc fieri poterat per occasionem aptam aut per necessitatem coercentem. Necessitas est prius exorta. Nam Faustulus timebat et propter hunc timorem rem Romulo aperuit. Casu quodam Numitoris quoque animus memoria nepotum est tactus. Nam

25 Remum apud se in carcere habebat. Audiverat tamen fratres esse geminos. Tunc cogitavit de eorum aetate; cogitavit quoque de eorum indole quae non erat indoles servorum. Rem investigavit et his investigationibus pervenit ad eandem opinionem quam habuit Faustulus, et Remum paene agnovit.

20 **immature** (adv.) – untimely
aperio, ire, perui, pertum (4) – open, reveal
21 **necessitas, atis** f. – necessity
22 **exorior, iri, ortus** (4) – arise, appear, begin

27 **indoles, is** f. – nature, quality, disposition
28 **investigatio, onis** f. – investigation
29 **agnosco, ere, novi, nitum** (3) – recognize, acknowledge

Given to Numitor for trial, Remus is recognized...

Sic Numitori ad supplicium Remus deditur. Iam inde ab initio
Faustulo spes fuerat regiam stirpem apud se educari; nam et
expositos iussu regis infantes sciebat et tempus quo ipse eos 15
sustulisset ad id ipsum congruere; sed rem immaturam nisi aut
per occasionem aut per necessitatem aperiri noluerat. Necessitas prior venit: ita metu subactus Romulo rem aperit. Forte, cum
Numitor in custodia Remum haberet audissetque geminos esse
fratres, et aetatem eorum et ipsam minime servilem indolem 20
comparavit. Iam memoria nepotum animum eius tetigerat; scis-
citandoque eodem pervenit ut haud procul esset quin Remum
agnosceret.

Handwritten glosses: dat (Numitori); be punished (supplicium); hope had (spes fuerat); in presense (apud); by order of (iussu); he realized (sciebat); in which them (quo...eos); agreed (congruere); or (aut); at right time (ad id ipsum); through necessity to be (per necessitatem...aperiri); he hadnt (noluerat); Necessity came first (Necessi-tas); 1st 2. (prior); w/ fear tame (metu subactus); by chanc (Forte); age (aetatem); of them (eorum); by no meanс servile in nature (minime servilem indolem); now (comparavit); by of (memoria); heart his was moved to pity (animum eius tetigerat); came to came (scis-citandoque eodem); conc to so that hardly far off he was but that (pervenit ut haud procul esset quin); recognizing (agnosceret); he was thinking of Remus

---

16 **congruo, ere, grui** (3) – correspond,
   suit, agree

18 **subigo, ere, egi, actum** (3) – subdue,
   tame, compel, train

19 **geminus, a, um** – twin, double

20 **servilis, e** – servile

21 **sciscitor, ari** (1) – ask

22 **procul** (adv.) – far off

   quin (conj.) – but that, without, from,
   who...not, that...not

---

14 **regiam stirpem apud se educari** – an
   accusative with infinitive depending
   on *spes fuerat* and explaining the contents of *spes*, i. e., 'Faustulus from the
   very beginning had the hope that...'
   The dative *Faustulo* may be explained
   as a dative of possessor. See Gilder-
   sleeve/Lodge, pp. 223–24.

16 **ipsum** – refers to the time at which
   the infants had been exposed.

18 **cum...haberet...audissetque** – here
   again *cum* is temporal. It means
   'when' and indicates time both contemporary and prior.

22 **eodem** – an adverb of place, but used
   to refer to process of thought: means
   'to the same conclusion'.

   ut haud procul esset – a result
   clause.

Handwritten notes (bottom):

SIC - SO

Numitor, Numitoris

inde - from there.

apud - in presense of
         among
         in hands of
         (+ acc)

nisi - unless

necessitās atis

tango tangere tetigo tactus
touch hande meddle
hit beat move to pity

Iam inde → ever since

sustulisset → acknowleged

ad id ipsum

out of fear being subdued he
uncovered true matter to Rom.

The usurper Amulius is killed

30   Ita insidiae undique regi Amulio parantur. Romulus noluit cum grege pastorum ad regiam venire. Nam ille vix poterat in pugna aperta milites regios superare. Iussit tamen pastores variis itineribus tempore constituto una regiam petere et in regem impetum fecit. Remus adiuvabat cum alio grege iuvenum quem
35   paraverat in domo Numitoris. Hac ratione rex est interfectus.

30   **undique** (adv.) – from all sides, on all sides
31   **regia, ae** f. – palace

33   **constituo, ere, stitui, stitutum** (3) – place, station, decide, establish

for he scarcely was he able in an exposed fight press the soldiers of the king

The usurper Amulius is killed

everywher   *trick*
Ita undique regi dolus nectitur. Romulus non cum globo iuve-   *w*   *band*
num venit—nec enim erat ad vim apertam par; sed alios pas-   25
tores alio itinere certo tempore ad regiam venire iussit et ad
regem impetum fecit; et a domo Numitoris alia comparata
manu adiuvat Remus. Ita regem obtruncat.

Here he slaughtered the King

---

24 **dolus, i** m. – trick, deception

   necto, ere, nexui/nexi (3) – weave,
     join, bind, oblige

   globus, i m. – ball, throng

27 **comparo, are** (1) – compare, prepare

28 **obtrunco, are** (1) – slaughter

---

27 **alia comparata manu** – ablative absolute.

28 **obtruncat** – an alternate reading is
   obtruncant. If we accept the singular,

Remus is the nearest subject, but the
verb could equally refer to Romulus
as the principal author of the deed,
who brought it about with Remus'
help.

apertam
  open uncover

I, 6 PARAPHRASIS: *The legitimate king Numitor restores his power*

Inter initium tumultus Numitor dicebat hostes invasisse urbem et oppugnasse regiam. Iuvenes Albanos ab aliis rebus avocavit ut arcem custodia et armis tenerent. Postquam Amulius occisus est, Romulus et Remus Numitorem petiverunt et ei sunt gratu-
5 lati. Tunc Numitor statim concilium convocavit. In illo concilio narravit de sceleribus fratris in se commissis, de origine nepotum. Narravit quomodo nepotes essent nati, quomodo essent educati, quomodo essent cogniti. Narravit de caede Amulii et dixit se huius rei auctorem fuisse. Dum contio geritur, Romulus
10 et Remus ordine militari introiverunt et avum tamquam regem salutaverunt. Tunc tota multitudo una voce rem approbavit et dixit Numitorem esse regem et eius imperium esse legitimum.

---

4 **gratulor, ari** (1) (+ dat.) – congratulate

8 **caedes, is** f. – cutting down, slaughter

9 **contio, onis** f. – assembly, oration in an assembly

10 **introeo, ire, ivi, itum** – enter
    avus, i m. – grandfather, ancestor

11 **multitudo, inis** f. – crowd

12 **legitimus, a, um** – legitimate

regia -ae — palace, capital, king's tent

ostendit - hold for inspection

I, 6 text: *The legitimate king Numitor...*

Numitor inter primum tumultum, hostes invasisse urbem atque
adortos regiam dictitabat. Cum pubem Albanam in arcem
praesidio armisque obtinendam avocasset, postquam iuvenes
perpetrata caede pergere ad se gratulantes vidit, extemplo concilium advocavit. In eo concilio scelera in se fratris, originem   5
nepotum, ut geniti, ut educati, ut cogniti essent, caedem deinceps tyranni seque eius auctorem ostendit. Iuvenes per mediam
contionem agmine ingressi cum avum regem salutassent, se-
cuta ex omni multitudine consentiens vox ratum nomen imperiumque regi efficit.   10

---

2   **adorior, iri, ortus** (4) – approach, assault, undertake a difficult action
    dictito, are (1) – say repeatedly
    pubes, is f. – youth
3   **obtineo, ere, tinui, tentum** (2) – hold, possess, gain possession of
4   **perpetro, are** (1) – complete, perpetrate
    pergo, ere, perrexi, perrectum (3) – go proceed, continue with something

5   **extemplo** (adv.) – at once
5   **scelus, eris** n. – crime
6   **deinceps** (adv.) – next, successively
8   **agmen, inis** n. – motion, line of men (especially soldiers) in motion
    ingredior, i, gressus (3) – enter, march in
9   **consentio, ire, sensi, sensum** (4) – agree, consent
    ratus, a, um – ratified, made official

---

1   **hostes invasisse urbem atque adortos <esse> regiam** – an accusative with infinitive depending on *dictitabat*.
2   **Cum pubem Albanam in arcem praesidio armisque obtinendam avocasset, postquam iuvenes perpetrata caede pergere ad se gratulantes vidit, extemplo concilium advocavit.** – *<Numitor> concilium advocavit* is the main clause; the action that happened before the action in the main clause is expressed with the *postquam*-clause *postquam...vidit*; on the verb *vidit* in the *postquam*-clause depends an accusative and infinitive (*iuvenes pergere ad se gratulantes*); the ablative absolute *perpetrata caede* within the accusative and infinitive has a temporal meaning ('after the killing had been perpetrated'); the action that happened before the action in the *postquam*-clause is expressed by the *cum*-clause *cum...avocasset*.

3   **praesidio armisque** – these words indicate the means by which the citadel was to be held.
4   **perpetrata caede** – an ablative absolute.
5   **In eo concilio scelera in se fratris, originem nepotum, ut geniti, ut educati, ut cogniti essent, caedem deinceps tyranni seque eius auctorem ostendit.** – Different objects depend on the verb *ostendit*: two accusative direct objects *scelera* and *originem*; three indirect questions introduced by *ut* (equal to *quomodo*) *ut geniti, ut educati, ut cogniti essent*; another accusative direct object *caedem*; an indirect statement in the accusative and infinitive *se auctorem <esse>*. On indirect questions, see Gildersleeve/Lodge, pp. 294–98.
8   **cum...salutassent** – a temporal clause expressing prior time.
10 **regi** – dative of reference with *ratum* 'for the king'. See Gildersleeve/Lodge, pp. 225–26.

Romulus and Remus decide to found a new city

Regimen Albanum hac ratione Numitori est traditum. Tum Romulus et Remus desiderare coeperunt novam urbem condere.
15   Volebant urbem eo loco condere ubi ipsi expositi atque educati
erant. Nimis magna quoque turba Albanorum et Latinorum
exstabat quae superflua videbatur. Ad hunc numerum accedebant pastores. Tot homines facile spem conditoribus dare poterant novam urbem futuram esse maiorem Alba et maiorem
20   Lavinio.

13   **regimen, inis** n. – government
17   **superfluus, a, um** – overflowing

18   **conditor, oris** m. – founder

Romulus and Remus decide...

[handwritten: so — to / w/matter: having been passed by Albans / w desire to found city]

Ita Numitori Albana re permissa Romulum Remumque cupido
cepit in iis locis ubi expositi ubique educati erant urbis conden-
dae. Et supererat multitudo Albanorum Latinorumque; ad id
pastores quoque accesserant, qui omnes facile spem facerent
parvam Albam, parvum Lavinium prae ea urbe quae conder-   15
etur fore.

[handwritten interlinear notes: in exact location where the exposed & where they were brought up / now Albans & Latins to it / shep too had approached who all easily made hope / compared to / to the city which . / was about to be founded]

---

13   **supersum, esse, fui** – be left, remain,
       abound

---

11   **re Albana permissa** – an ablative ab-
       solute.

       cupido – to be joined with the ob-
       jective genitive *urbis condendae*: it
       means 'desire to found a city in the
       very place where...' See Gildersleeve/
       Lodge, p. 232.

13   **Albanorum** – the inhabitants of the
       city of Alba.

       Latinorumque – the inhabitants of
       Latium.

       ad id – refers to the general condition,
       i.e., of the superfluous multitude.

14   **facerent** – a consecutive subjunctive
       (meaning result) in a relative clause:

i.e., *tot erant ut spem facerent* ('who all
might <were so many as to> create
the hope that...').

15   **parvam Albam, parvum Lavinium
       ...fore** – an accusative with infinitive
       depending on *spem* and explaining
       the contents of this *spes*.

       Albam – *Alba* is the city founded by
       Aeneas's son Ascanius, situated be-
       tween the Alban Lake and *Mons Al-
       banus*.

       Lavinium – *Lavinium* is a city near
       the sea coast founded by Aeneas in
       honor of his wife Lavinia.

[handwritten: ita – thus / quoque too / fore · future of sum]

Both Romulus and Remus want to rule the new city

Alia res his cogitationibus addebatur, scilicet desiderium regni, quod vitium maiorum quoque Romuli et Remi erat proprium. De re cuius initium parvi momenti videbatur turpis pugna est orta. Romulus et Remus erant gemini nec sciebant uter maior

25 natu esset. Nulla igitur verecundia aetatis exstabat. Itaque consilium ceperunt deos sub quorum tutela ea loca essent consulere. Uter frater nomen novae urbi daturus erat? Uter frater urbem conditam imperio recturus erat? Has duas res di ipsi auguriis ostendere debebant. Romulus decrevit res sacras in Pala-

30 tio peragere, Remus vero in Aventino.

---

21 **cogitatio, onis** f. – thought
addo, ere, didi, ditum (3) – add
23 **momentum, i** n. – importance
25 **verecundia, ae** f. – reverence

26 **tutela, ae** f. – guardianship
28 **augurium, i** n. – augury, omen
29 **sacer, sacra, sacrum** – sacred

Both Romulus and Remus want to rule the new city

Intervenit deinde his cogitationibus avitum malum, regni cupido, atque inde foedum certamen coortum a satis miti principio. Quoniam gemini essent nec aetatis verecundia discrimen
facere posset, (ut di quorum tutelae ea loca essent) auguriis   20
legerent qui nomen novae urbi daret, qui conditam imperio regeret, Palatium Romulus, Remus Aventinum ad inaugurandum
templa capiunt.

[handwritten annotations: a loyal; of monarchy for desire; former; ugly; struggle; broke out; in the beginning; of; of age; a difference; reverence; to make; was able; by augurs; was being read; who name; to new city; gave; who founding; of; would guide; Rom takes Pal, Remus takes Av.; they took up arms; for purpose of conse temples; crafting]

---

17 **intervenio, ire, veni, ventum** (4)
  – intervene

avitus, a, um – coming from a
  grandfather, ancestral

18 **foedus, a, um** – loathsome, ugly, horrible

certamen, inis n. – contest, struggle

coorior, iri, ortus (4) – appear, break
  out

19 **discrimen, inis** n. – difference, distinction, danger, emergency

22 **inauguro, are** (1) – inaugurate, consecrate

---

20 **ut di...legerent** – a purpose clause.
  See Gildersleeve/Lodge, pp. 342–45.

  tutelae – genitive that both defines
  and expresses possessive idea: i.e., *di,
  quorum ad tutelam ea loca pertinerent.*

21 **qui...daret, qui...regeret** – relative
  purpose clauses. We understand 'to
  elect the one who was to give his
  name to the new city...' See Gilder-
  sleeve/Lodge, p. 403.

22 **Aventinum** – *Aventinus* is one of the
  seven hills of Rome.

23 **templa** – *templum* is an open space
  marked out for an observation by an
  augur. *Ad inaugurandum templa* – the
  preposition *ad* with the accusative of
  the gerund *inaugurandum* conveys the
  sense of purpose. On this use of the
  gerund and the gerundive, see Gild-
  ersleeve/Lodge, pp. 282–83.

[handwritten notes:]

malum – bad, ill, evil ugly:
unpatriotic : adverse
unfavorable unsuccessful
inappropriate

(N) evil punishment
    disaster hardship

satis - enough, sufficient
(N)

Principio – dat or abl
   beginning, start origin
   a principio in the beginning

Quoniam - now that

I, 7 PARAPHRASIS: *Romulus kills Remus and becomes the founder of Rome*

De augurio haec fabula narratur. Aves ad Remum prius venerunt quam ad Romulum. Sex enim vultures ad eum locum quo Remus coelum inspiciebat advolaverunt. Remus modo hoc nuntiaverat et paulo postea duplex numerus, scilicet duodecim
5   vultures, Romulo se ostenderunt. Uterque a suis hominibus tamquam rex est salutatus. Alteri dicebant ratione temporis Remum regnum esse meritum, alteri propter numerum avium regnum Romulum mereri. Exinde rixari coeperunt et ira accensi pugnare. Hoc ad mortem duxit. Nam in tumultu Remus
10   est occisus. Alia quoque fabula exstat magis divulgata. Remus transiluit novos muros ut fratri irrideret, ut eum ludibrio haberet. Tum Romulus iratus vehementer increpuit dicens: "Talia fient cuilibet homini qui futuris temporibus moenia mea conabitur transilire." Dein fratrem interfecit. Ita Romulus fac-
15   tus est solus rex. Urbs autem condita appellata est nomine illius qui eam condidit.

---

1   **avis, is** f. – bird
2   **vultur, uris** m. – vulture
3   **inspicio, ere, spexi, spectum** (3) – inspect, examine, scrutinize
    advolo, are (1) – fly to
5   **uterque, utraque, utrumque** – each of two (regarded separately)
7   **mereor, eri, meritus** (2) – deserve, earn
8   **exinde** (adv.) – thenceforth

  rixor, ari (1) – quarrel
  accendo, ere, cendi, censum (3) – ignite, inflame
11   **irrideo, ere, risi** (2) – laugh at
  ludibrium, i n. – game, sport, laughing-stock
12   **increpo, are, ui, itum** (1) – sound, chide, reprove
14   **transilio, ire, silui/silivi** (4) – leap over

Wednesday (handwritten)

I, 7 TEXT: *Romulus kills Remus...*

Priori Remo augurium venisse fertur, sex vultures; iamque
nuntiato augurio cum duplex numerus Romulo se ostendisset,
utrumque regem sua multitudo consalutaverat: tempore illi
praecepto, at hi numero avium regnum trahebant. Inde (cum altercatione congressi) certamine irarum ad caedem vertuntur; ibi   5
in turba ictus Remus cecidit. Vulgatior fama est (ludibrio fratris)
Remum novos transiluisse muros; inde ab irato Romulo, cum
verbis quoque increpitans adiecisset, "Sic deinde, quicumque
alius transiliet moenia mea," interfectum. Ita solus potitus imperio Romulus; condita urbs conditoris nomine appellata.   10

---

4   **praeceptus, a, um** – taken in ad-
    vance
    altercatio, onis f. – dispute
5   **congredior, i, gressus** (3) – come
    together, meet

6   **icio/ico, ere, ici, ictum** (3) – strike,
    make a covenant
8   **increpito, are** (1) – rebuke repeatedly
9   **potior, iri, itus** (4) (+ abl.) – acquire,
    possess

---

1   **augurium** – in the augural rituals,
    usually the height, the speed and the
    direction of flight was considered,
    sometimes the number of the birds.
    augurium venisse – a nominative
    with infinitive depending on *fertur*.
    See Gildersleeve/Lodge, pp. 332–33.
2   **nuntiato augurio** – an ablative abso-
    lute.
    cum...se ostendisset – a temporal
    clause expressing prior time.

3   **illi** – the supporters of Remus.
4   **hi** – the supporters of Romulus.
6   **ludibrio fratris** – 'in mockery of his
    brother'.
7   **Remum...transiluisse** – an accusa-
    tive with infinitive depending on
    fama.
    cum...adiecisset – a temporal clause
    expressing prior time. The subject of
    the clause is Romulus.

Priori - dative
Previous prior former
basic better preferable

duplex - icis adj
two-fold, divided
twice as big

avium - stranded lonely
traho tranere - carry, drag

certamine -abl.
battle

irarum : of resentments

I, 8 PARAPHRASIS: *Romulus gives new institutions to the people of Rome*

Romulus cultum divinum et caerimonias in urbe nova instituerat. Ad concilium vocata est multitudo hominum, qui in unum populum coniungi non poterant nisi per leges. Itaque Romulus iura dedit et constituit. Voluit efficere ut haec iura ab
5 hominibus incultis acciperentur et pro sacris haberentur. Putavit hoc facilius effici posse, si ipse venerabilis esse videretur. Signa igitur imperii sibi ipse dedit. Vestimenta sibi induit, quae magnifica videbantur. Duodecim lictores eum comitabantur. His igitur imperii signis (praecipue lictoribus) se augustiorem
10 fecit. Cur erant duodecim lictores? Variae sunt hac de re opiniones. Quidam putant Romulum duodecim lictores instituisse de omine quodam cogitantem. Nam antea duodecim aves Romuli regnum portenderant. Aliis hominibus assentior qui putant Romanos non solum usum lictorum sed etiam numerum lictorum
15 ab Etruscis finitimis sumpsisse. Romani enim consuetudines varias ab Etruscis sunt mutuati, velut sellam curulem et togam praetextam. Homines, quorum sententia mihi verisimilis videtur, credunt regem Etruscorum duodecim lictores habuisse. Secundum horum hominum opinionem rex Etruscorum talem
20 lictorum numerum habuit quia rex est communiter creatus vel constitutus e duodecim populis, et unus quisque populus lictorem ad regem misit.

---

1 **caerimonia, a** f. – ritual
3 **coniungo, ere, iunxi, iunctum** (3) – join, unite
5 **incultus, a, um** – uncultivated
6 **venerabilis, e** – venerable
8 **magnificus, a, um** – magnificent
   lictor, oris m. – official attendant
   comitor, ari (1) – attend
9 **praecipue** (adv.) – especially
   augustus, a, um – august, deserving reverence

12 **omen, inis** n. – omen
13 **portendo, ere, tendi, tentum** (3) – portend
   assentior, iri, sensus (4) – agree
15 **finitimus, a, um** – neighboring
   consuetudo, inis f. – custom
16 **mutuor, ari** (1) – borrow
   sella, ae f. – seat
   curulis, e – curule, official

I, 8 TEXT: *Romulus gives new institutions to the people...*

Cum res divinae essent rite perpetratae, vocataque esset ad concilium multitudo, quae non coalescere in populi unius corpus
nisi per leges poterat, iura dedit, quae ita sancta generi hominum agresti futura esse putavit, si se ipse venerabilem insignibus imperii fecisset, cum cetero habitu se augustiorem, tum   5
maxime lictoribus duodecim fecit. Alii ab numero avium quae
augurio regnum portenderant eum secutum numerum putant.
Me haud paenitet illis auctoribus assentiri, quibus et apparitores hoc genus ab Etruscis finitimis, unde sella curulis, unde
toga praetexta sumpta est, et numerum quoque ipsum esse   10
ductum placet, et ita habuisse Etruscos quod, ex duodecim
populis communiter creato rege, singulos singuli populi lictores dederint.

---

2 **coalesco, ere** (3) – come together, unite

4 **agrestis, e** – rustic, wild, unculti-vated

   insigne, is n. – sign, badge

5 **habitus, us** m. – appearance, deport-ment, condition, dress

8 **paenitet, ere, ui** (2) (impersonal) – be sorry for (+ acc. of person affected)

   apparitor, oris m. – attendant

---

4 **si...fecisset** – a future more vivid con-dition in indirect speech, in which the main clause is constructed with the accusative and the appropriate tense of the infinitive, and the verb of the subordinate clause ('if'-clause) is in the appropriate tense of the subjunctive. On conditional sentences, see Gilder-sleeve/Lodge, pp. 376–87. On condi-tional sentences in indirect speech see Gildersleeve/Lodge, pp. 418–21.

5 **cum...tum maxime** – 'both...and es-pecially'.

6 **lictoribus** – lictors were attendants who walked before the Roman kings, and, after the expulsion of the kings, magistrates such as consuls and praetors. They carried *fasces*, bundles of rods and axes that were symbols of authority.

7 **portenderant** – the omen is described in Book I, chapter 7.

8 **paenitet** – an impersonal verb. It would mean, translated personally, 'I have no difficulty in agreeing with those authors...' See Gildersleeve/Lodge, p. 241–42.

   quibus...ductum <esse> placet – *pla-cet* is an impersonal verb; *quibus* in-troduces a relative clause explaining *eorum*. Here the phrase *quibus...placet* means about the same as '<authors>, who believe that...' The accusative and infinitive construction is contin-ued to the end of the sentence.

   et apparitores...et numerum... – 'both...and...'

9 **hoc genus** – an adverbial accusative that means much the same as *huius generis*, 'of this kind'.

   sella curulis – an ivory folding chair, later used by consuls, praetors, cen-sors, and curule aediles.

10 **toga praetexta** – this toga had a pur-ple border. It was worn by free-born boys until they reached manhood, and also by certain priests and mag-istrates.

11 **quod...dederint** – causal clause ex-plaining *ita habuisse*. In this case *quod* means 'because.' See Gildersleeve/Lodge, pp. 338–42.

The new city grows much larger

Munimenta urbi addebantur. Cives regionem quandam aliquanto ampliorem quam ipsam urbem muniebant. Non enim
25   cogitabant de numero civium qui tum erant, sed de futura multitudine. Itaque Romani nova loca semper quaerebant. Hac de
causa urbs crescebat...Tandem urbs tanta erat ut satis valida
esse videretur. Romulus igitur paravit et condidit consilium,
id est gregem hominum sapientium. Hoc consilium est a rege
30   constitutum ad populum validum regendum. Hi sapientes erant centum senatores. Nescio cur centum homines sint electi.
Fortasse Romulus hunc numerum sufficere posse putabat. Fortasse tantummodo centum homines nomine 'patris' digni inve-
niri poterant. Patres certe propter hunc honorem et dignitatem
35   vocati sunt. Homines prognati ab his patribus sunt appellati
'patricii'.

---

24 **amplus, a, um** – large
27 **validus, a, um** – strong, vigorous, powerful

31 **eligo, ere, elegi, electum** (3) – choose, elect
35 **prognatus, a, um** – descended from

LIVY'S LANGUAGE

ABLATIVE OF THE GERUND

Sometimes in Livy the sense of the ablative case of the gerund is so
weakened that it nearly has the force of a present participle agreeing
with the subject. In the example below, Livy might almost have written
alia appetens loca.... This use becomes more common in later Latin prose.

> "Crescebat interim urbs munitionibus alia atque alia *appe-
> tendo* loca, cum in spem magis futurae multitudinis quam
> ad id quod tum hominum erat munirent...." (I, 8)

The new city grows much larger

Crescebat interim urbs munitionibus alia atque alia appetendo
loca, cum in spem magis futurae multitudinis quam ad id quod   15
tum hominum erat munirent... Cum iam populi Romani vires
satis magnae esse viderentur, consilium deinde viribus parat
Romulus. Centum creat senatores, sive quia is numerus satis
erat, sive quia soli centum erant qui creari patres possent. Patres
certe ab honore patriciique progenies eorum sunt appellati.   20

14 **munitio, onis** f. – fortification, de-
    fensive work
    appeto, ere, ivi, itum (3) – attack,
    strive after, come or approach

20 **progenies, ei** f. – offspring, descen-
    dants

14 **appetendo** – a weak instrumental
    ablative; the meaning is *alia appetens
    loca.*
15 **in spem** – *in* with the accusative is
    used to signify that for which provi-
    sion is made ('for the sake of').
    id quod tum erat hominum... – *ho-
    minum* is genitive of the whole or par-
    titive genitive. The meaning is about
    equivalent to '...than for what was the
    current measure of the population at
    that time...' See Gildersleeve/Lodge,
    pp. 235–38.
17 **viribus** – the use of the word *vires*

combined with *consilium* implies a
comparison of the new state with a
human being endowed with a powerful body, who requires a wise mind
(*consilium*) to direct physical (*vires*)
strength.
18 **quia...quia...** – causal clauses ex-
    plaining *creat.*
19 **possent** – subjunctive because the
    relative clause not only illustrates
    who were chosen, but in view of what
    quality they were chosen. They could
    be called *patres* because they were the
    heads of the most powerful families.

consilium – council, senate
concilium – plan

I, 9 PARAPHRASIS: *The population of the city grows. Because of a shortage of marriageable women, Romulus sends ambassadors to neighboring cities to seek the right of intermarriage with Roman citizens*

Populus Romanus factus erat validus et potens. Propter hanc potentiam Romani cum qualibet urbe vel civitate vicina bello et armis contendere poterant. Sed haud satis multae mulieres Romae erant. Quam ob rem illa populi Romani magnitudo vix
5 diutius quam per vitam unius hominis durare poterat. Nam Romani, quibus nullae erant uxores, prolem nullam domi habebant. Nec ulla erant matrimonia inter Romanos et finitimos homines. Tum Romulus consilia senatorum secutus legatos ad civitates vicinas misit, ut pro novo populo, id est, populo Roma-
10 no, foedera cum his civitatibus facerent et ab iisdem gentibus conubium, id est, ius matrimonia cum iis contrahendi impetrarent. "Et urbes et aliae res," inquiunt legati, "initia habent parva. Homines accipiunt potentiam magnam magnumque nomen, qui virtute sua et propria et auxilio deorum utuntur. Satis bene
15 scitis Romam dis praesentibus et faventibus esse conditam. Scitis quoque virtutem Romanos non deserturam. Vos estis homines. Nos sumus homines. Nolite igitur a genere et sanguine vestro cum nostro sanguine nuptiis iungendo abhorrere."

---

2   **potentia, ae** f. – power
4   **magnitudo, inis** f. – size
10 **foedus, eris** n. – agreement, pact
11 **conubium, i** n. – right of contracting marriage, wedlock
    contraho, ere, traxi, tractum (3) – bring together, cause, make
15 **praesens, entis** – present, at hand

faveo, ere, favi, fautum (2) – favor
16 **desero, ere, rui, rtum** (3) – forsake, desert
17 **sanguis, inis** m. – blood
18 **nuptiae, arum** f. pl. – wedding
    abhorreo, ere, ui (2) – shrink from, avoid

I, 9 TEXT: *The population of the city grows...*

Iam res Romana adeo erat valida ut cuilibet finitimarum civitatum bello par esset; sed propter penuriam mulierum, populi
magnitudo tantummodo hominis aetatem duratura esse videbatur, quippe quibus nec domi spes prolis nec cum finitimis
conubia essent. Tum ex consilio patrum Romulus legatos circa   5
vicinas gentes misit, qui societatem conubiumque novo populo
peterent. Legati dicebant urbes quoque, ut cetera, ex infimo
nasci; dein, quas sua virtus ac di iuvent, magnas opes sibi magnumque nomen facere; satis scire, origini Romanae et deos adfuisse et non defuturam esse virtutem; proinde ne gravarentur   10
homines cum hominibus sanguinem ac genus miscere.

2	**penuria, ae** f. – lack	10	**desum, esse, fui** – be absent, lacking
3	**tantummodo** (adv.) – only		**proinde** (adv.) – therefore
6	**societas, atis** f. – fellowship, associa-tion		**gravor, ari** (1) – be reluctant to, take ill
7	**infimus, a, um** – lowest		

---

1   **ut...esset** – a result clause. *Par* is reg-ularly completed by the dative.

cuilibet finitimarum civitatum – *finitimarum civitatum* is a genitive of the whole or partitive genitive ('to any of the neighboring states').

4   **quippe quibus...essent** – a relative clause with the subjunctive that ex-plains reason or cause ('because there was neither hope for them at home of offspring...'). For the antecendent of *quibus* we understand *Romani*, to be inferred from the context. See Gilder-sleeve/Lodge, p. 406.

5   **ex** – 'in accordance with'.

6   **qui...peterent** – relative purpose clause. It means about the same as *ut...peterent*.

novo populo – a dative case.

8   **iuvent** – the shift to primary sequence depending on a main verb in a past

tense, whether understood (as here) or explicit, often happens in passages of indirect speech. This technique, called *repraesentatio*, makes the narra-tion more vivid by shifting from the temporal viewpoint of the narrator of the history to that of the speaker whose words are read in the indirect speech. See Gildersleeve/Lodge, p. 416–17: 'The tenses of the subjunc-tive follow the laws of sequence. The choice is regulated by the point of view of the Reporter, or the point of view of the Speaker...'

9   **scire** – the implied subject here is *eos*.

10 **ne gravarentur** – a negative impera-tive in indirect speech is represented by *ne* and a verb in the subjunctive.

11 **miscere** – this infinitive completes the meaning of *gravarentur* ('they, as human beings, should not be reluc-tant to mix...').

The Roman ambassadors are rejected

Legati a Romulo missi nullo in loco auditores benignos inve-
20 nerunt. Hi enim aliarum civitatum cives, qui legationem audiebant, Romanos non solum respuebant sed etiam timebant.
Intellegebant enim urbem Romanam inter urbes suas et oppida
positam iam magnam esse maioremque fieri et hanc ob causam
posse sibi et progeniei suae periculosam esse. Legati igitur
25 Romani dimissi sunt et ablegati, et plerique auditores, hoc est
maior pars, eos rogitabant num Romulus ullum asylum mulieribus patefecisset. Dicebant tale conubium, hoc est ius cum talibus mulieribus, feminis scilicet asylum petentibus, matrimonia
contrahendi fore viris Romanis idoneum. Haec dicta contume-
30 liosa iuvenibus Romanis valde displicebant et Romani ad vim
inferendam magis magisque inclinabantur.

19 **benignus, a, um** – kindly, well-disposed
21 **respuo, ere, spui** (3) – reject
22 **oppidum, i** n. – town
25 **ablego, are** (1) – send away
plerique, pleraeque, pleraque
– most

26 **rogito, are** (1) – ask repeatedly
asylum, i n. – sanctuary
29 **contumeliosus, a , um** – insulting
30 **displiceo, ere, ui** (2) – displease
31 **inclino, are** (1) – incline, bend, influence

LIVY'S LANGUAGE
QUISQUE *WITH THE SUPERLATIVE*

Quisque with the superlative can have the meaning 'each and every'. In
the works of Cicero and Caesar, this expression is usually singular in
masculine and feminine, but Livy employs it in the plural too.

"Multi mortales convenere studio etiam videndae novae
urbis, maxime *proximi quique*, Caeninenses, Crustumini,
Antemnates…" (I, 9)

G- 648-660

The Roman ambassadors are rejected

Nusquam benigne legatio audita est: adeo simul spernebant,
simul tantam inter alias civitates crescentem molem sibi ac
posteris suis futuram esse periculosam putabant. Et legati sunt
dimissi, plerisque rogitantibus ecquod feminis quoque asylum   15
aperuissent. Id enim demum compar conubium fore dixerunt.
Aegre id Romana pubes passa, et haud dubie ad vim spectare
res coepit.

---

13 **moles, is** f. – mass
14 **posteri, orum** m. pl. – future genera-
     tions

16 **demum** (adv.) – exactly, only, at last

---

12 **spernebant** – the subject of *sperne-
     bant* and *putabant* is the citizens of the
     foreign states who heard the Roman
     ambassadors.
15 **plerisque rogitantibus** – the subject
     of the ablative absolute is *plerisque*,
     and the word refers to those citizens
     of the various states who had heard
     the legates.
     ecquod...aperuissent – an indirect
     question depending on *rogitantibus*.
     asylum – a sanctuary or place of ref-
     uge established by Romulus for those

fleeing from neighboring regions.
Because such people were often indi-
gent and from the lower orders, the
remark here, in the context of seeking
wives for Roman citizens, has an insulting tone.
16 **compar** – almost equivalent to 'ap-
     propriate'.
     fore – short form of future infinitive
     futurum esse.
17 **passa** – i.e., *passa <est>*.

Romulus devises a strategem and prepares a large festival with games, to which the citizens of the neighboring communities are invited. Nearly all the Sabines come with wives and offspring

Romulus quoque hanc repulsam aegre tulit, sed animi perturbationem occultabat. Tempus enim et locum ad violentiam accommodatum invenire voluit. Consulto igitur ludos paravit. Hi
35   ludi Neptuno equestri sunt dicati et 'Consualia' vocati. Iussu ipsius Romuli nuntii sunt emissi, quo certiores de his ludis fierent gentes finitimae. Apparatu magno et pompa, ut pro illa aetate (tunc enim spectacula edendi rationes multo minus excultae erant quam postea), ludos parabant et frequentabant.
40   Nam volebant efficere ut hi ludi innotescerent et a multis hominibus avide exspectarentur. Multi homines Romam venerunt, non solum ut ludis interessent, sed etiam ut ipsam urbem Romanam non ita multo ante conditam viderent. Urbis inspiciendae inprimis studiosi erant homines finitimi, videlicet Caeni-
45   nenses, Crustumini, Antemnates. Venerunt etiam Sabini fere omnes, quos comitati sunt uxores et liberi. Hi sunt perbenigne et liberaliter in ipsa Romanorum tecta accepti. Animadverterunt Sabini quam bene urbs esset posita, quantis munimentis esset instructa, quot ibi essent aedificia. Admiratione afficie-
50   bantur. Urbs enim erat aucta et amplificata in spatio temporis satis exiguo.

---

32 **repulsa, ae** f. – rejection
aegre fero – take ill
perturbatio, onis f. – disturbance, worry
33 **occulto, are** (1) – hide
violentia, ae f. – violent force
34 **consulto** (adv.) – on purpose
35 **equestris, e** – equestrian
dico, are (1) – dedicate
37 **pompa, ae** f. – parade, procession, ostentation
38 **excultus, a, um** – advanced, sophisticated
39 **frequento, are** (1) – visit or do often, or in great numbers

40 **innotesco, ere, notui** (3) – become known
41 **avide** (adv.) – eagerly
42 **intersum, esse, fui** (+ dat.) – be present at
44 **in primis (inprimis, imprimis)** (adv.) – especially
46 **perbenigne** (adv.) – very kindly
47 **tectum, i** n. – roof, house
animadverto, ere, verti, versum (3) – notice (+ **in** + acc. – punish)
49 **admiratio, onis** f. – wonder
50 **augeo, ere, auxi, auctum** (2) – increase
amplifico, are (1) – amplify, augment
51 **exiguus, a, um** – small, trivial

Romulus devises a strategem...

Cui tempus locumque aptum ut daret, Romulus aegritudinem
animi dissimulans ludos ex industria parat Neptuno equestri   20
sollemnes; Consualia vocat. Indici deinde finitimis spectaculum
iubet; (quantoque apparatu tum sciebant aut poterant,) concelebrant ut rem claram exspectatamque facerent. Multi mortales
convenere studio etiam videndae novae urbis, maxime proximi
quique, Caeninenses, Crustumini, Antemnates; iam Sabinorum   25
omnis multitudo cum liberis ac coniugibus venit. Invitati hospitaliter per domos, cum situm moeniaque et frequentem tectis
urbem vidissent, mirantur tam brevi tempore rem Romanam
crevisse.

---

19   **aegritudo, inis** f. – bitterness

20   **dissimulo, are** (1) – conceal, disguise
     ex industria – on purpose

21   **indico, ere, dixi, dictum** (3) – pro-
     claim, appoint

22   **concelebro, are** (1) – celebrate, fre-
     quent in multitudes

27   **situs, us** m. – location

---

19   **cui** – the antecedent is *vim*.

     daret – the subject of *daret* is *Romu-
lus*. Here the main clause (*Romulus…
parat*) follows the subordinate purpose *ut*-clause depending on it.

21   **Consualia** – a festival held in August
to celebrate the harvest. *Consus* was
an Italic god of agriculture and fertil-
ity. Because horse races were held at
this festival, this deity came to be as-
sociated with Neptune, who was also
connected with horses. The subject of
vocat is *Romulus*.

22   **sciebant aut poterant** – the subject is
homines, and the force of this clause is
limiting: 'to the extent that the ability and knowledge of those times
allowed', or more literally 'with as
much equipment as they knew or
were capable of in those days'.

24   **convenere** – i.e., *convenerunt*. The alternate perfect ending for the third
person plural in *–ere* was convenient

for poets because of its final open syllable, but was used also in prose by
Livy and other later authors.

     proximi quique – *quisque* with the
superlative can have the meaning
'each and every'.

25   **Caeninenses** – inhabitants of *Caeni-
na*, a small, but very ancient town in
Latium.

     Crustumini – inhabitants of *Crustu-
meria*, a small town in the country of
the Sabines.

     Antemnates – inhabitants of *Antem-
nae, arum*, f. pl., a small, but ancient
town in the country of the Sabines.

28   **mirantur** – historical present, as so
often in Livian narrative. Subjunctive verbs depending on the historical present can be either in primary
or secondary sequence. See Gilder-
sleeve/Lodge, pp. 155, 157.

     rem Romanam – 'Roman state'.

At a signal, the Roman young men abduct the young Sabine women

Deinde spectaculum est incohatum. Ibi hospites res expositas animis et oculis intentis spectabant. Tum signum est datum et iuvenes Romani ad virgines Sabinas capiendas subito et viol-
55 enter procucurrerunt. Pleraeque ablatae sunt singulae a singulis iuvenibus, quibus casu datae sunt obviae. Quaedam virgines, quae pulchriores habebantur, sepositae sunt ut senatorum proceribus darentur. Homines autem plebei, qui facinus patraverant, puellas a se captas ad tecta sua et domicilia trahebant.
60 Fabella narratur de quadam puella, quae videbatur multo formosior quam aliae feminae captae. Dicitur a cuiusdam Thalassii ministris esse capta. Hi ministri identidem a nonnullis praetereuntibus interrogabantur ad quem hominem illam puellam ducerent. Respondebant ministri puellam illam esse Thalassio
65 destinatam: volebant enim impedire ne quis alius puellam rapere conaretur. Haec dicitur fuisse origo illius verbi, quod in nuptiis magno clamore auditur "Thalassio!" Ludi sunt turbati. Nam timore sunt perculsi spectatores. Parentes puellarum raptarum dolentes et de hospitio fideque violatis querentes in fugam
70 sese dederunt. Deum quoque, cuius dies festus et ludi celebrabantur, indignatione commoti implorabant et obtestabantur dictitantes se specie iuris divini et fidei hospitalis deceptos venisse. Non minus de sua condicione desperabant puellae captae, nec minore ira commovebantur quam parentes.

---

52 **incoho, are** (1) – begin
53 **intentus, a, um** – eager, intent
55 **procurro, ere, procucurri** (3) – run forth
56 **obvius, a, um** – being in the way, available
57 **sepono, ere, posui, positum** (3) – set aside
  procer, eris m. – noble, chief, leader
58 **plebeius, a, um** – plebeian
  facinus, oris n. – deed, crime
  patro, are (1) – perpetrate
59 **domicilium, i** n. – home
60 **fabella, ae** f. – short story, anecdote
  formosus, a, um – handsome, attractive
62 **minister, tri** m. – agent, officer, attendant
65 **destino, are** (1) – intend, direct for or
67 **clamor, oris** m. – outcry

turbo, are (1) – disturb
68 **percello, ere, culi, culsum** (3) – overturn, upset, discourage
70 **festus, a, um** – of or pertaining to a holiday
  celebro, are (1) – frequent, do something often and/or in great numbers, honor, celebrate or keep (a festival or event)
71 **indignatio, onis** f. – indignation
  commoveo, ere, movi, motum (2) – stir up
  imploro, are (1) – implore
  obtestor, ari (1) – invoke, call to witness
72 **species, ei** f. – shape, form
  hospitalis, e – pertaining to guests and hospitality
73 **condicio, onis** f. – condition
  despero, are (1) – despair

At a signal, the Roman young men abduct...

Ubi spectaculi tempus venit deditaeque eo mentes cum oculis   30
erant, tum ex composito orta est vis, signoque dato, iuventus Romana ad rapiendas virgines discurrit. Magna pars forte in quem
Romanum quaeque inciderat raptae: quasdam forma excellentes primoribus patrum destinatas ex plebe homines, quibus
datum negotium erat, domos deferebant. Unam specie ac pul-   35
chritudine multo speciosiorem quam alias ab amicis Thalassi
cuiusdam raptam ferunt, multisque sciscitantibus cuinam eam
ferrent, identidem eos, ne quis violaret, Thalassio ferri clamare:
inde nuptialem hanc vocem esse factam. Turbato per metum
ludicro, maesti parentes virginum profugiunt, incusantes vio-   40
lati hospitii foedus deumque invocantes cuius ad sollemne ludosque per fas ac fidem decepti venissent. Nec raptis aut spes
de se melior aut indignatio est minor.

---

32 **discurro, ere** (3) – run about

33 **incido, ere, cidi, casum** (3) – light
   upon, fall into

   excello, ere, cellui, celsum (3) – be
   eminent, excel

35 **negotium, i** n. – business

36 **speciosus, a, um** – handsome

38 **clamo, are** (1) – shout

39 **nuptialis, e** – pertaining to marriage

40 **maestus, a, um** – sad

   profugio, ere, fugi (3) – flee

   incuso, are (1) – accuse

41 **hospitium, i** n. – hospitality, a lodging place

---

30 **ubi** – can be temporal or local in
meaning. Here the conjunction is
temporal ('when').

   eo – an adverb of place. The meaning
is *ad* or *in spectaculum* ('intent upon it
<the spectacle>').

31 **ex composito** – 'according to agreement'.

33 **raptae** – this plural form refers to
magna pars ('a great part – very many
– were snatched'). Collective singular nouns can sometimes be joined
with plural adjectives, participles,
etc. *Quaeque* here means 'each virgin'
('as each one happened upon any Roman').

   forma – ablative of respect ('excelling
in beauty'), as below in the case of
specie and *pulchritudine*. See Gilder-
sleeve/Lodge, p. 255–56.

34 **primoribus patrum** – 'the leading
senators'.

   ex plebe homines – the subject of the
sentence, 'men of plebeian family'.

37 **ferunt** – 'people say.'

   cuinam – 'for what person?'

   cuinam eam ferrent – an indirect
question depending on *sciscitantibus*.

38 **Thalassio** – the acclamation used in
Roman weddings.

40 **ludicro**, i.e., *spectaculo*.

42 **venissent** – the verb is subjunctive
because it represents not merely
a statement of fact, but part of the
thought of the outraged parents as
they called upon the god to whose
celebrations they had come in good
faith. See Gildersleeve/Lodge, p. 425.

   raptis – we understand *virginibus*.

Romulus, followed by the Roman men themselves, try to reconcile the abducted Sabine women to becoming wives of the Romans

75 Romulus ipse mulieres captas adibat culpamque totius rei penes earum parentes esse dicebat. "Superbe recusaverunt," inquit, "parentes vestri, ne ius matrimonia secum contrahendi haberent homines finitimi: matrimoniis tamen nobiscum iungemini, et civitatis nostrae et omnium rerum nostrarum eri-

80 tis sociae: maritorum Romanorum uxores liberos procreabitis – nec ulla res ab hominibus habetur gratior maiorisque momenti quam proles. Estis iratae, sed animos vestros mitigate. Viris illis, quibus corpora vestra dedit Fortuna, date etiam animos vestros. Saepe ex iniuriis bona voluntas et caritas postea sunt profectae.

85 Mariti vestri etiam meliores erunt, quia diligenter conabuntur non solum, ut mariti, pro sua parte officium suum exsequi, sed etiam desiderium parentium et patriae vestrum sua bonitate et benignitate compensare." Viri quoque, qui mulieres ceperant, captivis suis blandiebantur, asseverantes se cupiditate et amore

90 accensos haec omnia fecisse. Talia dicta magnopere valent ad feminarum animos conciliandos.

---

76 **penes** (preposition + acc.) – in the possession of

80 **procreo, are** (1) – procreate

82 **mitigo, are** (1) – soften

87 **bonitas, atis** f. – goodness

88 **benignitas, atis** f. – kindness, goodwill

compenso, are (1) – make up for, compensate

89 **captivus, a, um** – captive

blandior, iri (4) (+ dat.) – soothe, flatter

assevero, are (1) – assert, declare

91 **concilio, are** (1) – win over

Romulus, followed by the Roman men themselves...

Sed ipse Romulus circumibat docebatque patrum id superbia
factum esse, qui conubium finitimis negassent; illas tamen in   45
matrimonio, in societate fortunarum omnium civitatisque et,
quo nihil carius humano generi sit, liberum fore; mollirent
modo iras et, quibus fors corpora dedisset, darent animos;
saepe ex iniuria postmodum gratiam ortam esse; eoque melio-
ribus usuras esse viris quod adnisurus pro se quisque sit ut,   50
cum suam vicem functus officio sit, parentium etiam patriae-
que earum expleat desiderium. Accedebant blanditiae virorum
factum purgantium cupiditate atque amore, quae maxime ad
muliebre ingenium efficaces preces sunt.

---

44 **circumeo, ire, ivi** – go around
    superbia, ae f. – pride
49 **postmodum** (adv.) – after a while
50 **adnitor, niti, nixus/nisus** (3) – strive
51 **vicis** (gen.), **vicem** (acc.), **vice** (abl.),
    vices (nom. acc. pl.) – change,
    turn, time, duty, function

52 **expleo, ere, plevi** (2) – fulfill, com-
    plete
    blanditia, ae f. – blandishment
53 **purgo, are** (1) – purge, exculpate
54 **muliebris, e** – feminine
    efficax, acis – effective

---

44 **patrum** – the parents of the young
    women.
47 **quo** – ablative of comparison ('than
    which'). See Gildersleeve/Lodge, p.
    256.
    liberum – the ending *-um* is the
    shorter form of the genitive plural
    -orum. We understand *liberorum*.
    mollirent – the mood here becomes
    subjunctive because there is an ex-
    hortation or command in indirect
    discourse ('they should mitigate their
    anger').
48 **quibus** – we understand <*illis*>
    quibus.

50 **usuras** – i.e., the women.
    adnisurus – the subject is 'each hus-
    band'.
51 **suam vicem** – adverbial accusative,
    'for his part'.
52 **expleat** – the meaning of *explere* here
    is more or less 'to make up for'.
53 **cupiditate...amore** – the ablatives
    here express the reasons they alleged
    to excuse their deed.
    ad muliebre ingenium – i.e., *ad muli-
    ebre ingenium <commovendum>*.

The third Roman king Tullius Hostilius starts a war with the population of Alba. However, very soon both Romans and Albans realize that they want to find a way to spare their people's blood.

I, 24 PARAPHRASIS: *The Romans and the Albans decide that the Horatii will fight with the Curiatii as champions for each side*

Casu in utroque exercitu erant fratres trigemini. Ii similes erant et aetate et viribus. Pro certo scimus eorum nomina fuisse Horatios et Curiatios. Paene nulla res quae temporibus antiquis evenit est magis nota. In hac tamen re celebri dubium manet.
5   Nam nescimus utrum Horatii fuerint Romani an Albani. Nec scimus utrum Curiatii fuerint Albani an Romani. Alii scriptores aliam rem affirmant. Video tamen plures scriptores putare Horatios fuisse Romanos. Iuvat me quoque cogitare Horatios fuisse Romanos. Ergo rex Albanus loquitur cum Curiatiis, rex
10 Romanus cum Horatiis. Rogant eos ut pro sua patria pugnent. Dicunt imperium fore in iis qui vicerint. Nec Horatii nec Curiatii recusant. Inter eos de tempore et de loco decernitur. Ante pugnam tamen inter Romanos et Albanos foedus est factum. Huius certaminis victor cum bona pace alteri populo imperatu-
15 rus erat...

1	**trigemini, orum** m. pl. – triplets	7	**adfirmo/affirmo, are** (1) – affirm
3	**paene** (adv.) – almost	8	**iuvat, are, iuvit** (1) (impersonal verb + acc.) – it pleases
4	**celeber, ebris, ebre** – much frequented, famous		

I, 24 TEXT: *The Romans and the Albans decide...*

Forte in duobus tum exercitibus erant trigemini fratres, nec
aetate nec viribus dispares. Horatios Curiatiosque fuisse satis
constat, nec ferme res antiqua alia est nobilior; tamen in re tam
clara nominum error manet, utrius populi Horatii, utrius Curiatii fuerint. Auctores utroque trahunt; plures tamen invenio qui   5
Romanos Horatios vocent; hos ut sequar inclinat animus. Cum
trigeminis agunt reges ut pro sua quisque patria dimicent ferro;
dicunt ibi imperium fore unde victoria fuerit. Nihil recusatur;
tempus et locus convenit. Priusquam dimicarent foedus ictum
inter Romanos et Albanos est his legibus ut cuiusque populi   10
cives eo certamine vicissent, is alteri populo cum bona pace imperitaret...

---

2 **dispar, aris** – unequal
3 **constat, are, stitit** (1) (impersonal) – it is established
   ferme (adv.) – almost
   nobilis, e – famous, noble
5 **utroque** (adv.) – in either direction

7 **dimico, are** (1) – fight
9 **convenio, ire, veni, ventum** (4) – (with things as subject) be agreeable to, be decided on
   priusquam (conj.) – before
11 **imperito, are** (1) – rule continuously, govern

---

2 **Horatios Curiatiosque fuisse** – an accusative with infinitive depending on *constat*, an impersonal verb.
4 **utrius populi Horatii, utrius Curiatii fuerint** – an indirect question depending on *error manet*.
5 **qui...vocent** – a relative result clause, depending on *plures invenio*. See Gildersleeve/Lodge, pp. 403–5.
6 **ut sequar** – an objective *ut*-clause depending on *inclinat animus* ('my mind disposes <me> to follow...')
7 **agunt** – 'treat' or 'deal with'.
   ut...dimicent – a purpose clause depending on *agunt*.

8 **imperium fore** – an accusative with infinitive depending on *dicunt*.
   recusatur – an impersonal use; the logical subject are the triplets.
10 **ut...is...imperitaret** – explains the contents of *legibus* ('according to the conditions that...').
   cuiusque populi cives...vicissent – a relative clause pertaining to *is (populus)* in the subordinate clause: 'that the people, whose citizens had been victorious in the conflict...would rule...'
11 **imperitaret** – a frequentative verb used here to add solemnity.

I, 25 PARAPHRASIS: *The Horatii and Curiatii meet on the battlefield*

Foedus est factum. Horatii et Curiatii, prout inter eos erat constitutum, arma ceperunt. Romani Horatios adhortabantur, Curiatios Albani. Dicebant enim: "Di patrii, patria et parentes, omnes
cives qui domi sunt, omnesque cives qui in exercitu sunt, vestra
5   arma atque vestras manus nunc spectant." Iuvenes suis ipsorum ingeniis iam erant feroces. Vocibus quoque eorum qui eos
adhortabantur sunt incitati. Sic in medium inter acies duorum
exercituum prodeunt. Uterque exercitus positus erat ante castra sua. De propria salute non sollicitabantur milites, sed tamen
10   sollicitudine quadam laborabant. Nam cuius futurum esset
imperium a virtute et fortuna paucorum hominum pendebat.
Itaque spectatores intenti et anxii erant. Animo incenso rem
minus desideratam spectare parabantur. Signum pugnae datur. Terni iuvenes ex utraque parte procedunt tamquam acies.
15   Arma ad proelium parata gerunt. Habent animos magnorum
exercituum. Hoc modo dimicatio incipit. Nec Horatii nec Curiatii de periculo suo cogitant. In animo enim imperium et servitium populi sui habent: sciunt patriam suam eam fortunam
habituram quam ipsi fecerint.

1   **prout** (conj.) – just as, in so far as
2   **adhortor, ari** (1) – encourage
3   **patrius, a, um** – paternal, ancestral
7   **incito, are** (1) – incite
8   **prodeo, ire, ivi, itum** – go out,
     emerge, appear
     castra, orum n. pl. – camp

12 **incendo, ere, cendi, censum** (3)
     – ignite, inflame
14 **terni, ae, a** – three each
     procedo, ere, cessi, cessum (3)
     – move forward, proceed
16 **dimicatio, onis** f. – combat
17 **servitium, i** n. - servitude

I, 25 TEXT: *The Horatii and Curiatii meet...*

Foedere icto trigemini, sicut convenerat, arma capiunt. Sui utrosque adhortabantur, dicentes deos patrios, patriam ac parentes, quidquid civium domi, quidquid in exercitu sit, illorum
tunc arma, illorum intueri manus. Tum feroces et suopte ingenio et pleni adhortantium vocibus in medium inter duas   5
acies trigemini procedunt. Consederant utrimque pro castris
duo exercitus, periculi magis praesentis quam curae expertes;
quippe imperium agebatur in tam paucorum virtute atque
fortuna positum. Itaque ergo erecti suspensique in minime
gratum spectaculum animo incenduntur. Datur signum infes-   10
tisque armis velut acies terni iuvenes magnorum exercituum
animos gerentes concurrunt. Nec his nec illis periculum suum,
publicum imperium servitiumque obversatur animo futuraque
ea deinde patriae fortuna quam ipsi fecissent.

4   **intueor, eri, tuitus** (2) – gaze at
    -pte – intensive suffix added to pos-
    sessive adjectives
6   **consido, ere, sedi, sessum** (3) – take
    a seat, settle, take position
7   **expers, pertis** – devoid of, lacking

9   **erigo, ere, rexi, rectum** (3) – erect,
    rouse
10 **infestus, a, um** – hostile
13 **obversor, ari** (1) – take position op-
    posite, hover before, appear to

1   **foedere icto** – an ablative absolute.
    sui utrosque – i.e., *Romani Horatios et
    Albani Curiatios adhortabantur.*
3   **quidquid** – we understand it together
    with *civium.*
8   **quippe** – it has a causal meaning: 'for
    indeed...'
    agebatur - 'was at stake.'
10 **animo** – 'in spirit.'
11 **terni** – a distributive numeral indi-
    cating two pairs of triplets. The dis-
    tributives are used when the idea of
    repetition is involved, or of a certain
    quantity that accompanies each in-
    stance of another entity. See Gilder-
    sleeve/Lodge, pp. 53, 187–88.

14 **fecissent** – the verb is in the sub-
    junctive because it is in a subordi-
    nate clause in an expression that is
    an implied indirect speech, since it
    represents part of the thoughts that
    occurred to the triplets. The plu-
    perfect subjunctive indicates a time
    that would precede the time of the
    implied main clause. The pluperfect
    tense of the subjunctive does not go
    against the normal principles of tense
    sequence, since the verb *obversatur* is
    in the historical present, which can
    be thought of as a past tense. Hence,
    subordinate subjunctives depending
    on a historical present may be in ei-
    ther primary or secondary sequence.

The Horatii and Curiatii meet on the battlefield (contd.)

Proelium est commissum. Arma
20 strepitum ediderunt. Gladii splendentes fulserunt. Tunc statim
spectatores terrore sunt compressi. In neutram partem spes
spectantium inclinabatur. Nullas voces edebant. Spiritus eorum
torpore quodam afficiebantur. Iam media tamen in pugna non
tantum motus corporum et agitatio dubia telorum et armorum
25 conspiciebatur. Vulnera quoque et sanguis sunt visa.

20 **strepitus, us** m. – noise
splendeo, ere (2) – glitter
23 **torpor, oris** m. – lethargy, numbness

24 **motus, us** m. – movement
agitatio, onis f. – agitation, activity
25 **conspicio, ere, spexi, spectum** (3) – look at

The Horatii and Curiatii meet... (contd.)

Ut primo statim
concursu increpuere arma micantesque fulsere gladii, horror   15
ingens spectantes perstringit et neutro inclinata spe torpebat
vox spiritusque. Consertis manibus, iam non motus tantum
corporum agitatioque anceps telorum armorumque sed vulnera quoque et sanguis spectaculo erant.

---

15 **concursus, us** m. – coming together,
    concourse, collision
    mico, are (1) – quiver, glitter
    horror, oris m. – trembling, horror,
    fear

16 **perstringo, ere, strinxi, strictum** (3)
    – bind together, blunt, stun
    torpeo, ere (2) – be sluggish, numb
17 **manus consero** – join battle
18 **anceps, cipitis** – double, doubtful,
    ambiguous

---

14 **ut...crepuere...fulsere** – temporal
    clauses with the meaning of 'as soon
    as'. See Gildersleeve/Lodge, pp. 360–
    62.
16 **neutro** – an adverb meaning 'in nei-
    ther direction'.
18 **anceps** – the motion of the weapons is
    called so, because it is not clear to the
    spectators to which party the weap-
    ons belong.
    telorum armorumque – *tela* are mis-
    sile weapons, while *arma* indicate
    weapons for close attack and defense.
19 **spectaculo** – a dative of purpose: '...
    were an object of spectacle.' See Gild-
    ersleeve/Lodge, p. 227–28.

One of the Horatii has to fight alone against three Curiatii

Tum duo Romani sunt interfecti et alter super alterum ceciderunt. Hoc factum est postquam Romani tres Albanos vulner-
averunt. Exercitus Albanus gaudio conclamavit, quia vidit duos
Romanos cecidisse. Romanae vero legiones omnem spem per-
30   diderunt. Cura tamen milites non relinquebat. Nam paene ad
mortem sollicitabantur de fato unius Horatii circa quem tres
Curiatii stabant. Ille Horatius non erat vulneratus – hoc casu
est factum. Ille non poterat contra tres homines solus pugnare,
sed contra unum quemque hostem fortissime pugnare valebat.
35   Ergo coepit fugere. Propositum enim eius erat singillatim contra Curiatios dimicare. Putabat Curiatios se esse secuturos ve-
locitate non eadem, sed varia secundum condicionem eorum
vulnerum.

---

28 **conclamo, are** (1) – make an outcry   **singillatim** (adv.) – individually
35 **propositum est** (with infin. or **ut** +   36 **velocitas, atis** f. – speed
    subj.) – it is intended

One of the Horatii has to fight alone...

Duo Romani super alium alius, vulneratis tribus Albanis, exspi-   20
rantes corruerunt. Ad quorum casum cum conclamasset gaudio Albanus exercitus, Romanas legiones iam spes tota, nondum
tamen cura deseruerat. Nam propter vicem unius Horatii quem
tres Curiatii circumsteterant, erant exanimes. Forte is integer
fuit. Ut universis solus nequaquam erat par, sic adversus singu-   25
los ferox. Ergo ut segregaret pugnam eorum capessit fugam, ita
ratus secuturos ut quemque vulnere adfectum corpus sineret.

---

20 **exspiro, are** (1) – breathe out, die
21 **corruo, ere, corrui** (3) – fall together,
      rush headlong
24 **circumsto, are, steti** (1) – stand
      around, encircle
    exanimis, e – lifeless

25 **nequaquam** (adv.) – not at all
26 **segrego, are** (1) – separate, move
      aside
    capesso, ere, ivi, itum (3) – take
      eagerly
27 **sino, ere, sivi, situm** (3) – allow

---

21 **cum conclamasset** – a temporal
      clause expressing prior time.
25 **ut...erat** – a comparative clause, coor-
      dinated with *sic*: 'while alone he was
      in no way equal to..., so...' See Gild-
      ersleeve/Lodge, pp. 408–12.
26 **ut segregaret** – a purpose clause.
27 **ratus** – a perfect passive participle
      with an active sense from the depo-
      nent verb *reor*.

<Curiatios> secuturos <esse> – an
accusative with infinitive depending
on *ratus*.

ut...corpus sineret – a comparative
clause in indirect discourse depending on *ratus*. Here *ut* means 'to the
extent that' or 'in so far as'.

Horatius kills the first of the Curiatii

Horatius fugit per quoddam spatium inde a loco ubi initio erat
40   pugnatum. Tum respexit et vidit Curiatios se magnis intervallis sequi. Unus eorum haud longe ab Horatio aberat. Horatius
eum vehementer oppugnavit. Exercitus Albanus duos reliquos
Curiatios hortabatur ut fratri auxilium darent. Interea tamen
Horatius Curiatium interfecit et volebat cum secundo Curiatio
45   pugnare.

---

39 **spatium, i** n. – space, distance
   initio (adv.) – in the beginning
40 **respicio, ere, spexi, spectum** (3)
   – look at, look to

intervallum, i n. – interval, space between

Horatius kills the first of the Curiatii

Iam aliquantum spatii ex eo loco ubi pugnatum est aufugerat,
cum respiciens videt magnis intervallis sequentes, unum haud
procul ab sese abesse. In eum magno impetu rediit; et dum Albanus exercitus inclamat Curiatiis uti opem ferant fratri, iam
Horatius, caeso hoste, victor secundam pugnam petebat.

30

---

31   **inclamo, are** (1) – call out

32   **caedo, ere, cecidi** (3) – cut, cut down, beat

---

28   **aliquantum** – an accusative expressing extent.

29   **unum <Curiatium> haud procul ab sese abesse** – an accusative with infinitive depending on *videt*.

31   **uti <Curiatii> opem ferant** – an objective *ut*-clause of indirect command depending on *inclamat*.

Horatius kills the second of the Curiatii

Tunc Romani magnum clamorem ediderunt. Tales clamores emitti solent ab hominibus qui iam post spem amissam et deinde redintegratam iterum animos aliorum roborare cupiunt. Hoc clamore Romani Horatio auxilium ferunt. Ipse Horatius
50 vult quam primum dimicationem ad finem perducere. Itaque Horatius secundum quoque Curiatium interficit. Hoc facere voluit et potuit antequam tertius Curiatius approprinquaret; et ille tertius haud procul aberat. Hac ratione par hostium manet et spes victoriae aequa videtur. Sed revera Horatius et Curiatius
55 spe et viribus aequi non sunt. Nam corpus Horatii armis non erat tactum. Victoria quoque e duobus Curiatiis reportata eum incitabat ad tertium oppugnandum. Curiatius vero vix corpus suum trahebat quod erat defatigatum vulnere et cursu. Erat iam victus propter mortem duorum fratrum qui ante eum cecide-
60 runt. Nunc ille obiectus est ipsi victori.

---

48 **redintegro, are** (1) – restore, renew
roboro, are (1) – strengthen

50 **perduco, ere, duxi, ductum** (3) – lead through, complete

53 **par, paris** – equal (adjective) or equal/pair (neuter noun)

56 **reporto, are** (1) – carry back (**victoriam reportare** – win a victory)

58 **defatigo, are** (1) – wear out

Horatius kills the second of the Curiatii

Tunc clamore, qualis clamor hominum ex insperato faventium esse solet, Romani adiuvant militem suum; et ille defungi proelio festinat. Prius itaque quam alter—nec procul aberat—consequi   35
posset, et alterum Curiatium conficit; iamque aequato Marte singuli supererant, sed nec spe nec viribus pares. Alterum intactum ferro corpus et geminata victoria ferocem in certamen tertium dabat: alter fessum vulnere, fessum cursu trahens corpus victusque propter fratres iam occisos hosti victori obicitur.   40

33	**ex insperato** – unexpectedly	**aequato Marte** – on equal terms
34	**defungor, i, functus** (+ abl.) – finish, discharge	37 **intactus, a, um** – untouched
36	**conficio, ere, feci** (3) – complete, make, kill	38 **gemino, are** (1) – double
		39 **fessus, a, um** – tired

35 **alter** – the other Curiatius alive, actually the third one.

37 **singuli** – one Horatius and one Curiatius.

spe...viribus – *spe* and *viribus* are ablatives of respect.

alterum – the object of *dabat*.

Horatius kills the third of the Curiatii

Proelium non erat magnum. Romanus gestiens dicebat: "Duos Albanos occidi tamquam sacrificium pro fratribus mortuis; tertium tradam pro ipsius belli causa, scilicet ut populus Romanus imperium super populum Albanum habeat." Curiatius
65   vix scutum suum tenere poterat. Horatius supra eum stabat et gladio guttur eius perfodit. Deinde ex cadavere spolia detraxit. Romani Horatium ovatione et gratulatione acceperunt. Eo magis gaudebant quod tantopere antea timuerant. Deinde utraque pars de suis mortuis sepeliendis cogitavit. Animi eorum tamen
70   minime erant similes. Nam Romani imperio erant aucti, sed Albani sub dicionem aliorum redacti. Sepulcra inveniuntur iis locis ubi dimicantes ceciderunt: duo sepulcra Romana sita sunt prope Albam; tria sepulcra Albana prope Romam, sed locis diversis secundum ipsius pugnae ordinem.

61 **gestio, ire** (4) – exult, be eager to
65 **scutum, i** n. – shield
66 **guttur, uris** n. – throat
perfodio, ere, fodi, fossum (3) – pierce through
cadaver, eris n. – corpse
spolium, i n. – spoil, arms taken from a defeated enemy
67 **ovatio, onis** f. – ovation
gratulatio, onis f. – congratulation

68 **tantopere** (adv.) – so much
69 **sepelio, ire, ivi/ii, pultum** (4) – bury, inter
71 **dicio, onis** f. – power, domination
redigo, ere, egi, actum (3) – reduce
73 **prope** (adv. or preposition + acc.) – nearly, near
diversus, a, um – opposite, different

Horatius kills the third of the Curiatii

Nec illud proelium fuit. Romanus exsultans "Duos" inquit, "fratrum manibus dedi; tertium causae belli huiusce, ut Romanus
Albano imperet, dabo." Curiatio male sustinenti arma gladium
superne iugulo Horatius defigit, iacentem spoliat. Romani ovantes ac gratulantes Horatium accipiunt, eo maiore cum gau-   45
dio, quo prope metum res fuerat. Ad sepulturam inde suorum
nequaquam paribus animis vertuntur, quippe imperio alteri
aucti, alteri dicionis alienae facti. Sepulcra exstant quo quisque
loco cecidit, duo Romana uno loco propius Albam, tria Albana
Romam versus sed distantia locis ut et pugnatum est.   50

---

41 **exsulto, are** (1) – jump up, rejoice, exult
42 **manes, ium** m. pl. – spirits of the dead
44 **superne** (adv.) – from above
    iugulum, i n. – neck

    defigo, ere, fixi, fixum (3) – drive or fasten into
    spolio, are (1) – despoil, plunder
46 **sepultura, ae** f. – burial
50 **versus** (adv.) – towards

---

42 **huiusce** – take it with *belli*. The particle -*ce* is added to the demonstrative to strengthen its force.
45 **eo... quo...** – coordinating adverbs of comparison that indicate proportion: '...with joy the greater in proportion to how close terror had been...'
48 **dicionis alienae** – 'made subject to an external domination'.
49 **quo quisque loco cecidit** – '...in the place where each one fell'.
50 **versus** – means 'towards' and follows the word to which it refers.
    et – often means *etiam* ('also'), as here.

The Romans and the Albans return to their homes.

I, 26 PARAPHRASIS: *Horatius kills his sister because she mourns one of the Curiatii, who was her fiancé*

Horatius praeibat; spolia trium Curiatiorum in manibus ferebat. Soror eius sponsa erat uni Curiatio iam mortuo. Illa Horatio prope portam Capenam obviam venit. Mulier in fraternis
umeris sponsi sagum, i.e. vestimentum militare, cognovit; nam
5 ipsa illud vestimentum consuerat. Tum capillos solvit et flere
coepit. Nomen sponsi mortui dicebat. Horatius in animo suo
feroci irascebatur. Nam plorabat soror in victoria fratris et in
tanto gaudio totius populi. Itaque Horatius gladium strinxit et
puellam perfodit. Eodem tempore eam verbis quoque vitupera-
10 vit. Dicebat enim: "Abi hinc, a nobis, una cum tuo amore minus
maturo ad sponsum. Nam fratrum mortuorum es oblita, fratris tui vivi es oblita, patriae es oblita. Si alia femina Romana
hostem ploraverit, hac ratione abeat."

1	**praeeo, ire, ivi, itum** – go first, lead the way		**fleo, ere, flevi, fletum** (2) – weep
2	**sponsus, a** – betrothed	7	**ploro, are** (1) – weep
3	**obviam** (adv.) – in the way	8	**stringo, ere, strinxi, strictum** (3) – tighten, touch, unsheath a sword
	fraternus, a, um – fraternal	9	**vitupero, are** (1) – berate, rebuke
4	**umerus, i** m. – shoulder	11	**maturus, a, um** – timely
	sagum, i n. – military cloak		**obliviscor, i, oblitus** (3) – forget
5	**consuo, ere** (3) – sew		
	solvo, ere, solvi, solutum (3) – loosen, free, release, pay		

I, 26 TEXT: *Horatius kills his sister...*

...Princeps Horatius ibat, trigemina spolia prae se gerens; cui
soror virgo, quae desponsa uni ex Curiatiis fuerat, obvia ante
portam Capenam fuit. Cognito super umeros fratris paludamento sponsi, quod ipsa confecerat, solvit crines et flebiliter nomine sponsum mortuum appellat. Movet feroci iuveni animum   5
comploratio sororis in victoria sua tantoque gaudio publico.
Stricto itaque gladio, simul verbis increpans transfigit puellam.
"Abi hinc cum immaturo amore ad sponsum," inquit, "oblita
fratrum mortuorum vivique, oblita patriae. Sic eat quaecumque
Romana lugebit hostem."   10

---

2 **desponsus, a** – betrothed
3 **paludamentum, i** n. – cloak
4 **flebiliter** (adv.) – tearfully
6 **comploratio, onis** f. – lament

7 **transfigo, ere, fixi, fixum** (3) – pierce, transfix
8 **immaturus, a , um** – untimely
10 **lugeo, ere, luxi, luctum** (2) – mourn

---

3 **portam Capenam** – a gate in the eastern part of Rome.
5 **iuveni** – the dative is used here, as often, to indicated the person affected by the action, or for whom the action holds good: 'the mourning of his sister stirred the spirit of the fierce youth...'

Horatius is made to stand trial and is condemned

Hoc facinus et patriciis et plebi asperum et crudele est visum.
15 De Horatii tamen merito recentissimo cogitabant. Utcumque
adductus est ad regem et rex Horatium iudicare debuit. Rex
vero nolebat iudicium severum et vulgo ingratum edere, nolebat secundum iudicium poenam indicere. Itaque concilium
populi vocavit et dixit: "Nunc eligo duumviros qui iudicium
20 de Horatii perduellione ferant." Formula legis erat horrenda:
"Duumviri perduellionem iudicare debent; si accusatus alium
iudicem appellaverit, apud iudicem lis fiet; si duumviri vicerint,
caput damnati velari debebit; ille in arbore infelici suspendi debebit; verbera pati debebit, seu vapulare, sive intra pomerium,
25 sive extra pomerium." Duumviri qui hac lege erant creati putabant se non posse ullum hominem absolvere, ne innocentem
quidem. Itaque Horatium condemnaverunt et alter vocavit: "I,
lictor, vinci manus damnati." Lictor appropinquavit et iam laqueum sive tendiculam super collum damnati inicere volebat.

---

15 **meritum, i** n. – good deed, merit
recens, ntis – recent
utcumque (adv.) – however
19 **duumviri, orum** m. pl. – board or
committee of two magistrates
20 **perduellio, onis** f. – treason
horrendus, a, um – fearful, dreadful
22 **appello, are** (1) – call, name, appeal
lis, litis f. – lawsuit
23 **velo, are** (1) – veil

infelix, icis – unlucky, fatal
24 **vapulo, are** (1) – suffer blows
pomerium, i n. – city boundary
26 **absolvo, ere, solvi, solutum** (3)
– acquit
innocens, ntis - innocent
27 **condemno, are** (1) – condemn
28 **laqueus, i** m. – noose
29 **tendicula, ae** f. – snare, leash

Horatius is made to stand trial and is condemned

Atrox visum id facinus patribus plebique, sed recens meritum
facto obstabat. Tamen raptus in ius ad regem. Rex, ne ipse tam
tristis ingratique ad vulgus iudicii ac secundum iudicium supplicii auctor esset, concilio populi advocato, "Duumviros" inquit, "qui Horatio perduellionem iudicent, secundum legem   15
facio." Lex horrendi carminis erat: "Duumviri perduellionem
iudicent; si a duumviris provocarit, provocatione certato; si vincent, caput obnubito; infelici arbori reste suspendito; verberato
vel intra pomerium vel extra pomerium." Hac lege duumviri
sunt creati, qui se ne innoxium quidem ea lege absolvere posse   20
rebantur. Cum Horatium condemnassent, tum alter ex iis "Publi Horati, tibi perduellionem iudico." inquit. "I, lictor, colliga
manus." Accesserat lictor iniciebatque laqueum.

---

11 **atrox, atrocis** – frightful, dire
12 **obsto, are** (1) – be in the way, impede
16 **carmen, inis** n. – poem, formula
17 **certo, are** (1) – contend

18 **obnubo, ere, nupsi, nuptum** (3)
   – veil, cover
20 **innoxius, a, um** – harmless, innocent
22 **colligo, are** (1) – bind

---

11 **patribus plebique** – *patres* are the patricians, and *plebs* are the plebeians;
they both form *populus Romanus*.
12 **ne...auctor esset** – a negative purpose clause. Note that *auctor*, meaning 'originator' or 'initiator', takes the
genitive.
13 **secundum** – 'after'.
14 **concilio populi** – an assembly of the
whole population, both patricians
and plebeians.
duumviros – a Roman board of court
consisting of two persons.
15 **perduellionem** – *perduellio* was high
treason, a hostile act by a Roman
toward his own country. According
to some commentators, Horatius's
crime was not *perduellio*, but rather
parricidium, 'parricide, a murder of re-
lation'. Horatia herself was guilty of
proditio, 'treason', since she mourned
the enemy.
secundum – 'according to'.

16 **carminis** – in early Latin *carmen* indicated a solemn formula, not necessarily metric.
17 **provocarit** – 'to make an appeal, to
take the cause to a higher court'.
**certato...obnubito...suspendito...
verberato** – future imperatives, characteristic for archaic legal formulas.
They are in second person singular
and refer to the *duumvir* who has to
obey this law. The first part of the text
contains the subjunctive *iudicent*. The
subjunctive was the usual mood of
decrees, and *duumviri* were appointed
by a decree. The future imperatives
are in the second part, and this is the
usual mood for statutes. Statutes pertain to the duties of *duumviri*.
18 **infelici arbori** – a tree, which has not
given fruit, was an appropriate instrument for hanging criminals.
22 **lictor** – an attendant to the magistrate, and a symbol of magistrate's
dignity who enforces the magistrate's
actions.

Horatius appeals, and his father supports him

30 Tum Tullus, qui legem modo clementi interpretabatur, Horatium instigavit ut diceret: "Provoco; iudicem appello". Postquam
Horatius provocavit, lis ad populum est delata. Homines qui
iudicabant a Publio Horatio patre sunt moti. Nam pater asseve-
rabat filiam suam iuste esse occisam. Dicebat: "Nisi filia iuste
35 esset occisa, filium iure patrio punivissem." Orabat: "Paulo
antea me vidistis eximios filios habentem. Nolite me omnibus
liberis privare!" Tum senex iuvenem est amplexus et ostendit
spolia Curiatiorum quae accumulata erant loco qui hodie Pila
Horatia appellatur. Tunc dicebat: "Nuperrime vidistis, Quirites,
40 filium meum qui tamquam victor cum decore et ovatione in
Urbem intrabat. Poteritisne eum iterum in patibulo, in cruce
vinctum, verberatum et excruciatum videre? Vix ipsi Albani
spectaculum tam horribile tolerare possunt. Si vis, lictor, i et
vinci manus quae paulo antea armis instructae imperium pro
45 populo Romano paraverunt. Si vis, i et vela caput hominis qui
hanc urbem liberavit. Si vis, suspende eum in arbore infelici.
Si vis, da ei verbera. Si intra pomerium verbera dabis, fac inter
illa pila (scilicet inter tela hostium accumulata) et inter spolia
hostium. Si autem extra pomerium dabis, fac inter Curiatiorum
50 sepulcra. Non exstat ullus locus ubi merita Horatii eum a tali
poena non servent."

30 **clemens, ntis** – merciful
  interpretor, ari (1) – understand, interpret, translate
31 **instigo, are** (1) – incite
  provoco, are (1) – challenge, appeal
37 **amplector, i, exus** (3) – embrace
38 **accumulo, are** (1) – pile up
40 **decus, oris** n. – honor

41 **patibulum, i** n. – gallows
  crux, crucis f. – cross
42 **verbero, are** (1) – beat
  excrucio, are (1) – torture
43 **horriblis, e** – horrible
44 **instruo, ere, struxi, structum** (3) – set up, equip, train
48 **pilum, i** n. – javelin

Horatius appeals, and his father supports him

Tum Horatius, auctore Tullo, clemente legis interprete, "Provoco" inquit. Itaque provocatione certatum ad populum est. Moti   25
homines sunt in eo iudicio maxime P. Horatio patre proclamante se filiam iure caesam iudicare; dicebat enim, ni ita esset,
patrio iure in filium animadversurum fuisse. Orabat deinde ne
se, quem paulo ante cum egregia stirpe conspexissent, orbum
liberis facerent. Inter haec senex iuvenem amplexus, spolia Cu-   30
riatiorum fixa eo loco qui nunc Pila Horatia appellatur ostentans, "Huncine" aiebat, "quem modo decoratum ovantemque
victoria incedentem vidistis, Quirites, eum sub furca vinctum
inter verbera et cruciatus videre potestis? Quod vix Albanorum
oculi tam deforme spectaculum ferre possent. I, lictor, colliga   35
manus, quae paulo ante armatae imperium populo Romano pepererunt. I, caput obnube liberatoris urbis huius; arbore infelici
suspende; verbera vel intra pomerium, modo inter illa pila et
spolia hostium, vel extra pomerium, modo inter sepulcra Curiatiorum; quo enim ducere hunc iuvenem potestis ubi non sua   40
decora eum a tanta foeditate supplicii vindicent?"

---

24 **interpres, pretis** m. – interpreter,
   translator
26 **proclamo, are** (1) – proclaim
29 **egregius, a, um** – excellent, distinguished
   orbus, a, um – bereft, deprived,
   orphaned
31 **figo, ere, fixi, fixum** (3) – fix, implant
   ostento, are (1) – show, demonstrate

32 **decoro, are** (1) – embellish, decorate
33 **incedo, ere, cessi, cessum** (3)
   – march, advance, proceed
   furca, ae f. – fork, gallows
34 **cruciatus, us** m. – torture
35 **deformis, e** – ugly
36 **armo, are** (1) – arm
41 **foeditas, atis** f. – ugliness, foulness

---

24 **auctore Tullo** – an ablative absolute:
   'on the authority of Tullus'. Tullus
   Hostilius was the third Roman king.
25 **certatum...est** – impersonal form.
27 **se...iudicare** – an accusative with
   infinitive depending on *proclamante;
   filiam <esse> caesam* is an accusative
   with infinitive depending on *iudicare*.
   **ni ita esset, patrio iure...animad-
   versurum fuisse** – a counterfactual
   conditional clause in indirect speech
   (depending on *dicebat*): '...were this
   not the case... he would have...'
28 **ne...facerent** – the *ne*-clause functions as a direct object to *orabat*.
29 **conspexissent** – a subjunctive due
   to the attraction of moods; its clause

depends on the subordinate clause
ending with the verb *facerent*. See
Gildersleeve/Lodge, p. 425.
31 **Pila Horatia** – 'The Horatian column',
   or perhaps 'The Horatian spears'.
32 **quem... eum...** – the emphatic order,
   in which the relative precedes the demonstrative, often has a force equivalent to 'the very one who...'
38 **modo** – in this clause and in the next
   it means 'provided that', and we are
   to understand a verb in the subjunctive, such as 'provided that you do
   it...' See Gildersleeve/Lodge, pp. 367–
   68. The emphasis is on the cruel irony
   of reprisals against Horatius amidst
   the monuments of his recent victory.

Horatius is acquitted

Populus paternas lacrimas tolerare non poterat. Nec animum Horatii in periculis fortissimum tolerare poterat. Itaque eum absolverunt. Hoc factum est magis propterea quod virtutem eius

55   admirabantur quam propter causam iustam. Utcumque necem tam apertam oportuit quadam ratione expiari. Itaque patri imperaverunt ut pecunia publica filium lustraret. Primo pater sacrificavit ut placaret. Haec sacrificia postea genti Horatiae sunt tradita. Deinde pater parvo tigno seu parva trabe viam traiecit,

60   id est, hoc tignum in via posuit transversum tamquam pontem vel arcum, sub quem filius iret. Tunc filium oportuit caput velare et sub tignum ire. Illud tignum adhuc manet. Sumptibus enim publicis curatur. Vocatur tigillum sororis. Pro Horatia sepulcrum exstruxerunt eo loco quo erat interfecta. Sepulcrum

65   exstructum est ex saxis quae formam quadratam habent.

---

55   **nex, necis** f. – violent death

56   **expio, are** (1) – expiate, atone for

57   **lustro, are** (1) – purify

59   **tignum, i** n. – beam

     trabs, trabis f. – timber

     traicio, ere, ieci, iectum (3) – place or throw across

60   **transversus, a, um** – crosswise

61   **arcus, us** m. – bow, arch

64   **exstruo, ere, struxi, structum** (3) – build

65   **quadratus, a, um** – square

Horatius is acquitted

Non tulit populus nec patris lacrimas nec ipsius parem in omni
periculo animum, absolveruntque admiratione magis virtutis
quam iure causae. Itaque, ut caedes manifesta aliquo tamen
piaculo lueretur, imperatum est patri ut filium expiaret pecu-   *45*
nia publica. Is, quibusdam piacularibus sacrificiis factis, quae
deinde genti Horatiae tradita sunt, transmisso per viam tigillo,
capite adoperto velut sub iugum misit iuvenem. Id hodie quoque publice semper refectum manet: sororium tigillum vocant.
Horatiae sepulcrum, quo loco corruerat icta, constructum est   *50*
saxo quadrato.

---

45 **piaculum, i** n. – scapegoat, atone-
　　ment, sacrifice, crime that requires
　　expiation
　　luo, ere, lui (3) – release, pay, atone
46 **piacularis, e** – pertaining to atone-
　　ment
47 **transmitto, ere, misi, missum** (3)
　　– transmit, send across

tigillum, i n. – small beam
48 **adopertus, a, um** – covered
　　iugum, i n. – yoke
49 **reficio, ere, feci, fectum** (3) – repair
50 **construo, ere, struxi, structum** (3)
　　– build

---

42 **ipsius** – i.e., *Horatii.*
43 **admiratione** – ablative of cause. See
　　Gildersleeve/Lodge, p. 263.
44 **ut…lueretur** – a purpose clause.

45 **ut…expiaret** – an objective *ut*-clause
　　depending on *imperatum est.*
50 **quo loco** – 'in the place where…'

Several kings rule at Rome. The city grows. Finally Lucius Tarquinius Super-
bus, with the help of his wife Tullia, slays king Servius Tullius, and without
the authority of senate and people, occupies the throne.

I, 55 PARAPHRASIS: *Tarquinius Superbus, the last of the Roman kings, undertakes the construction of a huge temple*

Effecit Tarquinius ut pax inter Romanos et Aequos exstaret.
Curavit etiam ut renovaretur foedus quod inter Romanos et
Tuscos erat ante factum. His negotiis absolutis, Tarquinius negotiis ad urbem pertinentibus operam dedit. Primum in monte
5   Tarpeio templum Iovis aedificare voluit. Rex sperabat hoc templum et regni sui et nominis sui monumentum esse futurum.
Propositum ei erat ut posteri ex hoc monumento discerent Tar-
quinum Priscum patrem vovisse hoc templum, et se ipsum,
alterum Tarquinium et filium, idem templum perfecisse. Sed
10   priusquam templum aedificaretur, aream illius templi totam
aliorum deorum cultu liberare et purgare voluit. Nam ibi aliquot sacella erant posita et consecrata, quae antea a Tatio rege
erant vota. Rex in proelio cum Romulo commisso promiserat
deis fore ut haec sacella ibi ponerentur. Necesse erat haec fana
15   et sacella profanare ut tota regio esset religione priore libera.

2   **renovo, are** (1) – restore, renew
5   **aedifico, are** (1) – build
8   **voveo, ere, vovi, votum** (2) – vow, consecrate
10   **area, ae** f. – vacant place, grounds, square
11   **aliquot** (indecl.) – some
12   **sacellum, i** n. – shrine

consacro, are (1) – consecrate, dedicate
14   **fanum, i** n. – sanctuary
15   **profano, are** (1) – desecrate, render unholy
regio, onis f. – region, district
religio, onis f. – reverence, scruple, religion, object of religious worship, religious offence

I, 55 TEXT: *Tarquinius Superbus...*

...Tarquinius pacem cum Aequorum gente fecit, foedus cum
Tuscis renovavit. Inde ad negotia urbana animum convertit;
quorum erat primum ut Iovis templum in monte Tarpeio monumentum regni sui nominisque relinqueret, ut posteri scirent
Tarquinios reges ambos patrem vovisse, filium perfecisse. Et ut   5
libera a ceteris religionibus area esset tota Iovis templique eius
quod inaedificaretur, exaugurare fana sacellaque statuit, quae
aliquot ibi a Tatio rege primum in ipso discrimine adversus Romulum pugnae vota erant, et postea consecrata et inaugurata...

---

7   **inaedifico, are** (1) – build in

exauguro, are (1) – desecrate, render
unhallowed

---

1   **pacem...fecit; foedus...renovavit** –
the narration of the reign of Tarquinius Superbus begins with his
achievements in external affairs, in
particular his capture of the city of
Gabii (chapters 53 and 54).

3   **in monte Tarpeio** – the Capitoline
Hill.

5   **patrem vovisse, filium perfecisse**
– the older of the Tarquin kings, Tarquinius Priscus, had vowed to build
the temple after the conclusion of a
war with the Sabines.

7   **exaugurare** – the procedure was necessary to free the area of the religious
associations of earlier shrines so that
it would henceforth be completely
free for Juppiter and his cult. The
ritual implied in the verb *exaugurare*
accomplished this desecration.

8   **Tatio** – Tatius was a king of the Sabines, who fought against, and afterwards reigned jointly with Romulus.
A rather mysterious figure.

I, 56 PARAPHRASIS: *Roman citizens are part of the work-force used for Tarquinius' building projects, nor do they undertake other works as willingly as the construction of the temple*

Rex in templum perficiendum diligenter incubuit. Fabros undique ex Etruria advocavit. Ad hoc opus perficiendum pecuniam publicam usurpavit, et operariis plebeis est usus. Quamquam labor erat magnus et officiis militaribus superadditus, plebs
5 non tam aegre tulit officium templa deorum manibus suis exstruendi quam alia quaedam munera, quae illis necesse erat explere. Haec munera, etsi videbantur esse minora, erant tamen paulo laboriosiora, quae versabantur in foris in circo faciendis, qui erant ordines sedilium spectatoribus destinati, et in cloaca
10 maxima construenda. Haec cloaca erat sub terra collocanda, per quam omnes urbis quisquiliae effluere possent. Assevero etiam magnificentiam novam, id est, aetatis meae propriam, cum his duobus operibus a Tarquinio susceptis vix comparari posse. Talibus laboribus plebs occupabatur.

1 **incumbo, ere, cubui, cubitum** (3) – lean upon, press upon, apply oneself to
   faber, bri m. – workman
2 **advoco, are** (1) – summon
3 **usurpo, are** (1) – make use of
   operarius, i m. – workman
4 **superaddo, ere** (3) – add over and above
8 **laboriosus, a, um** – laborious, difficult

   versor, ari (1) – be occupied with, engaged with / **verso, are** (1) – turn about
   forus, i m. – gangway, row of seats
9 **sedilia, ium** n. pl. – seats
10 **cloaca, ae** f. – sewer
11 **quisquiliae, arum** f. pl. – refuse
    effluo, ere, fluxi (3) – flow out
12 **magnificentia, ae** f. – magnificence, grandeur

I, 56 TEXT: *Roman citizens are part of the work-force...*

Intentus perficiendo templo, fabris undique ex Etruria accitis,
non pecunia solum ad id publica est usus sed operis etiam ex
plebe. Qui labor (non parvus et ipse) cum ad militiae laborem
adderetur, minus tamen plebs gravabatur se templa deorum
exaedificare manibus suis quam postquam et ad alia opera tra-   5
ducebatur (quae primo videbantur minora, sed re vera multo
laboriosiora erant), foros in circo faciendos cloacamque maximam, receptaculum omnium purgamentorum urbis, sub terra
agendam; quibus duobus operibus vix nova haec magnificentia
quicquam adaequare potuit...   10

---

1 **accio, ire, civi, citum** (4) – summon, fetch
3 **militia, ae** f. – military service
5 **exaedifico, are** (1) – finish building
   traduco, ere, duxi, ductum (3) – bring over, transfer
8 **receptaculum, i** n. – receptacle
   purgamentum, i n. – waste
10 **adaequo, are** (1) – equal

---

1 **perficiendo templo** – a dative case, 'intent on finishing the temple...'
2 **operis** – *operae, arum* can mean 'hired workers'. The noun is usually plural when it has this meaning.
3 **et** – again means the same as *etiam*.
   militiae – military service is mentioned here because Tarquinius was also very active in foreign affairs, as described in the previous chapters.
4 **gravabatur** – when *gravari* mean 'take amiss' or to 'endure with reluctance',

it may govern a clause in the accusative and infinitive.
7 **foros** – these were rows of seats in the *Circus Maximus*. The accusatives here are in apposition with *opera*.
9 **haec** – the use of the demonstrative *hic, haec, hoc* in such contexts refers to entities or people that are contemporary with the writer – in other words, modern. Livy here seems to make a comparison with the building projects of Augustus.

Tarquinius sees a fearful portent, and sends a legation to Dephi to get an interpretation of its meaning

15   Haec omnia faciens Tarquinius portentum terribile vidit. E co-
     lumna lignea in domicilio regio devenit serpens. Quam bestiam
     cum vidissent homines, perterriti fugerunt. Rex tamen terrore
     subito non tam affectus est quam curis anxiis. Etrusci sapientes
     tantum ad publica prodigia et signa interpretanda advocaban-
20   tur. Sed portento quodam domestico perculsus erat Tarquinius.
     Quam ob causam homines mittere Delphos decrevit, quippe
     ubi esset oraculum toto in orbe terrarum celeberrimum. Offi-
     cium responsa Delphis audiendi quibuslibet legatis committere
     noluit. In Graeciam igitur Titum et Arruntem, duos filios misit.
25   Iter fecerunt hi iuvenes per terras illa aetate ignotas et per ma-
     ria etiam minus nota. Eorum comes fuit L. Iunius Brutus, filius
     Tarquiniae, quae erat regis soror. Brutus ingenium quoddam
     simulabat, quod a vera eius indole magnopere discrepabat.

15 **portentum, i** n. – sign, omen	18 **anxius, a, um** – anxious
terribilis, e – frightful	19 **prodigium, i** n. – wonder, sign
columna, ae f. – column	22 **oraculum, i** n. – oracle
16 **ligneus, a, um** – wooden	25 **ignotus, a, um** – unknown
devenio, ire, veni, ventum (4) – come down	28 **simulo, are** (1) – feign, pretend
serpens, entis f. – snake	**discrepo, are** (1) – differ

Tarquinius sees a fearful portent...

Haec agenti portentum terribile est visum: anguis ex columna lignea elapsus, cum terrorem fugamque in regiam fecisset, ipsius regis non tam subito pavore perculit pectus quam anxiis implevit curis. Itaque cum ad publica prodigia Etrusci tantum vates adhiberentur, rex hoc velut domestico exterritus visu *15* Delphos, ad maxime inclitum in terris oraculum, legatos mittere statuit. Neque responsa sortium ulli alii committere ausus, duos filios per ignotas ea tempestate terras, ignotiora maria in Graeciam misit. Titus et Arruns sunt profecti; comes iis additus L. Iunius Brutus, Tarquinia, sorore regis, natus, iuvenis longe *20* alius ingenii quam cuius simulationem induerat.

---

12 **elabor, i, lapsus** (3) – slip out, escape

13 **pavor, oris** m. – trembling, fear

15 **vates, is** m. – soothsayer, prophet
adhibeo, ere, hibui, hibitum (2) – bring to, employ, use
exterreo, ere, terrui, territum (2) – thoroughly frighten
visus, us m. – faculty of sight, thing seen, vision

16 **inclitus, a, um** – famous, distinguished

17 **statuo, ere, statui, statutum** (3) – establish, decide
sors, tis f. – lot, fate, oracular response, principal sum loaned

19 **comes, itis** m. or f. – companion, escort

21 **simulatio, onis** f. – pretense

---

11 **haec agenti** – i. e., *<Tarquinio> haec agenti.*

16 **Delphos...legatos mittere statuit** – Etruscans were known for their skill at divination. The fame of the oracle at Delphi is accurately described here. It was known for its ambiguous responses, given by the Pythian priestess, and is much mentioned in classical Greek sources, such as Herodotus.

17 **responsa sortium** – 'replies of the oracle'.

18 **ea tempestate** – 'at that time'.

20 **longe alius ingenii** – if we accept this reading (a conjecture of the Danish scholar Madvig), *longe alius ingenii* is a genitive of quality ('of a very different character'). In many manuscripts this passage reads *alius ingenio*. In this case *ingenio* would be an ablative of respect ('very different in character').

The character of Brutus, who is part of the legation, is described

Ille audiverat fratrem suum et alios nobiles Romanos ab avuncu-
30   lo esse interfectos. Nolebat igitur quidquam in animo suo videri
exstare, quod rex timeret, nec quidquam in sua condicione et
facultatibus apparere, quod rex peteret. Quam ob causam se
esse stultum finxit, et sinebat regem se ipso et suis rebus libere
uti. Bruti etiam, hoc est 'stulti', cognomen non respuit. Nam sub
35   huius cognominis specie occultari poterat ille animus qui populo Romano libertatem daturus erat. Voluit Brutus tempus libertati petendae idoneum exspectare. Iuvenes Tarquinii Brutum
secum Delphos duxerunt non sicut comitem verum, sed potius
ut ille causam sibi et materiam ridendi praeberet. Dicitur Bru-
40   tus baculum secum tulisse, cuius pars exterior erat cornea. Hoc
operculo exteriore inclusum erat baculum aureum. Voluit hoc
baculum duplex Apollini dare. Duplicis ingenii, quod habuit
Brutus, hoc baculum fuit symbolum.

32 **appareo, ere, ui** (2) – appear; **apparet** (impers.) – it appears
33 **fingo, ere, finxi, fictum** (3) – pretend
34 **cognomen, inis** n. – epithet
40 **baculum, i** n. – staff

corneus, a, um – of horn
41 **operculum, i** n. – cover
exterior, ius – outer
43 **symbolum, i** n. – symbol

The character of Brutus...

Is cum primores civitatis, in quibus fratrem suum ab avunculo interfectum audisset, neque in animo suo quicquam, quod esset regi timendum, neque in fortuna, quod esset regi concupiscendum, relinquere statuit, contemptuque tutus esse decrevit, ubi   25
in iure parum praesidii sibi esset. Ergo ex industria hominem stultum imitabatur, cum se suaque praedae esse regi sineret, Bruti quoque haud abnuit cognomen ut sub eius obtentu cognominis liberator ille populi Romani animus latens opperiretur tempora sua. Is tum ab Tarquiniis ductus Delphos, ludibrium   30
verius quam comes, aureum baculum inclusum corneo baculo, quod erat ob illam causam cavatum, tulisse donum Apollini dicitur. Hoc baculum per ambages effigiem praebebat ingenii, quod habebat Brutus.

---

22 **primores, um** m. – leaders
   avunculus, i m. – maternal uncle
24 **concupisco, ere, cupivi/cupii, itum** (3) – strive exceedingly after
25 **contemptus, us** m. – contempt
26 **parum** (adv.) – too little, not enough
28 **abnuo, ere** (3) – refuse, reject

obtentus, us m. – covering, pretext
29 **opperior, iri, peritus/pertus** (4) – await
32 **cavatus, a, um** – hollowed out
33 **ambages, is** f. – roundabout way, circumlocution, ambiguity
   effigies, ei f. – image, representation

---

23 **interfectum** – with *primores civitatis* we also understand *interfectos*. In this sentence *in quibus* almost has the force of a demonstrative, as if Livy had written *et in illis* or *et inter illos*. The relative is often used this way to connect a sentence with what has gone before.

24 **fortuna** – refers to his general condition.

26 **ex industria** – 'on purpose'.

27 **praedae** – dative of purpose, 'to be a source of gain'. The king could act as he pleased with Brutus' person, and with his property.

28 **Bruti...cognomen** – *Brutus* means 'stupid'.

33 **effigiem praebebat ingenii** – Brutus is compared to the staff destined to be a gift for Apollo, because his interior nature was so different from his exterior façade.

Brutus' understanding of certain words of the Pythian priestess is different from that of his companions

Cum Delphos venissent iuvenes regii, fecerunt omnia quae
45   iusserat pater. Deinde impetu animorum subito capti oraculum
rogaverunt quis eorum rex Romanorum futurus esset. Talis vox
e speluncae parte infima audita esse dicitur. "Qui vestrum primus, o iuvenes, matrem osculatus erit, ei Romae dabitur imperium summum." Iuvenes regii hoc responsum celare volebant,
50   ut Sextus, qui erat tertius Tarquinius nec alios ad oraculum co-
mitatus erat, sed domi manserat, nesciret quid esset responsum
et ob eam causam imperio careret. Duo Tarquinii, qui oraculum
audiverant, siverunt ut sors decerneret uter prior matrem os-
culari posset. Brutus autem oraculum Pythicum omnino aliter
55   est interpretatus. Finxit se ad terram cadere et ibi glaebas ipsas
labris attigit. Intellexit enim terram esse omnium mortalium
matrem communem. Postea Tarquinii Romam reverterunt: ibi
bellum adversus Rutulos apparatu magno parabatur.

47   **spelunca, ae** f. – cave
48   **osculor, ari** (1) – kiss
49   **celo, are** (1) – hide

55   **glaeba, ae** f. – clod
56   **labrum, i** n. – lip

Brutus' understanding of certain words...

Quo postquam ventum est, perfectis patris mandatis, cupido   35
incessit animos iuvenum sciscitandi ad quem eorum regnum
Romanum esset venturum. Ex infimo specu vocem redditam
ferunt: "Imperium summum Romae habebit qui vestrum primus, o iuvenes, osculum matri tulerit." Tarquinii, ut Sextus, qui
Romae relictus fuerat, ignarus responsi expersque imperii es-   40
set, rem summa ope taceri iubent; ipsi inter se, uter prior, cum
Romam redisset, matri osculum daret, sorti permittunt. Brutus
alio ratus spectare Pythicam vocem, velut si prolapsus cecidisset, terram osculo contigit, scilicet quod ea communis mater
omnium mortalium esset. Reditum inde Romam, ubi adversus   45
Rutulos bellum summa vi parabatur.

---

36 **incesso, ere, cessivi** (3) – fall upon, assault

37 **specus, us** m. – cave

43 **prolabor, i, lapsus** (3) – fall forward

---

35 **quo** – another connecting relative: it, together with the verb that follows, means 'and after their coming to this place...'

ventum est – impersonal passive indicating the arrival of all three.

perfectis...mandatis – an ablative absolute, which means 'when they had fulfilled the commands of their father <by hearing the oracle>'.

cupido incessit...sciscitandi – in other words, they wanted to ask the oracle a second question – not part of the commands of their father.

38 **ferunt** – 'people say'.

vestrum – partitive genitive.

39 **ut** – introduces a clause of purpose.

41 **uter prior...osculum daret** – an indirect question depending on *sorti permittunt* (historical present).

42 **sorti** – the meaning here could be either that they decided to leave the event to chance, i.e., fortune, or possibly that they decided to leave it to the outcome of a lot-drawing.

43 **alio** – local adverb. Brutus thought the import of the oracle tended 'in another direction'.

velut si prolapsus cecidisset – counterfactual conditional clause of comparison: '...just as if he had...'

45 **esset** – subjunctive, because the causal clause is part of the thought and reasoning of Brutus, as Livy represents it.

reditum – impersonal passive, 'they all returned'.

46 **Rutulos** – ancient people in Latium.

I, 57 PARAPHRASIS: *The King is occupied with the siege of Ardea*

Habitabant Ardeae Rutuli, qui erant, prout illius aetatis et re-
gionis facultates ferebant, divites. Propter Rutulorum divitias
rex Romanorum bellum illis inferre voluit sperans se posse tali
ratione pecuniam in opera publica erogatam recipere. Praeda
5   quoque bello capta populares sibi conciliare cupiebat. Homines
enim plebeii a rege erant alienati non solum ob eius superbiam,
sed etiam quod rex diu ab illis exigebat ut aedificandi munera
perficerent et labores serviles subirent. Rex Ardeam oppugna-
tione prima capere est conatus. Sed impetus primus non ita suc-
10   cessit ut rex voluerat. Itaque ad hostes superandos obsidione et
munitionibus opus erat. Hominibus in castris stativis habitanti-
bus licebat satis libere commeare. Talis tamen eundi et redeun-
di facultas primoribus quam militibus saepius concedebatur.
Regii iuvenes otiosi conviviis et comissationibus nonnumquam
15   se oblectabant.

1 **habito, are** (1) – dwell
4 **erogo, are** (1) – pay out, spend
5 **popularis, e** – popular, fellow-citizen
6 **alieno, are** (1) – alienate
8 **subeo, ire, ivi** – undergo, undertake, approach
   oppugnatio, onis f. – assault
9 **succedo, ere, cessi, cessum** (3) – turn out, succeed, advance

10 **obsidio, onis** f. – siege
11 **opus est** (+ abl.) - there is need of
   castra stativa – stationary camp
12 **commeo, are** (1) – go and come
14 **otiosus, a, um** – at leisure
   convivium, i n. – party, dinner
   comissatio, onis f. – revelry

I, 57 TEXT: *The King is occupied with the siege of Ardea*

Ardeam Rutuli habebant, gens, ut in ea regione atque in ea
aetate, divitiis praepollens; eaque ipsa causa belli fuit, quod rex
Romanus cum ipse ditari, exhaustus magnificentia publicorum
operum, tum praeda delenire popularium animos studebat,
praeter aliam regis superbiam regno infestos etiam, quod se in   5
fabrorum ministeriis ac servili tam diu habitos opere ab rege
indignabantur. Temptata res est, si primo impetu capi Ardea
posset: ubi id parum processit, obsidione munitionibusque coepti premi hostes. In his stativis, ut fit longo magis quam acri
bello, satis liberi commeatus erant, primoribus tamen magis   10
quam militibus; regii quidem iuvenes interdum otium conviviis comissationibusque inter se terebant.

---

2   **praepolleo, ere** (2) – be very powerful

3   **dito, are** (1) – enrich
    exhaurio, ire, hausi, haustum (4)
– empty out, exhaust

4   **delenio, ire, ivi, itum** (4) – soothe,
entice

6   **ministerium, i** n. – employment,
occupation

7   **indignor, ari** (1) – be indignant
    tempto, are (1) – try

10   **commeatus, us** m. – passage to and
fro, leave of absence, provisions

---

1   **Ardeam** – the capital of the Rutu-
lians, eighteen miles south of Rome.
    gens – in apposition with *Rutuli*.
    ut – introduces a limiting circum-
sance and has the meaning 'so far as
could be expected'. When *ut* introduces a phrase with this meaning, it
is typically used without a verb, as
here.

3   **cum....tum...** – 'both....and also...'

5   **praeter aliam regis superbiam...in-
festos** – the phrase is compressed
here. To fill out the meaning, we
might say: 'in addition to the hostility
they felt towards the king because of
his other prideful actions'.

7   **si...capi...posset** – sometimes a pro-
tasis (the 'if'-clause) of a condition is

used after verbs of expectation and
trying, without any expressed apo-
dosis (the conclusion of a condition).
Si in such cases is about the equivalent of the English 'in case that', or 'in
the hope that'.

9   **stativis** – stationary camps, as opposed to marching camps.

10   **commeatus** – a technical term for
'leave of absence'.

11   **otium...terebant** – the phrase *otium...
terere* means approximately the same
as 'spend one's leisure time'.

12   **comissationibusque** – *comissatio* in-
volves more unrestrained revelry
than a *convivium*.

Sextus Tarquinius and the royal youths compare wives, and decide to see which wife is the most dutiful

Hi quodam die apud Sextum Tarquinium bibebant. Cenae
etiam interfuit Collatinus Tarquinius Egeri filius. Coeperunt
casu de uxoribus suis loqui, et suam quisque uxorem laudibus
cumulabat, et ex hoc colloquio exortum est quoddam certa-
20   men. Collatinus negavit sibi verbis opus esse: dixit se posse intra paucas horas aliis ostendere quantopere sua Lucretia alias
exsuperaret. "Si iuvenes validi sumus," inquit, "nonne equis
vecti uxores nostras adibimus earumque ingenia videbimus
praesentes?" Aliquatenus ebrii omnes sunt assensi, et equis ci-
25   tatis Romam petiverunt. Romam primo vespere pervenerunt,
unde Collatiam iter fecerunt. Ibi Lucretiam medio in aedificio
sedentem invenerunt, quae longe aliter atque aliae iuvenum re-
giorum uxores se gerebat. Ut aliae feminae conviviis et luxui
operam dantes erant conspectae, ita Lucretia in lanam usque
30   ad multam noctem una cum ancillis vigilantibus incumbebat.
In praestantiae uxoriae certamine alias feminas superare videbatur Lucretia, quae benigne maritum et Tarquinios accepit.
Collatinus regios iuvenes in aedes suas invitavit. Tum Sextus
Tarquinius Lucretiae pulchritudine et castitate eximia incensus
35   malum consilium inivit. Voluit eam vi stuprare. Deinde iuvenes,
lusibus nocturnis depositis, in castra redierunt.

19	**cumulo, are** (1) – heap up, fill with	28	**luxus, us** m. – luxury
21	**quantopere** (adv. interrog.) – how much	29	**lana, ae** f. – wool
22	**exsupero, are** (1) – surpass	30	**ancilla, ae** f. – maid
24	**aliquatenus** (adv.) – somewhat	31	**praestantia, ae** f. – excellence
	ebrius, a, um – drunk	33	**aedes, ium** f. pl. – building
	cito, are (1) – hasten, incite, call to witness	34	**castitas, atis** f. – chastity
		35	**stupro, are** (1) – debauch, violate
		36	**nocturnus, a, um** – nocturnal

Sextus Tarquinius and the royal youths compare wives...

Forte potantibus his apud Sex. Tarquinium, ubi et Collatinus
cenabat Tarquinius, Egeri filius, incidit de uxoribus mentio.
Suam quisque uxorem laudabat miris modis; inde certamen   15
quoddam est exortum: Collatinus negat verbis opus esse; dixit
paucis id quidem horis posse sciri quantum ceteris praestet Lucretia sua. "Quin, si vigor iuventae inest, conscendimus equos
invisimusque praesentes nostrarum ingenia? Id cuique spectatissimum sit quod necopinato viri adventu occurrerit oculis."   20
Incaluerant vino; "Age sane" omnes. Citatis equis avolant Romam. Quo cum, primis se intendentibus tenebris, pervenissent,
pergunt inde Collatiam, ubi Lucretiam, haudquaquam ut regias
nurus, quas in convivio luxuque cum aequalibus viderant tempus terentes, sed nocte sera deditam lanae inter lucubrantes   25
ancillas in medio aedium sedentem inveniunt. Muliebris certaminis laus penes Lucretiam fuit. Adveniens vir Tarquiniique
excepti benigne; victor maritus comiter invitat regios iuvenes.
Ibi Sex. Tarquinium mala libido Lucretiae per vim stuprandae
capit; cum forma, tum spectata castitas incitat. Et tum quidem   30
ab nocturno iuvenali ludo in castra redeunt.

---

13 **poto, are** (1) – drink
14 **mentio, onis** f. – mention
18 **iuventa, ae** f. – youth
    conscendo, ere, scendi (3) – mount
19 **inviso, ere, visi, visum** (3) – go to
    see, visit
20 **necopinatus, a, um** – unexpected
    adventus, us m. – arrival
21 **incalesco, ere, calui** (3) – grow warm
20 **occurro, ere, curri** (3) – come to
    meet, occur
21 **avolo, are** (1) – fly away, hurry off

22 **intendo, ere, tendi, tentum** (3)
    – strain, stretch, direct
    tenebrae, arum f. pl. – shadows
24 **nurus, us** f. – daughter-in-law,
    young married woman
25 **serus, a, um** – late
    lucubro, are (1) – stay awake, work
    by night
28 **comiter** (adv.) – pleasantly, politely
29 **libido, inis,** f. – lust
31 **iuvenalis/iuvenilis, e** – youthful

---

15 **inde** – in narrative often has the force
    of *deinde*.
17 **id** – the indirect question beginning
    with *quantum* may be taken apposi-
    tively with *id*.
18 **quin** – 'Why not...?'
19 **nostrarum** – i.e., <*uxorum*>.
    spectatissimum – 'that which should
    be regarded as most important or sig-
    nificant'.
20 **sit** – hortatory subjunctive.

21 **omnes** – i.e., <*inquiunt*>.
22 **quo** – connective relative adverb
    of place, 'and when they had come
    there...'
23 **inde** – 'from there', i. e., after stopping
    at Rome where they visited the wives
    of the Tarquinii.
27 **laus** – i.e., *victoria*.
28 **excepti** – i.e., *excepti* <*sunt*>.
30 **incitat** – i.e., <*eum*> *incitat*.

I, 58 PARAPHRASIS: *Sextus Tarquinius visits Lucretia by himself and forces her to submit to his lust*

Post aliquot dies, nesciente Collatino, Sextus Tarquinius iter Collatiam cum uno comite fecit. Ibi benigne est acceptus ab hominibus qui nesciebant quid in mente haberet. Cena ei est data; deinde in hospitale cubiculum est ductus. Ibi exspectabat
5   donec omnes homines dormientes et omnia esse satis tuta videret. Deinde desiderio malo inflammatus gladium strinxit et Lucretiam dormientem petivit. Manu sinistra pectus feminae oppressit et "Tace, Lucretia" inquit; "Sex. Tarquinius sum; gladium in manu habeo, quo te interficiam, si emiseris vocem." Pav-
10 ida mulier e somno excitata nullum auxilium vidit, sed mortem non longe abesse sensit. Tarquinius se amore Lucretiae captum asseveravit et orans ut morem sibi illa gereret, minas precibus miscuit mulierisque animum perturbavit vehementissime. Lucretia vero obstinata ne mortis quidem timore flecti poterat.
15 Sextus igitur Tarquinius non solum mortis, sed etiam dedecoris metu animum feminae frangere est conatus. "Una cum cadavere tuo," inquit, "servum iugulatum collocabo nudum, ut in adulterio turpi trucidata esse dicaris." Hoc timore pudicitia puellae est victa. Vicisse videbatur libido. Tarquinius muliere
20 iam vitiata ferox exsultansque abivit. Lucretia post tantum scelus patratum afflicta et contristata eundem nuntium Romam ad patrem Ardeamque ad maritum misit rogans ut uterque cum amico fido ad se veniret: aliquid esse faciendum; celeritate opus esse: nam rem pessimam esse factam.

---

5 **donec** (conj.) – until
9 **emitto, ere, misi, missum** (3) – emit, send forth
   pavidus, a, um – terrified
10 **excito, are** (1) – rouse, stir up
12 **morem alicui gero** – humour, comply with someone
   minae, arum f. pl. – threat
14 **obstinatus, a, um** – determined, obstinate
15 **dedecus, oris** n. – shame, dishonor
16 **frango, ere, fregi, fractum** (3) – break

17 **iugulo, are** (1) – cut the throat, slay, murder
18 **adulterium, i** n. – adultery
   trucido, are (1) – cut down, kill
   pudicitia, ae f. – modesty, chastity
20 **vitio, are** (1) – violate
21 **affligo, ere, afflixi, afflictum** (3) – strike down, ruin, discourage
   contristo, are (1) – sadden
23 **fidus, a, um** – trustworthy

I, 58 TEXT: *Sextus Tarquinius visits Lucretia...*

Paucis interiectis diebus, Sex. Tarquinius, inscio Collatino, cum
comite uno Collatiam venit. Exceptus benigne ab ignaris consilii, cum post cenam in hospitale cubiculum deductus esset,
amore ardens, postquam satis tuta circa sopitique omnes videbantur, stricto gladio ad dormientem Lucretiam venit, sinis-   5
traque manu mulieris pectus oppressit. "Tace, Lucretia" inquit;
"Sex. Tarquinius sum; ferrum in manu est; moriere, si emiseris
vocem." Cum pavida ex somno mulier nullam opem, prope
mortem imminentem videret, tum Tarquinius fassus est amorem, oravit, miscuit precibus minas, versavit in omnes partes   10
muliebrem animum. Ubi obstinatam videbat et ne mortis quidem metu inclinari, addit ad metum dedecus: cum mortua iugulatum servum nudum positurum ait, ut in sordido adulterio
necata dicatur. Quo terrore cum vicisset obstinatam pudicitiam
velut victrix libido, profectusque inde Tarquinius ferox expug-   15
nato decore muliebri esset, Lucretia maesta tanto malo nuntium
Romam eundem ad patrem Ardeamque ad virum mittit, ut cum
singulis fidelibus amicis veniant. Dixit aliquid celeriter esse faciendum; rem atrocem incidisse.

---

1 **interiacio/intericio, ere, ieci, iectum** (3) – put between
   inscius, a, um – not knowing
3 **deduco, ere, duxi, ductum** (3) – lead away, subtract
4 **ardeo, ere, arsi, arsum** (2) – burn

   sopio, ire, ivi/ii, itum (4) – calm, lull to sleep
13 **sordidus, a, um** – dirty, disgraceful
15 **expugno, are** (1) – take by assault, violate

---

4 **circa** – the meaning is: *postquam omnes res circumpositae satis tutae <esse>.... videbantur.*
8 **prope** – an adverb.
12 **dedecus** – 'the threat of shame'.
13 **positurum** – i.e., *<se> positurum.*
15 **libido** – i.e., *libido <Tarquinii>.*

ferox – here this adjective means something like 'exulting', or 'savagely delighted'.
16 **esset** – take it with *profectus.*
17 **ut...veniant** – an indirect command depending on a verb of commanding or requesting implied in the phrase *nuntium...mittit.*

Lucretia exacts a promise from her husband and his companions, including Brutus, that they will take vengeance on Sextus Tarquinius for the crime

25   Spurius Lucretius cum Publio Valerio, Volesi filio, et Collatinus cum Lucio Iunio Bruto venerunt. Lucretiam, quae in cubiculo sedebat, maestam convenerunt. Cum maritus rogavisset num uxor satis bene se haberet, "Nequaquam," inquit Lucretia, "nam quomodo bene se habere potest mulier, cuius pudicitia
30   est amissa? In lecto tuo, Collatine, sunt alterius viri vestigia. Corpus meum tantummodo est violatum. Animus est integer et insons: testis huius rei erit mors. Oro vos ut, dextris datis, promittatis adulterum poenas daturum esse. Sextus Tarquinius in has aedes nocte priore hospitio est acceptus. At hostis fuit, non
35   hospes. Armatus me per vim vitiavit. Eius gaudium fuit mihi quidem funestum, sed, si viri estis, efficietis ut illud gaudium ei sit non minus funestum." Omnes in ordine promiserunt se Lucretiae voluntati obtemperaturos esse.

---

30 **lectus, i** m. – bed
    vestigium, i n. – footstep, trace
31 **integer, tegra, tegrum** – intact

33 **adulter, eri** m. – adulterer
36 **funestus, a, um** – deadly
38 **obtempero, are** (1) (+ dat.) – obey

Lucretia exacts a promise from her husband...

Sp. Lucretius cum P. Valerio Volesi filio, Collatinus cum L. Iunio   20
Bruto venit... Lucretiam sedentem maestam in cubiculo inveniunt. Adventu suorum lacrimae obortae, cumque maritus quae-
sivisset "Satin salvae?" "Minime" inquit; "quid enim salvi est
mulieri, amissa pudicitia? Vestigia viri alieni, Collatine, in lecto
sunt tuo; ceterum corpus est tantum violatum, animus insons;   25
mors testis erit. Sed date dexteras fidemque haud impune adultero fore. Sex. est Tarquinius qui hostis pro hospite priore nocte
vi armatus pestiferum hinc abstulit gaudium. Hoc gaudium est
mihi pestiferum, et erit Sexto Tarquinio pestiferum, si viri estis." Dant ordine omnes fidem.   30

---

22 **oborior, iri, ortus** (4) – rise up
26 **impune** (adv.) – without punishment

28 **pestiferus, a, um** – deadly, dangerous

---

23 **satin salvae** – the meaning is *Suntne res domi satis salvae?* In many manuscripts, however, the reading is *salve*, which is preferred by some editors. Indeed, the salutation *satin' salve* is an archaic phrase that is found quite often in Roman comedy. We should not forget, however, that throughout the entire medieval period *ae* diphthong was often written in manuscripts simple *e* (scanned long), hence in the text as handed down in medieval manuscripts *salve* could easily mean *salvae*.

25 **ceterum** – used in the beginning of a clause or sentence, *ceterum* marks

a transition and contrast, and means 'otherwise', 'in other respects', 'as for the rest'. Sometimes it marks an even sharper contrast, and means 'but' or 'yet'.

26 **haud impune adultero fore** – accusative and infinitive after an implied verb of promising or swearing.

28 **pestiferum** – in this adjective is a compressed conditional clause. We understand *...quod erit pestiferum...si viri estis.*

29 **et erit Sexto Tarquinio pestiferum, si viri estis** – because they must take revenge for the crime.

Lucretia kills herself

Mulierem dolentem consolari conabantur dicentes auctorem
40   delicti esse culpandum, non ipsam. Collatinus et eius comites
dictitabant omne peccatum ex mente, non ex corpore proficisci.
Secundum eorum sententiam, homo si nullum malum consilium habuerat, culpari non poterat. "Curabitis vos," inquit Lucretia, "ut Sextus more idoneo poenas luat. Etsi huius rei culpa
45   a me abest, me supplicio non esse liberandam puto. Nulla femina impudica exemplum Lucretiae causari poterit ut liceat ei
vivere." Lucretia cultro quodam, quem sub veste occultatum
habebat, pectus perfodit. Moriens cecidit prona, hoc est, in eam
corporis partem, quam vulneraverat.

---

39   **consolor, ari** (1) – console
40   **delictum, i** n. – crime
44   **poenas luo** – pay a penalty
46   **causor, ari** (1) – make a pretext of
47   **culter, tri** m. – knife

vestis, is f. – garment
48   **pronus, a, um** – leaning forward,
    inclined downward
49   **vulnero, are** (1) – wound

Lucretia kills herself

Consolantur aegram animi avertendo noxam ab coacta in auctorem delicti: mentem peccare, non corpus, et unde consilium afuerit culpam abesse. "Vos" inquit "videritis quid illi debeatur: ego me etsi peccato absolvo, supplicio non libero; nec ulla deinde impudica Lucretiae exemplo vivet." Cultrum, quem sub veste abditum habebat, eum in corde defigit, prolapsaque in vulnus moribunda cecidit…

35

---

31 **noxa, ae** f. – harm
36 **abditus, a, um** – hidden

37 **moribundus, a, um** – dying

---

31 **aegram animi** – in poetry the genitive indicates the seat of feeling with certain adjectives. Livy seems to have been among the first prose authors to make liberal use of such constructions as *aegra animi*. The meaning is approximately 'sick at heart'.

32 **mentem peccare, non corpus…culpam abesse** – the accusatives and infinitives are in indirect discourse, depending on an implied verb of speaking as the men try to console Lucretia.

33 **videritis** – the second and third persons of this verb are sometimes used in the future perfect indicative to express a polite command with the meaning 's/he/they/you may look to that' in a way that removes to another person the solution of an issue.

34 **non libero** – we understand *me* in both clauses.

36 **in vulnus** – the direction of her fall is expressed by *in* with the accusative.

I, 59 PARAPHRASIS: *There is a remarkable transformation in Brutus. Full of resolution, he emerges as the leader of those wishing to overthrow the monarchy*

Dum alii iuvenes luctu occupantur, Brutus cultrum e Lucretiae vulnere extraxit. Ferrum illud cruore manans ante oculos te- nens, "Per sanguinem," inquit, "Lucretiae, qui antequam iniuria a regio iuvene est facta, erat castissimus, iuro deosque testor me
5 et Lucium Tarquinium Superbum et eius sceleratam coniugem et eorum liberos exsecuturum. Eos et ferro et igni et quacumque vi quam usurpare potero persequar. Nec Tarquinios nec ullos alios homines Romae regnare patiar." Cultrum primum Col- latino tradit, postea Lucretio ac Valerio. Comites eius obstupe-
10 facti quasi quoddam miraculum mirabantur. Nesciebant unde novum illud ingenium in Bruti pectore esset exortum. Iuraver- unt tamen, sicut postulaverat Brutus. Et eorum animi e luctu in iram prorsus sunt conversi. Deinde Brutum tamquam ducem sequebantur ad regnum destruendum…

Brutus incites the people in the city and the army in the camp against the king. The Tarquinii are expelled. The consulship is created, and the first to lead the state as consuls are Lucius Iunius Brutus and Lucius Tarquinius Collatinus.

1	**luctus, us** m. – mourning, grieving	8	**regno, are** (1) – reign, rule
	occupo, are (1) – occupy	9	**obstupefacio, ere, feci, factum** (3)
2	**extraho, ere, traxi, tractum** (3)		– startle
	– draw out, extract	10	**miraculum i,** n. – marvel
	mano, are (1) – drip	12	**postulo, are** (1) – demand, request
4	**iuro, are** (1) – swear, take an oath	13	**prorsus** (adv.) – completely
	testor, ari (1) – call to witness, de- clare	14	**destruo, ere, struxi, structum** (3) – destroy
5	**sceleratus, a , um** – wicked		

I, 59 TEXT: *There is a remarkable transformation...*

Brutus, illis luctu occupatis, cultrum ex vulnere Lucretiae extractum, manantem cruore prae se tenens, "Per hunc" inquit
"castissimum ante regiam iniuriam sanguinem iuro, vosque,
di, testes facio me L. Tarquinium Superbum cum scelerata coniuge et omni liberorum stirpe ferro igni, quacumque denique vi   5
possim, exsecuturum, nec illos nec alium quemquam regnare
Romae passurum esse." Cultrum deinde Collatino tradit, inde
Lucretio ac Valerio, stupentibus miraculo rei, unde sit novum in
Bruti pectore ingenium. Ut praeceptum erat iurant; totique ab
luctu versi in iram, Brutum iam inde ad expugnandum regnum   10
vocantem sequuntur ducem...

---

4   **testis, is** m. or f. – witness   8   **stupeo, ere, ui** (2) – be astounded

---

3   **castissimum** – the blood of Lucretia was *castissimus* before the crime committed by Sex. Tarquinius.

8   **novum...ingenium** – the reason his *ingenium* was *novum* is, of course, the fact that at this point Brutus abandons his former pretence of being a dullard.

9   **praeceptum erat** – impersonal verbal use.

LIBER SECUNDUS

Giambattista Tiepolo (1696–1770), Coriolanus before the walls of Rome, 1750–1753.
Martin von Wagner Museum, Würzburg, Germany. Erich Lessing / Art Resource, NY

(Livy's text is slightly adapted at times. The original text is in an appendix at the back of this book.)

The kings are expelled from Rome, and deprived of their property. The Roman people decide never to let kings rule again. The Etruscan king Porsenna uses this occasion to wage war against Rome, hoping to overcome a disorganized population. On the contrary, he meets the extraordinary examples of Roman courage: Horatius Cocles, Mucius Scaevola, and Cloelia.

II, 10 PARAPHRASIS: *The Etruscans prepare to invade Rome through the Pile bridge*

Etrusci hostes iam advenerant. Tunc homines qui ruri vivebant, Urbem petiverunt. Ipsam Urbem munimentis circumdant. Quibusdam locis Urbs iam erat propter moenia protecta, aliis vero locis propter Tiberim. Hostes tamen per pontem sublicium
5 paene in Urbem irruperunt. Unicus vir, scilicet Horatius Cocles, effecit ut hoc non fieret. Fortuna urbis Romae eo die habuit ipsum Horatium Coclitem pro munimento suo.

---

2 **circumdo, are, dedi, datum** (1) – place around
3 **protego, ere, texi, tectum** (3) – cover over

4 **sublicius, a, um** – resting upon piles
5 **unicus, a, um** – one and no more, sole

II, 10 TEXT: *The Etruscans prepare to invade Rome...*

Cum hostes adessent, pro se quisque in urbem ex agris demigrant; urbem ipsam saepiunt praesidiis. Alia muris, alia Tiberi
obiecto videbantur tuta: pons sublicius iter paene hostibus dedit, ni unus vir fuisset, Horatius Cocles; id munimentum illo
die fortuna urbis Romanae habuit.   5

---

1 **demigro, are** (1) – migrate from

2 **saepio, ire, saepsi, saeptum** (4)
   – surround with a fence, block off

---

1 **cum...adessent** – a temporal clause indicating the same time as the main verb *demigrant* (which is in historical present): 'while the enemy was at hand'.

   demigrant – agrees with *quisque* ('each one') which has the logical sense of a plural.

2 **alia...alia...** – neuter plural: 'some sections of the city... other sections'.

3 **pons sublicius** – 'The pile bridge' was a wooden bridge built by Ancus Martius across the Tiber and leading to the Janiculum hill.

   paene...dedit, ni...fuisset – conditional sentence that is contrary-to-fact in the past. Normally there is a pluperfect subjunctive in both clauses. The indicative that we see here in the main clause (*dedit*) is a deliberate device to make the certainty of the result more vivid, if the other action had not intervened. The adverb *paene* is generally joined with such an indicative. The meaning is 'the bridge was on the point of providing a path to the enemy (it was almost done), had there not been one man...' See Gildersleeve/Lodge, p. 386 (in particular section 597, note 3a).

4 **Horatius Cocles** – Horatius was probably a descendant of those Horatii that defeated the Curiatii from Alba Longa.

   munimentum – Horatius's body and courage served as fortifications and ramparts.

Horatius Cocles advises against the abandonment of the bridge

Casu evenerat ut Horatius pontem custodiret. Ille vidit hostes ex improviso in Ianiculum impetum fecisse atque collem cepisse.
10 Deinde vidit hostes ex monte ad flumen velociter currere. Vidit quoque multitudinem militum Romanorum timere necnon arma atque loca quae custodire debebant relinquere. Tunc un-umquemque vehementer reprehendere coepit. Conatus est eos impedire quominus abirent. Clamabat enim: "O, di immortales,
15 vos mihi testes adeste! O hominum fides! Si hoc praesidium erit relictum, frustra nunc fugitis. Si pontem transiveritis et eum in-tegrum post vos reliqueritis, in Palatio et Capitolio plures hostes erunt quam in Ianiculo. Hoc vos moneo, hoc nuntio esse facien-dum: interrumpite pontem ferro, igni, quocumque modo potue-
20 ritis! Ipse impetum hostium excipiam, quoad unius hominis corpore iis resistere potuero." Tunc Horatius it in eam partem pontis quae prope Ianiculum erat. Dilucide ille conspiciebatur inter terga aliorum qui ex pugna excedebant. Vertit quoque arma contra hostes ut ex propinquo cum iis pugnaret. Hac audacia
25 mirabili Horatius hostes obstupefecit.

8 **custodio, ire** (4) – guard
 ex improviso – unexpectedly
9 **collis, is** m. – hill
10 **velociter** (adv.) – quickly
12 **unusquisque, unaquaeque, unum-quodque** – each one
13 **vehementer** (adv.) – strongly, eagerly
 reprehendo, ere, prehendi, prehen-sum (3) – hold back, rebuke
14 **quominus** (conj.) – that not (after verbs of hindering)

19 **interrumpo, ere, rupi, ruptum** (3) – break apart
 quicumque, quaecumque, quod-cumque – whoever
20 **quoad** (conj.) – as far as
22 **dilucide** (adv.) – clearly
23 **tergum, i** n. – back
 excedo, ere, cessi, cessum (3) – go out
24 **ex propinquo** – from the vicinity
25 **mirabilis, e** – wonderful, extraordinary

Horatius Cocles advises against the abandonment...

Qui forte positus erat in statione pontis. Cum captum repentino impetu Ianiculum atque inde citatos decurrere hostes vidisset trepidamque turbam suorum arma ordinesque relinquere, reprehensans singulos, obsistens obtestansque deum et hominum fidem testabatur nequiquam deserto praesidio eos fugere. Dice-   10
bat si transitum pontem a tergo reliquissent, iam plus hostium in Palatio Capitolioque quam in Ianiculo fore. Itaque monere, praedicere ut pontem ferro, igni, quacumque vi possint, interrumpant: se impetum hostium, quantum corpore uno posset obsisti, excepturum. Vadit inde in primum aditum pontis insig-   15
nisque inter conspecta cedentium pugna terga, obversis comminus ad ineundum proelium armis, ipso miraculo audaciae obstupefecit hostes.

---

6   **forte** (adv.) – by accident
    statio, onis f. – military post
    repentinus, a, um – sudden
7   **decurro, ere, curri, cursum** (3) – run down
8   **trepidus, a, um** – restless, alarmed, perilous
    reprehenso, are (1) – hold back

9   **obsisto, ere, stiti** (3) – set one's self against, resist, oppose
10 **nequiquam** (adv.) – in vain
13 **praedico, ere, dixi, dictum** (3) – warn
15 **vado, ere** (3) – go
    aditus, us m. – access, entrance
    insignis, e – distinguished, prominent
16 **comminus** (adv.) – in close contest

---

6   **qui** – the relative pronoun in the beginning of the sentence has the value of a demonstrative pronoun; *qui* is equivalent to *et is*.

    cum...vidisset – a temporal clause indicating time prior to the action in the main clause (*testabatur*). *Cum*, of course, means 'when'.

    captum <esse>...Ianiculum...citatos decurrere hostes...trepidamque turbam...arma ordinesque relinquere – accusative-and-infinitive constructions that all depend on *vidisset*.

7   **Ianiculum** – a hill in Rome.

8   **reprehensans** – a frequentative and intensive form of the verb *reprehendo*.

9   **deum** – a shorter form of the genitive plural *deorum*.

10 **dicebat si...reliquissent...fore** – a conditional sentence in indirect speech. If we were to transfer this conditional sentence into direct speech, it would be as follows: *Si transitum*

pontem a tergo reliqueritis, iam plus hostium in Palatio Capitolioque quam in Ianiculo erunt.

11 **transitum pontem** – 'the bridge, after it had been crossed'.

    hostium – this partitive genitive is to be understood with *plus*: 'more enemies'.

12 **Capitolioque** – *Capitolium* is one of the seven hills of Rome, separated from the Palatine Hill by the *Forum Romanum*.

    Itaque...excepturum. – the whole sentence is in indirect speech still depending on *dicebat* in the previous sentence.

15 **primum aditum** – 'the very beginning of the bridge'.

    insignisque – nominative singular, referring to Horatius.

16 **pugna** – an ablative indicating movement away or separation. See Gildersleeve/Lodge, pp. 249–51.

Horatius Cocles advises against the abandonment of the bridge (contd.)

25   Duo Romani tamen cum
eo propter pudorem manserunt, scilicet Spurius Larcius et Titus
Herminius. Ambo et propter ortum et propter facta erant illus-
tres. Horatius Cocles una cum Spurio Larcio et Tito Herminio
primam tempestatem periculi et pugnam maxime ferocem per
30   breve temporis spatium tulit. Deinde parva tantum pars pontis est relicta. Ii qui pontem destruebant, milites in ponte adhuc
manentes vocaverunt. Tum Horatius Cocles iussit Spurium Larcium et Titum quoque Herminium ad partem tutam proficisci.

---

27   **ambo, ae, o** – both   31   **adhuc** (adv.) – this place, this far
      ortus, us m. – rise, origin

Horatius Cocles advises against... (contd.)

Duos tamen cum eo pudor tenuit, Sp. Larcium ac T. Herminium, ambos claros genere factisque. Cum his primam periculi   *20*
procellam et quod tumultuosissimum pugnae erat parumper
sustinuit; deinde eos quoque ipsos, exigua parte pontis relicta,
revocantibus qui rescindebant cedere in tutum coegit.

---

21 **procella, ae** f. – storm
tumultuosus, a, um – full of confusion

parumper (adv.) – for a little while
23 **rescindo, ere, scidi, scissum** (3)
  – cut off

---

20 **genere factisque** – ablatives of respect to be taken with *claros*: 'famous
in respect to their origin and deeds'.
21 **quod tumultuosissimum pugnae
erat** – the same as saying *quae pars
pugnae tumultuosissima erat.*

23 **revocantibus qui rescindebant** – *revocantibus <hominibus> qui rescindebant*; thus *revocantibus* is an ablative
absolute.

coegit – Horatius Cocles is the subject
of the verb.

Horatius Cocles alone defends the bridge against the Etruscans

Postea Horatius nobiles Etruscos atrociter circumspexit. Modo
35   singulos ad pugnam provocabat, modo omnes vituperabat: "Vos
estis servi regum superborum. Vos iam libertatem vestram non
meministis, sed venitis ad libertatem aliorum oppugnandam."
Etrusci per quoddam temporis spatium sunt morati. Nam alius
alium inspiciebat. Sperabant enim omnes fore ut alii proelium
40   inciperent. Tandem propter pudorem milites Etrusci aliquid
facere coeperunt. Clamaverunt et ex omnibus partibus tela in
unum hominem, scilicet Horatium Coclitem, iacere coeperunt.
Horatius tamen scutum suum obiecit. Omnia tela in eius scuto
haeserunt. Ille obstinatus in ponte firmiter stabat. Tum Etrusci
45   conati sunt eum impetu ex ponte expellere. Ex improviso tamen
magnus strepitus est auditus; pons enim erat ruptus. Eodem
tempore clamor Romanorum est auditus; Romani enim gaudebant quod opus perfecerant. Hoc strepitu et pavore perterriti
Etrusci impetum in Horatium non statim fecerunt.

---

34 **atrociter** (adv.) – fiercely
   circumspicio, ere, spexi, spectum
      (3) – look around
38 **moror, ari** (1) – stay, linger, cause
      delay

41 **telum, i** n. – missile weapon
44 **haereo, ere, haesi, haesum** (2)
      – hang or hold fast
   firmiter (adv.) – firmly

Horatius Cocles alone defends the bridge...

Circumferens inde truces minaciter oculos ad proceres Etruscorum nunc singulos provocare, nunc increpare omnes: dicebat   25
eos servitia regum superborum esse, suae libertatis immemores
alienam libertatem oppugnatum venire. Cunctati aliquamdiu
sunt Etrusci, dum alius alium, ut proelium incipiant, circumspectant; pudor deinde commovit aciem, et clamore sublato undique in unum hostem tela coniciunt. Quae tela cum in obiecto   30
cuncta scuto haesissent, neque ille minus obstinatus ingenti
pontem obtineret gradu, iam impetu conabantur detrudere virum. Tum ex improviso simul fragor rupti pontis, simul clamor
Romanorum alacritate perfecti operis sublatus pavore subito
impetum sustinuit.   35

---

24 **circumfero, ferre, tuli, latum** – bear round
trux, trucis – fierce
minaciter (adv.) – threateningly
26 **immemor, oris** – forgetful
27 **aliquamdiu** (adv.) – for some time
32 **gradus, us** m. – step

detrudo, ere, trusi, trusum (3) – drive away
33 **fragor, oris** m. – crashing noise
rumpo, ere, rupi, ruptum (3) – break
simul (adv.) – at the same time
34 **alacritas, tatis** f. – alacrity, swiftness

---

25 **provocare...increpare** – historical infinitives.
26 **servitia** – 'servants'.
27 **oppugnatum** – supine with the sense of purpose to be taken with the verb *venire*. See Gildersleeve/Lodge, pp. 283–84.
28 **ut...incipiant** – a purpose clause.
30 **cum...haesissent, <cum>...obtineret** – the first *cum*-clause indicates an action prior to the action in the main

clause (*conabantur*); the second *cum*-clause indicates an action that happens at the same time as the action in the main clause.
31 **ingenti...gradu** – 'with a firmly planted foot'.
34 **pavore** – refers to fear felt by the Etruscans.
35 **sustinuit** – has as subjects *fragor* and *clamor*.

After the destruction of the bridge by the Romans, Horatius Cocles swims back across the Tiber

50 Horatius vero dixit: "Oro te, pater Tiberine, accipe haec arma et hunc militem flumine secundo." Tunc armatus in fluvium saluit. Eodem tempore hostes multa tela in eum iecerunt. Utcumque sine ullo detrimento ad suos natare potuit. Ausus est igitur rem magnam patrare. Huic rei homines futuri maiorem gloriam

55 tribuebant quam fidem. Romani erga tantam virtutem grati erant. Statua Horatio in comitio est posita. Data est ei tanta portio agri quantam circumarare uno die poterat. Praeter honores publicos cives amorem suum erga Horatium quoque ostendebant. Nam illis temporibus egestas erat magna. Unusquisque tamen

60 pro magnitudine bonorum suorum ei aliquid dedit. Hoc fecerunt, quamquam tali liberalitate inopiam suam auxerunt.

---

51 **armatus, a, um** – armed
 salio, ire, salui, saltum (4) – jump
53 **nato, are** (1) – swim
56 **comitium, i** n. – the place for assembly at Rome, assembly

 portio, onis f. – portion, part
57 **circumaro, are** (1) – plough around
59 **egestas, atis** f. – indigence, extreme poverty
61 **quamquam** (conj.) – although

After the destruction of the bridge by the Romans...

Tunc Cocles "Tiberine pater" inquit, "te sancte precor, haec
arma et hunc militem propitio flumine accipias." Ita sic armatus
in Tiberim desiluit multisque superincidentibus telis incolumis
ad suos tranavit, rem ausus plus famae habituram ad posteros
quam fidei. Grata erga tantam virtutem civitas fuit; statua in   40
comitio posita; agri quantum uno die circumaravit, datum.
Privata quoque inter publicos honores studia eminebant; nam
in magna inopia pro domesticis copiis unusquisque ei aliquid,
fraudans se ipse victu suo, contulit.

---

36 **precor, ari** (1) – beg
37 **propitius, a, um** – favorable
38 **desilio, ire, silui, sultum** (4) – jump
        down
    superincidens, entis – falling from
        above

39 **incolumis, e** – safe and sound
39 **trano, are** (1) – swim through
42 **emineo, ere, eminui** (2) – stand out
43 **inopia, ae** f. – scarcity, indigence
44 **fraudo, are** (1) – cheat, defraud

---

36 **Tiberine pater** – this is the divinity
    of the river.
    precor...accipias – 'I beg you to ac-
    cept'.
39 **ausus** – a perfect passive participle
    in form, but with an active sense.
    The verb *audeo* is semi-deponent. See
    Gildersleeve/Lodge, p. 114.
    famae...fidei – genitives depending
    on *plus*; *plus* is the object of *habituram*.
40 **in comitio** – these words refer to the

place for assembly of Romans for vot-
ing, adjacent to *Forum Romanum*.
41 **agri quantum uno die circumaravit,
    datum** – the sense is *tantum agri da-
    tum est quantum uno die circumaravit*.
    The genitive *agri* indicates quantity.
    It was a common practice to reward
    heroic deeds with the gift of as much
    land as one could plough in a day.
44 **victu suo** – an ablative indicating de-
    privation or separation.

Porsenna besieges Rome. Then follows another example of Roman courage.

II, 12 PARAPHRASIS: *C. Mucius devises a plan for an extraordinary act against the Etruscan king Porsenna*

Adhuc obsidio exstabat. Premebat etiam egestas frumenti. Pretia frumenti erant summa. Porsenna sperabat se posse Urbem obsidione capere. Tum Gaius Mucius, adulescens nobilis, aliquid facere decrevit. Cui indignum videbatur hoc: cum popu-

5   lus Romanus sub dicione regum servus erat, nullo bello, nullis hostibus est obsessus; nunc populus idem iam liber ab Etruscis obsidetur; at populus Romanus exercitum eorundem Etruscorum saepe vicit. Itaque putavit oportere hanc se indignitatem aliquo magno et audaci facinore ulcisci. Primum decrevit

10   per semetipsum in hostium castra penetrare. Deinde tamen metuere coepit. Nam cogitabat: "Si sine iussu consulum ivero et si omnes nesciverint me ivisse, tum, si casu a custodibus Romanis ero deprehensus, putabunt me ad Etruscos transfugisse et me tamquam perfugam Romam reducent. Fortuna et condicio

15   Urbis sunt tales ut eiusmodi crimen credibile reddant." Itaque C. Mucius senatum adit. Sic coram senatoribus loquitur: "Volo, patres conscripti, Tiberim transire et in hostium castra intrare, si hoc fieri potest. Nolo praedari nec volo praedationes Etruscorum ulcisci. Si di me iuverint, maius facinus in mente habeo."

20   Patres consilium probant. C. Mucius gladium sub veste celat et proficiscitur.

---

1 **obsidio, onis** f. – siege
    frumentum, i n. – grain
8 **indignitas, tatis** f. – indignity
10 **-met** – an intensive pronominal suffix
    penetro, are (1) – penetrate
13 **deprehendo, ere, prehendi, prehensum** (3) – seize upon, catch

    transfugio, ere, fugi (3) – flee over to the other side
14 **perfuga, ae** m. – deserter
15 **credibilis, e** – credible
17 **patres conscripti** – senators
18 **praedatio, onis** f. – plundering

II, 12 TEXT: *C. Mucius devises a plan...*

Obsidio erat nihilo minus et frumenti cum summa caritate
inopia, sedendoque expugnaturum se urbem spem Porsenna
habebat. Tum C. Mucius, adulescens nobilis, cui indignum
videbatur populum Romanum servientem, cum sub regibus
esset, nullo bello nec ab hostibus ullis obsessum esse, liberum   5
eundem populum ab iisdem Etruscis obsideri, quorum saepe
exercitus fuderit,—itaque magno audacique aliquo facinore
eam indignitatem vindicandam esse putavit. Primo sua sponte penetrare in hostium castra constituit. Dein metuens ne, si
consulum iniussu et ignaris omnibus iret, forte deprehensus   10
a custodibus Romanis retraheretur ut transfuga (fortuna tum
urbis tale crimen adfirmare poterat), senatum adit. "Transire
Tiberim" inquit, "patres, et intrare, si possim, castra hostium
volo, non praedo nec populationum in vicem ultor; maius, si
di iuvant, in animo est facinus." Adprobant patres; abdito intra   15
vestem ferro proficiscitur.

---

6 **obsideo, ere, sedi, sessum** (2) – besiege
7 **fundo, ere, fudi, fusum** (3) – pour,
   overthrow
8 **sponte (mea, tua, sua, eius,** etc.) f.
   – of free will
10 **iniussu** (adverbial abl.) – without
   command

11 **transfuga, ae** m. – deserter
14 **praedo, onis** m. – plunderer
   populatio, onis f. – plundering
   ultor, oris m. – avenger
15 **abdo, ere, didi, ditum** (3) – conceal

---

1 **obsidio erat nihilo minus** – Porsenna besieged Roma for almost three
   years.
   caritate – i.e., *caritas <annonae>*, 'high
   price of grain'.
2 **sedendoque** – gerund ablative with
   instrumental sense.
   expugnaturum se – i.e., *se expugnaturum <esse>*, accusative with infinitive which depends on *Porsenna spem
   ...habebat* ('Porsenna hoped that').
3 **C.** – the usual abbreviation for *Gaius*.
4 **populum Romanum servientem...
   <non> obsessum esse, liberum eundem populum...obsideri** – accusative
   and infinitive constructions that should
   be taken with *indignum videbatur*.
   servientem – this word is explained
   by the following temporal subordinate clause *cum sub regibus esset*.
7 **itaque** – serves to resume the thought

that has begun above with *Tum C.
Mucius, adulescens nobilis...*
9 **metuens ne...retraheretur ut transfuga** – on the participle *metuens* depends the clause indicating the object
   of Mucius's fear: *ne forte reprehensus
   retraheretur;* within this dependent
   clause is yet another dependent
   clause that expresses the condition
   under which the feared action could
   happen: *si...iret.*
11 **ut** – 'as'.
   **fortuna tum urbis tale crimen adfir-
   mare poterat** – the current situation
   in Rome would render such crime
   probable.
13 **patres** – i.e., *patres <conscripti>*, 'senators'.
14 **praedo...ultor** – nominatives referring
   to *ego*, which is the implied subject of
   volo.

C. Mucius fails to recognize the Etruscan king and kills his secretary

Ad Etruscos advenit et consistit ubi maxima multitudo hominum prope sedem regis versatur. Casu quodam evenit ut stipendium militibus eo tempore daretur. Scriba sedebat prope
25   regem. Rex et scriba similibus vestimentis erant induti. Scriba multa faciebat et multi milites eum adibant. C. Mucius nolebat rogare uter eorum esset Porsenna. Cogitabat enim: "Si Etrusci viderint me regem ignorare, scient me esse Romanum." Ergo ivit ubi sors caeca eum traxerat et scribam interfecit, non re-
30   gem. Post scribam occisum per turbam militum tumultuantem C. Mucius viam sibi faciebat; in manibus gladium sanguine imbutum tenebat. Omnes clamaverunt et ad clamorem multi homines cucurrerunt.

23 **stipendium, i** n. – pay
24 **scriba, ae** m. – clerk
28 **ignoro, are** (1) – have no knowledge of
30 **tumultuor, ari** (1) – be in great confusion
32 **imbuo, ere, bui, butum** (3) – moisten, tinge

C. Mucius fails to recognize the Etruscan king...

Ubi eo venit, in confertissima turba prope regium tribunal constitit. Ibi cum stipendium militibus forte daretur et scriba cum
rege sedens pari fere ornatu multa ageret eumque milites vulgo
adirent, timuit sciscitari uter Porsenna esset. Nam ignorando   20
regem semet ipse aperire poterat quis esset. Itaque scribam pro
rege obtruncat, quo temere traxit fortuna facinus. Vadentem
inde qua per trepidam turbam cruento mucrone sibi ipse fecerat
viam concursu ad clamorem facto regii satellites comprehende-
runt atque retraxerunt.   25

---

17 **confertus, a, um** – crowded, stuffed
   tribunal, alis n. – judgment-seat,
      tribunal
19 **ornatus, us** m. – attire, ornament
22 **temere** (adv.) – rashly, by chance

23 **cruentus, a, um** – bloody
   mucro, onis m. – the point of a
      sword
24 **satelles, itis** m. – attendant, life-
      guard

---

17 **ubi** – a temporal conjunction that
   means 'when'.
19 **pari...ornatu** – an ablative of quality
   indicating appearance. See Gilder-
   sleeve/Lodge, p. 257.
20 **ignorando** – gerund ablative with the
   object *regem*.
21 **aperire** – has two direct objects: *semet*
   and the indirect question *quis esset*.

22 **quo** – means 'to the place where (fortune blindly directed his blow)'; and
   this place was the secretary.
   vadentem – direct object of *compre-
   henderunt* and *retraxerunt*.
23 **inde** – 'from that place <of the mur-
   der>'.
   qua – i.e., *qua <via>*.

C. Mucius is brought to Porsenna for trial

Comites regis C. Mucium ceperunt et ad tribunal regis eum ad-
35 duxerunt. Etiam tum, inter tanta fortunae pericula, C. Mucius
magis metum aliis incutiebat quam ipse metu tenebatur. Dixit
enim: "Ego sum Romanus, nomine C. Mucius. Tamquam hostis
hostem meum occidere volui. Non minus paratus sum mori
quam paratus eram occidere. Mos Romanorum est facere et pati
40 res fortes. Non tantum ego sum hoc modo in te animatus. Post
me longus est ordo hominum qui eandem gloriam petunt. Ergo,
si vis, esto paratus ad hoc periculum: singulis horis de vita tua
pugnare debebis, in atrio regiae tuae gladios et hostes habebis.
Nos iuvenes Romani hoc bellum tibi inferimus. Non debes ti-
45 mere aciem, non debes timere proelium; solus contra nos solos
pugnabis."

36 **incutio, ere, cussi, cussum** (3)
– strike upon

43 **atrium, i** n. – entrance room

C. Mucius is brought to Porsenna for trial

Ante tribunal regis destitutus, tum quoque inter tantas fortunae minas metuendus magis quam metuens, "Romanus sum"
inquit, "civis; C. Mucium vocant. Hostis hostem occidere volui,
nec ad mortem minus animi est, quam fuit ad caedem; et facere et pati fortia Romanum est. Nec unus in te ego hos animos   30
gessi; longus post me ordo est idem petentium decus. Proinde
in hoc discrimen, si iuvat, accingere, ut in singulas horas capite
dimices tuo, ferrum hostemque in vestibulo habeas regiae. Hoc
tibi iuventus Romana indicimus bellum. Nullam aciem, nullum
proelium timueris; uni tibi et cum singulis res erit."   35

---

32 **accingo, ere, cinxi, cinctum** (3)   33 **vestibulum, i** n. – fore-court
     – gird to; pass. prepare one's self   34 **iuventus, tutis** f. – youth
     for

---

28 **inquit** – the main verb of the sen-   **ut...dimices, <ut>...habeas** – clauses
     tence.   which indicate the purpose for which
29 **animi** – a partitive genitive to be tak-   Porsenna has to prepare himself, and
     en with *minus*.   should be taken as amplifying *hoc
30 **Romanum est** – 'it is characteristic   discrimen.*
     for the Romans'.   34 **nullam aciem, nullum proelium
31 **idem** – a neuter singular direct object   timueris** – jussive subjunctive in a
     of *petentium*, agreeing with *decus*.   main clause, indicating command or
     decus – i.e., *Porsennam occidere.*   exhortation: 'you are not to fear any...'
32 **accingere** – present passive impera-   See Gildersleeve/Lodge, p. 173.
     tive.

Defying Porsenna's threats, C. Mucius willingly holds his right hand in fire

Rex propter iram factus est valde hostilis et eodem tempore ob periculum indicatum timebat. Itaque C. Mucio minari coepit: "Dic mihi statim aperte de iis minis quas modo ambiguo pro-
50 fers. Alioquin te vivum comburi iubebo." At C. Mucius dixit: "Ecce, inspice, corpus vile censetur ab iis hominibus qui magnam gloriam vident et intellegunt." Tunc posuit manum dexteram in foculo. Foculus iam erat accensus ad sacrificium. Ita C. Mucius comburebat manum, at animus eius videbatur nihil sentire. Hoc
55 miraculo rex paene est obstupefactus. Ex sella sua prosiluit. Ius-sit homines suos iuvenem ab altaribus amovere et dixit: "Abeas nunc. Magis enim tibimetipsi hostis esse es ausus quam mihi. Ego tibi gratularer, si haec virtus esset pro patria mea. Sed non est; est enim pro patria Romanorum. Utcumque secundum ius
60 belli sino te ire a regia mea liberum, integrum, sine ullo detri-mento." Quibus rebus C. Mucius ita respondit (videbatur velle pro praemio a rege dato aliquid retribuere): "Nos trecenti nobil-issimi iuvenes Romani ius iurandum iuravimus ut hac ratione in te impetum faceremus. Hoc tibi dico ut habeas a me id quod
65 minis obtinere non potuisti, sed beneficio tuo obtinuisti. Hoc facio propterea quod virtus apud te honoratur. Meum erat pri-mum ad te venire. Ceteri quoque advenient. Sequentur ordinem sortis et unusquisque tempore suo veniet. Hoc facient usque dum fortuna bonam occasionem det te occidendi."

48 **minor, ari** (1) – threaten
49 **aperte** (adv.) – openly
     ambiguus, a, um – obscure
50 **comburo, ere, bussi, bustum** (3) – burn up
51 **vilis, e** – cheap
     censeo, ere, censui, censum (2) – value, estimate, judge
53 **foculus, i** m. – a little hearth
55 **prosilio, ire, silui** (4) – leap forth
56 **altare, is** n. – altar
62 **retribuo, ere, tribui, tributum** (3) – give back
     trecenti, ae, a – three hundred
66 **propterea** (adv.) – for that reason
     honoro, are (1) – respect

Defying Porsenna's threats...

Cum rex simul ira infensus periculoque conterritus circumdari
ignes minitabundus iuberet, nisi expromeret propere quas insidiarum sibi minas per ambages iaceret, C. Mucius "En tibi"
inquit, "ut sentias quam vile corpus sit iis qui magnam gloriam
vident"; dextramque accenso ad sacrificium foculo inicit. Quam   40
cum velut alienato ab sensu torreret animo, rex prope attonitus est miraculo. Cum ab sede sua prosiluisset amoverique ab
altaribus iuvenem iussisset, "Tu vero abi" inquit, "in te magis
quam in me hostilia ausus. Iuberem macte virtute esse, si pro
mea patria ista virtus staret; nunc iure belli liberum te, intactum   45
inviolatumque hinc dimitto." Tunc Mucius, quasi remunerans
meritum, "Quando quidem" inquit, "est apud te virtuti honos,
ut beneficio tuleris a me quod minis nequisti, trecenti coniuravimus principes iuventutis Romanae ut in te hac via grassaremur.
Mea prima sors fuit; ceteri, secundum sortes suas, quoad te op-   50
portunum fortuna dederit, suo quisque tempore aderunt."

---

36 **infensus, a, um** – hostile

conterreo, ere, terrui, territum (2)
– terrify greatly

37 **minitabundus, a, um** – threatening

expromo, ere, prompsi, promptum
(3) – take out

38 **en** (interj.) – lo! behold!

41 **torreo, ere, torrui, tostum** (2) – roast,
burn

attono, are, tonui, tonitum (1) – stun

44 **macte virtute** – bravo!

46 **inviolatus, a, um** – inviolate

remuneror, ari (1) – repay

48 **nequeo, nequire, nequivi** – not to be
able

coniuro, are (1) – swear together,
form a plot

49 **grassor, ari** (1) – go about

---

36 **cum...iuberet** – a temporal clause indicating almost the same time as the
action in the main clause *inquit*. On
the verb *iuberet* depends the accusative with infinitive *circumdari ignes*.

37 **nisi expromeret** – a condition referring to *circumdari ignes*.

quas...iaceret – an indirect question
depending on *expromeret*. The subject
of *expromeret* is Mucius.

39 **ut sentias** – understand these words
with *en tibi*: 'Look here - so that you
may understand...'

40 **quam** – the relative pronoun at the
beginning of the sentence has the
force of a demonstrative pronoun.
The meaning of *quam cum* is about the
same as *et cum eam....*

41 **velut** – here, as happens not infre-
quently, *velut* is to be understood
with the ablative absolute to give it a
hypothetical meaning ('as though').

44 **iuberem...esse** – 'I would say bravo!'

iuberem...si...staret – a conditional
sentence with a meaning that is contrary-to-fact in the present. See Gild-
ersleeve/Lodge, pp. 384–86.

47 **quando...honos** – a causal clause.

48 **ut...tuleris** – a result clause. The sense
is 'since you have a respect for courage
to the point that you have gained from
me by a favor what you could not by
threats – we, 300 leaders of the young
Romans have taken an oath to...'

49 **ut...grassaremur** – this subordinate
clause expresses what the Roman
youths had sworn to do.

II, 13 PARAPHRASIS: *Porsenna agrees to make peace with the Romans*

C. Mucius liberatus est et domum missus. Postea propter manus dexterae detrimentum cognomen datum ei est Scaevolae.
Post C. Mucium legati a Porsenna Romam sunt missi. Nam rex
illo primo periculo valde erat perterritus. Ab eo enim servatus
5 est tantum propter errorem illius qui insidias ei faciebat. Pericula futura valde timebat. Nam multi iuvenes in eius mortem
ius iurandum iuraverant. Dum illi iuvenes vivebant, impetus in
eum semper fieri poterat. Itaque sua sponte Romanis condiciones pacis proposuit. Inter pacis condiciones frustra est proposi-
10 tum ut Tarquinii in regnum restituerentur. Revera Porsenna
hoc petiverat propterea quod Tarquinii hac de re eum rogabant
nec iis recusare poterat. Ipse autem bene sciebat fore ut hoc a
Romanis negaretur. Potuit tamen Veientibus agrum restituere.
In condicionibus hoc quoque est statutum: "Romanis necesse
15 est obsides dare; alioquin Porsenna milites suos de Ianiculo non
deducet." Pax his condicionibus est composita. Porsenna exercitum suum de Ianiculo deduxit. Ex agro Romano exivit. Senatores propter C. Mucii virtutem agrum trans Tiberim situm
dono ei dederunt. Haec prata (scilicet ager dono datus) postea
20 sunt appellata 'Mucia prata'.

19 **pratum, i** n. – meadow

LIVY'S LANGUAGE

POETIC ENDING OF THIRD PERSON PLURAL PERFECT ACTIVE

The alternate perfect ending for the third person plural in *–ere* was convenient for poets because of its final open syllable, but was used also in
prose by Livy and other later authors.

> "Patres C. Mucio virtutis causa trans Tiberim agrum dono
> *dedere*, quae postea sunt Mucia prata appellata." (II, 13)

II, 13 TEXT: *Porsenna agrees to make peace...*

Mucium dimissum, cui postea Scaevolae a clade dextrae manus cognomen inditum, legati a Porsenna Romam secuti sunt. Adeo moverat eum et primi periculi casus, a quo nihil se praeter errorem insidiatoris texisset, et subeunda dimicatio totiens quot coniurati superessent, ut pacis condiciones ultro ferret Romanis.   5
Iactatum in condicionibus nequiquam de Tarquiniis in regnum restituendis, magis quia id negare ipse nequiverat Tarquiniis quam quod negatum iri sibi ab Romanis ignoraret. De agro Veientibus restituendo impetratum, expressaque necessitas obsides dandi Romanis, si Ianiculo praesidium deduci vellent. His   10
condicionibus composita pace, exercitum ab Ianiculo deduxit Porsenna et agro Romano excessit. Patres C. Mucio virtutis causa trans Tiberim agrum dono dedere, quae postea sunt Mucia prata appellata.

---

1 **clades, is** f. – calamity, destruction
6 **iacto, are** (1) – throw, discuss
9 **impetro, are** (1) – accomplish, obtain

exprimo, ere, pressi, pressum (1) – express
obses, idis m. or f. – hostage

---

1 **Mucium dimissum** – direct object of *secuti sunt*.

Scaevolae – an explicative or appositive genitive defining *cognomen*. Literally 'left-handed'. See Gildersleeve/Lodge, p. 231.

4 **texisset...superessent** – these subjunctives result from the fact that subordinate clauses reflect the point of view and the thought of the king. It is a question of virtual or partial indirect discourse.

6 **de Tarquiniis in regnum restituendis** – the last royal family of Tarquinii had found refuge with the Etruscan king. Some traditions attribute the war between the Romans and the Etruscans to Porsenna's wish to restore royal rule in Rome.

8 **negatum iri** – future passive infinitive.

ignoraret – the second causal clause here (after *quod*) has its verb in the subjunctive because it indicates the rejected reason. In this case the preferred reason precedes, expressed by the indicative (*quia...nequiverat*). This is quite a common construction in Livy. See Gildersleeve/Lodge, pp. 340–41 (section 541, note 2).

de agro...restituendo – the inhabitants of the ancient Etruscan city *Veii* had lost some land to the Romans.

9 **impetratum** – i.e., *impetratum <est>*.

10 **dandi** – genitive defining *necessitas*.

praesidium – i.e., *praesidium Etruscum*.

vellent – the subject is *Romani*.

13 **dedere** – i.e., *dederunt* (see note on p. 102).

Cloelia organizes an escape of hostages from Porsenna's camp

Ergo hac ratione apud Etruscos virtus Romana est honorata. Ideo etiam mulieres ad gloriam publicam sunt instigatae. Cloelia una ex obsidibus fuit. Castra Etruscorum, ubi obsides tenebantur, haud longe a ripa Tiberis erant locata. Cloelia cus-
25 todes decepit. Una cum turba virginum, quas ducebat, Tiberim tranavit. Eodem tempore Etrusci multa tela in virgines natantes iaciebant. Tandem Cloelia omnes virgines integras Romam ad familias earum restituit. Hoc regi est nuntiatum. Imprimis rex valde est iratus. Legatos Romam misit. Qui legati petere debe-
30 bant ut Cloelia obses redderetur. Rex de aliis virginibus sibi reddendis non curabat. Postea tamen animus Porsennae in admirationem erga Cloeliam est mutatus. Dicebat enim hoc facinus superare id quod Horatius Cocles et C. Mucius fecerant. Ille Romanis promittebat: "Si Cloelia obses mihi reddita non erit,
35 putabo foedus nostrum esse ruptum. Sin mihi data erit, eam intactam atque inviolatam ad eius propinquos remittam."

---

35 **sin** – if on the contrary
36 **propinquus, a, um** – near; **propinquus, i** m. – relative

remitto, ere, misi, missum (3) – send back, relax

Cloelia organizes an escape...

Ergo ita honorata virtute, feminae quoque ad publica decora sunt   15
excitatae. Cloelia virgo una ex obsidibus, cum castra Etruscorum forte haud procul ripa Tiberis locata essent, frustrata custodes, dux agminis virginum inter tela hostium Tiberim tranavit,
sospitesque omnes Romam ad propinquos restituit. Quod ubi
regi nuntiatum est, primo incensus ira oratores Romam misit ad   20
Cloeliam obsidem deposcendam: dicebat se alias haud magni facere. Deinde in admirationem versus, supra Coclites Muciosque
dicere id facinus esse, et prae se hoc ferre: quemadmodum si
non dedatur obses, pro rupto foedus se habiturum, sic deditam
intactam inviolatamque ad suos remissurum.   25

---

17 **frustror, ari** (1) – deceive

19 **sospes, itis** – safe and sound

21 **deposco, ere, depoposci** (3) – de-
    mand

---

15 **ita honorata virtute** – Porsenna had
    shown respect for C. Mucius's cour-
    age.

16 **cum...locata essent** – a causal
    clause.

17 **frustrata** – a perfect passive partici-
    ple of a deponent verb; its meaning is
    active.

19 **ubi** – a temporal conjunction, 'as soon
    as'.

20 **ad Cloeliam obsidem deposcendam**
    – a gerundive construction with a
    sense of purpose.

21 **alias** – i.e., *alias <virgines>*.

23 **prae se...ferre** – i.e., *declarare, indicare.*
    Dicere and *prae se ferre* are historical
    infinitives.

    quemadmodum...remissurum – in-
    direct speech from *quemadmodum* to
    the end of the sentence; the passage
    of indirect speech depends on *prae se
    hoc ferre.*

Cloelia is returned to Porsenna, and afterwards is freely dismissed by him

Et Romani et Etrusci fidem in hac re servaverunt. Romani Cloeliam, quae tamquam pignus pro pace erat tradita, Porsennae
reddiderunt. Apud regem Etruscorum vero virtus Cloeliae non
40 tantum est servata, sed etiam honoribus cumulata. Rex ei dixit:
"Tibi partem obsidum, qui manent, dono dabo. Ipsa eligas quos
volueris." Omnes obsides sunt ante Cloeliam producti. Dicunt
tunc eam pueros tenerae aetatis selegisse. Hoc ad mentem virginis bonam conveniebat. De hoc alii quoque obsides proba-
45 biliter consensum habuerant. Volebant enim a hoste iuniores
liberari. Talibus enim pueris facilius iniuria ab hostibus infligi
poterat. Pax est redintegrata. Romani hanc novam virtutem in
femina novo honore honoraverunt. Statuam enim equestrem
Cloeliae posuerunt. Statua virginis in equo sedentis in Via Sa-
50 cra est erecta.

38 **pignus, oris/eris** n. – pledge
42 **produco, ere, duxi, ductum** (3) – lead or bring forth
43 **seligo, ere, legi, lectum** (3) – choose
44 **probabiliter** (adv.) – probably

45 **consensus, us** m. – consent
iuniores, um m. pl. – younger people
46 **infligo, ere, flixi, flictum** (3) – strike a thing on or against

Cloelia is returned to Porsenna...

Utrimque constitit fides; et Romani pignus pacis ex foedere restituerunt, et apud regem Etruscum non tuta solum sed honorata
etiam virtus fuit. Nam dixit laudatam virginem parte obsidum
se donare: ipsa quos vellet legeret. Productis omnibus elegisse
impubes dicitur. Nam et hoc virginitati decorum, et consensu   30
obsidum ipsorum probabile erat eam aetatem potissimum liberari ab hoste quae maxime opportuna iniuriae esset. Pace redintegrata, Romani novam in femina virtutem novo genere honoris,
statua equestri, donavere; in summa Sacra via fuit posita virgo
insidens equo.   35

---

26 **utrimque** (adv.) – from both sides
30 **impubes, is** – below the age of pu-
      berty
31 **probabilis, e** – probable

potissimum (adv.) – especially
34 **dono, are** (1) – give as a present
35 **insideo, ere, sedi** (2) – sit in or upon
      a thing

---

28 **laudatam virginem** – direct object of
      donare.
29 **legeret** – imperative sentence in indi-
      rect speech.
      omnibus – i. e., *omnibus <obsidibus>*.
30 **dicitur** – on this verb depends the
      nominative with infinitive *<Cloelia>
      elegisse*.
31 **eam aetatem...liberari** – accusative

and infinitive to be understood with
both *decorum* and *probabile erat*. Here
probabile means 'acceptable'.
32 **opportuna iniuriae** – 'open to abuse'.
33 **novo genere honoris** – an equestrian
      female statue was unheard of before.
34 **Sacra via** – an important street in
      Rome.

Tarquinius Superbus tries to recover his kingdom, but the Roman army beats him back. Because of their difficult financial situation and heavy debts, the plebeians decide to secede to the Sacred Mountain. They are dissuaded from persevering in the secession by Menenius Agrippa, who tells them a fable about the cooperation between the members in the human body. Having heard the fable, the plebeians understand their role in Roman political and social life. Two tribunes of the people are created, who in turn select three others. One of them is Sicinius, the instigator of the secession.

II, 33 PARAPHRASIS: *The Romans attack several towns, among which is Corioli*

Eo tempore quo plebs secessit, Spurius Cassius et Postumius Cominius consules sunt creati. Inter eorum consulatum Romani cum populis Latinis foedus iciunt seu feriunt seu percutiunt. Alter consul Romae mansit ut foedus feriret, seu iceret, seu
5   percuteret. Alter vero consul missus est ad bellum cum Volscis gerendum. Ille vicit Volscos qui Antii habitabant et eos in fugam vertit. Eos secutus est usque ad oppidum Longulam, quo fugerant. Quod oppidum ille cepit. Deinde cepit Poluscam oppidum Volscorum. Tandem impetum fortissimum in Coriolos
10   fecit. Eo tempore in castris inter iuvenes nobilissimos versabatur Gnaeus Marcius. Ille paratissimus erat et ad consilia capienda et ad proposita exsequenda. Postea ei cognomen additum est Coriolano. Exercitus Romanus Coriolos obsidebat et totum animum intendebat in incolas huius oppidi, qui inter moenia
15   erant clausi. Exercitus Romanus omnino non timebat bellum quod ex parte externa exoriri posset. Tunc Volscae legiones Antio Coriolos sunt profectae et in exercitum Romanum Coriolos obsidentem impetum fecerunt. Eodem tempore incolae qui obsidebantur obsidentes depellere sunt conati. Tunc casu factum
20   est ut Cn. Marcius in custodia esset.

---

1   **secedo, ere, cessi, cessum** (3) – secede

2   **consulatus, us** m. – consulate

3   **ferio, ire** (4) – strike; make a covenant
    percutio, ere, cussi, cussum (3) – strike; make a covenant

12   **propositum, i** n. – plan, design

14   **incola, ae** m. or f. – inhabitant

19   **depello, ere, puli, pulsum** (3) – drive away

II, 33 TEXT: *The Romans attack several towns...*

Per secessionem plebis Sp. Cassius et Postumius Cominius consulatum inierunt. Iis consulibus cum Latinis populis ictum
foedus. Ad id feriendum consul alter Romae mansit: alter ad
Volscum bellum missus Antiates Volscos fundit fugatque; compulsos in oppidum Longulam persecutus moenibus potitur.   5
Inde protinus Poluscam, item Volscorum, cepit; tum magna vi
adortus est Coriolos. Erat tum in castris inter primores iuvenum
Cn. Marcius, adulescens et consilio et manu promptus, cui cognomen postea Coriolano fuit. Cum subito exercitum Romanum
Coriolos obsidentem atque in oppidanos, quos intus clausos ha-   10
bebat, intentum, sine ullo metu extrinsecus imminentis belli,
Volscae legiones profectae ab Antio invasissent, eodemque tempore ex oppido erupissent hostes, forte in statione Marcius fuit.

---

1   **secessio, onis** f. – secession

4   **compello, ere, puli, pulsum** (3)
– drive together to a place, compel

8   **promptus, a, um** – ready, quick

11   **extrinsecus** (adv.) – on the outside

---

1   **per secessionem plebis** – the first secession of the plebs (said to be due to social discord over debts), as well as the second one, were probably ficticious. *Tribuni plebis* were not created before 471 B.C. In this edition we always use the form *tribuni plebis,* although the form *tribuni plebi* also exists.

2   **Latinis** – these are the inhabitants of Latium.

3   **ad id feriendum** – gerundive construction with the sense of purpose.

4   **Volscum** – the Volscians (*Volsci*) were the most numerous and powerful people of Latium.

    Antiates – *Antiates, um,* m. pl. were the inhabitants of *Antium,* an ancient town in Latium.

5   **Longulam** – a Volscian settlement not far from Corioli.

    persecutus – a perfect passive participle of the deponent verb *persequor;* its sense is active.

6   **Poluscam** – a small and ancient Volscian town. Both Longula and Polusca disappear from history.

7   **Coriolos** – *Corioli, orum,* m. pl. was a Volscian town.

8   **Cn.** – the usual abbreviation for *Gnaeus.*

    manu – 'in action'.

9   **Coriolano** – a dative of *Coriolanus,* agrees with *cui;* cf. *mihi nomen est +* the name in dative.

Cn. Marcius, afterwards called Coriolanus, captures Corioli

Is parvum gregem militum selegit. Cum his militibus non tantum reiecit incolas qui ex oppido erumpebant, sed etiam ipse in oppidum inrupit. Nam porta ex qua incolae erumpere conabantur erat aperta. Itaque eam oppidi partem, ubi erat porta, ferociter invasit. Ibi quosdam oppidanos interfecit. Deinde velociter ignem arripuit et in aedificia prope moenia sita iecit. Quid tum est factum? Oppidani clamabant. Mulieres et pueri plorabant. Nam tales ploratus apud perterritos statim exoriri solent. Hae res animum Romanorum roboraverunt et Volscos turbaverunt. Nam Volsci venerant ut auxilium huic oppido ferrent. Sed iam credebant hoc oppidum esse captum. Hac ratione Volsci Antiates sunt victi et dispersi. Corioli oppidum est captum. Cn. Marcius gloria sua famam consulis valde deminuit. Fortasse nomen consulis ne mansisset quidem. In columna tamen aenea foedus inter Romanos et Latinos est insculptum. Ipse textus monebat foedus ictum esse ab uno Spurio Cassio. Nam eius collega Postumus Cominius afuerat. Itaque homines posteri meminerant Postumum Cominium cum Volscis bellum gessisse. Si in columna huius rei mentio facta non esset, fortasse non meminissent.

25

30

35

---

22 **reicio, ere, ieci, iectum** (3) – throw back; drive back
erumpo, ere, rupi, ruptum (3) – break or burst forth
23 **inrumpo/irrumpo, ere, rupi, ruptum** (3) – break or burst in
24 **apertus, a, um** – open
ferociter (adv.) – fiercely
25 **oppidanus, i** m. – townsman
26 **arripio, ere, ripui, reptum** (3) – seize

28 **ploratus, us** m. – wailing
32 **dispergo, ere, persi, persum** (3) – scatter on all sides
33 **deminuo, ere, minui, minutum** (3) – diminish
34 **aeneus, a, um** – made of bronze
35 **insculpo, ere, sculpsi, sculptum** (3) – engrave
textus, us m. – text
36 **collega, ae** m. – colleague

Cn. Marcius, afterwards called Coriolanus...

Is cum delecta militum manu non modo impetum erumpentium rettudit, sed per patentem portam ferox inrupit in proxima   15
urbis, caedeque facta ignem temere arreptum imminentibus
muro aedificiis iniecit. Clamor inde oppidanorum mixtus muliebri puerilique ploratu, qui ad terrorem, ut solet, primum est ortus, et Romanis auxit animum et turbavit Volscos. Nam captam
putabant urbem cui ad ferendam opem venerant. Ita fusi Volsci   20
Antiates, Corioli oppidum captum. Tantum sua laude obstitit
famae consulis Marcius ut, nisi foedus cum Latinis in columna
aenea insculptum monumento esset ab Sp. Cassio uno, quia collega afuerat, ictum, Postumum Cominium bellum gessisse cum
Volscis memoria cessisset...   25

---

14 **deligo, ere, legi, lectum** (3) – choose
    out
15 **retundo, ere, rettudi, retusum** (3)
    – beat or pound back

18 **puerilis, e** – childish, of boys
    terror, oris m. – great fear, terror

---

18 **ut** – 'as'.
19 **Romanis** – a dative of advantage. See
    Gildersleeve/Lodge, pp. 224–25.
20 **fusi...captum** – the copula *sum* is im-
    plied here: *fusi <sunt>, captum <est>*.
22 **ut...cessisset** – a result clause antici-
    pated by *tantum* in the main clause.
    Nisi...monumento esset is a condition,
    which, had it failed to come about,
    would have led to the result in the
    result clause *ut...cessisset*.

23 **ab Sp. Cassio uno...ictum** – an accu-
    sative with infinitive depending on
    monumento esset, i.e., *nisi monumentum
    insculptum moneret ipsum foedus ab Sp.
    Cassio uno esse ictum.*
24 **Postumum Cominium bellum ges-
    sisse cum Volscis** – an accusative with
    infinitive depending on *memoria cessis-
    set*, i.e., *nemo esset recordatus Postumum
    Cominium bellum gessisse cum Volscis.*

There is famine in Rome, and the plebeians stir up civil discord. Coriolanus threatens to deprive the plebeians of grain, if they continue in seditious behavior. The tribunes of the people, on the contrary, threaten Coriolanus.

II, 35 PARAPHRASIS: *Because of plebeian hostility, Coriolanus goes in exile to the Volscians*

Primo Cn. Marcius cum contemptu minas tribunorum audiebat. Dicebat talia: "Tribuni plebis ius habent auxilii plebi dandi, non poenae a patriciis exigendae. Ii sunt tribuni plebis, non tribuni patriciorum." Plebs tamen summopere erat irata. Ergo patricii
5 ab hac re poena unius hominis sui ordinis se liberare debebant. Utcumque patricii pugnaverunt contra plebem eo tempore quo invidia plebis iis adversabatur. Senatores, tum unus quisque et singillatim, tum universi et coniunctim vires suas adhibebant. Primo hoc temptaverunt: clientes suos ita disposuerunt
10 ut singulos quosdam plebeios perterrerent. Tum forsitan plebeii coitiones et concilia frequentare timerent. Tali igitur ratione patricii totam rem abrogare sunt conati. Deinde omnes ad tribunos plebis iverunt. Homines putare poterant unumquemque patriciorum culpam quandam apud se habere. Tribunos igitur
15 plebis ita orabant: "Si non vultis hunc unum civem, hunc unum senatorem innocentem absolvere, donate eum nobis tamquam hominem nocentem." Ipsa die dicta Coriolanus aberat. Tribuni plebis in ira sua perseveraverunt. Itaque Coriolanus absens est damnatus. Ille ad Volscos exsul abiit. Patriae suae Coriolanus
20 saepe minabatur. Iam enim animum suum contra patriam hostilem reddiderat.

1 **tribunus, i** m. – tribune	11 **coitio, onis** f. – meeting
3 **patricius, i** m. – patrician	12 **abrogo, are** (1) – abrogate, annul, cancel
7 **adversor, ari** (1) – resist or oppose	18 **persevero, are** (1) – persevere
8 **universus, a, um** – all together	19 **exsul, exsulis** m. – a banished person, exile
coniunctim (adv.) – unitedly	
9 **cliens, clientis** m. – client, retainer	
dispono, ere, posui, positum (3) – distribute	

II, 35 TEXT: *Because of plebeian hostility...*

Contemptim primo Marcius audiebat minas tribunicias: dicebat iis ius auxilii, non poenae esse datum, plebisque, non patrum tribunos esse. Sed adeo infensa erat coorta plebs ut unius
poena defungendum esset patribus. Restiterunt tamen adversa
invidia, usique sunt qua suis quisque, qua totius ordinis viri-   5
bus. Ac primo temptata res est si, dispositis clientibus, absterrendo singulos a coitionibus conciliisque disicere rem possent.
Universi deinde processere—quidquid erat patrum, reos diceres—precibus plebem exposcentes, ut unum sibi civem, unum
senatorem pro nocente donarent, si innocentem absolvere nol-   10
lent. Ipse cum die dicta non adesset, perseveratum in ira est.
Damnatus absens in Volscos exsulatum abiit, minitans patriae
hostilesque iam tum spiritus gerens.

---

1   **contemptim** (adv.) – with contempt
    tribunicius, a, um – belonging to a
    tribune
7   **disicio, ere, ieci, iectum** (3) – throw
    asunder

8   **reus, i** m. – defendant
9   **exposco, ere, expoposci** (3) – entreat
12 **exsulo, are** (1) – be in exile
    minito, ari (1) – threaten

---

3   **ut...defungendum esset** – a result
    clause anticipated by *adeo* in the main
    clause; the meaning of *defungi* here is
    'to acquit one's self of'.
4   **adversa invidia** – an ablative abso-
    lute, i.e., *adversa invidia <plebis>*.
5   **qua... qua...** – 'both... and...'.
6   **si** – here *si* has the meaning of *an*.
    *Temptata res est <ut viderent> an pos-
    sent...*
    absterrendo – an ablative gerundive
    with instrumental sense.
7   **a coitionibus conciliisque** – *coitio* is
    a gathering, *concilium* a more formal
    council.
8   **diceres** – the second person singular
    provides a generalizing statement:

'you would say...<if you were there>'.
9   **ut...pro nocente donarent** – a sub-
    ordinate clause depending on the
    participle *exposcentes*; as a matter of
    fact, this narration does not coincide
    with what we can infer about this pe-
    riod. It seems there was hardly any
    real prosecution on the part of *tribuni
    plebis* at this date.
11 **ipse cum...non adesset** – a subordi-
    nate clause indicating the circum-
    stances of the main verb *perseveratum
    est*.
12 **exsulatum** – a supine indicating pur-
    pose after a verb of motion.
    minitans – an intensive and frequen-
    tative form of *minor*.

The Volscians give Coriolanus a warm welcome

Cum ad Volscos venisset, ii Coriolanum benigne exceperunt.
Postea in dies etiam benignius eum colebant. Hoc fiebat, quia
eius ira contra Romanos maior maiorque videbatur. Saepis-
25 sime quoque sive querelas sive minas ab eo Volsci audiebant.
Hospitium ei praebebat Attius Tullius. Eo tempore ille nobi-
lissimus inter Volscos erat necnon semper Romanorum hostis
manebat. Alterum, scilicet Attium Tullium, vetus odium incitabat, alterum vero, scilicet Coriolanum, nova ira. Itaque consilia
30 conferunt de bello Romanis inferendo. Hoc putabant: "Plebs
vix facile ad arma sumenda cogi potest. Nam toties iam infeliciter arma sumpsit. Spiritus Romanorum sunt fracti. Tot enim
iuvenes imprimis multis bellis, et tandem propter pestem peri-
erunt. Odium iam est vetustum. Callide tamen est agendum ut
35 animi nova quadam ira exacerbentur."

23	**benigne** (adv.) – benevolently	34	**vetustus, a, um** – old
25	**querela, ae** f. – complaint		**callide** (adv.) – skilfully
31	**infeliciter** (adv.) – unfortunately	35	**exacerbo, are** (1) – exasperate

The Volscians give Coriolanus a warm welcome

Venientem Volsci benigne excepere, benigniusque in dies colebant, quo maior ira in suos eminebat crebraeque nunc querel-   15
lae, nunc minae percipiebantur. Hospitio utebatur Atti Tulli.
Longe is tum princeps Volsci nominis erat Romanisque semper
infestus. Ita cum alterum vetus odium, alterum ira recens stimularet, consilia conferunt de Romano bello. Haud facile credebant plebem suam impelli posse, ut totiens infeliciter temptata   20
arma caperent: multis saepe bellis, pestilentia postremo amissa
iuventute fractos spiritus esse; arte agendum esse in exoleto iam
vetustate odio, ut recenti aliqua ira exacerbarentur animi.

---

15 **nunc... nunc...** – at one time... at
    another...
18 **stimulo, are** (1) – spur on, incite
21 **pestilentia, ae** f. – plague

postremo (adv.) – finally
22 **exoletus, a, um** – full grown, obso-
    lete

---

15 **quo maior ira** – there is a correlation
    between *quo maior ira...eminebat* and
    benignius colebant: 'the more his rage
    ...was visible, the greater the benevo-
    lence with which they treated him'.

20 **ut...caperent** – depends on *impelli
    posset.*
23 **ut...exacerbarentur** – a result clause.

There are games in Rome.

II, 37 PARAPHRASIS: *Attius Tullius, the Volscian leader, acting in according with a plan conceived with Marcius, warns the consuls that mischief might be caused by the Volscians who had come to see the games in Rome*

Ad eos ludos magna turba Volscorum venit. Hoc factum est Attio Tullio instigante. Rem tamen quandam ille cum Cn. Marcio domi composuerat. Secundum hoc propositum ante ludorum initium Attius Tullius consules adit. Hoc dicit: "Sunt res quas
5   secreto de re publica vobiscum tractare velim." Spectatores sunt remoti. Tunc Attius Tullius pergit: "Contra voluntatem meam rem malam de civibus nostris dico. Non dico eos crimen perpetravisse. Velim monere cavendum esse ne quid admittant. Ingenia Volscorum sunt multo magis mobilia quam velim. Hoc
10 iam sensimus in multis calamitatibus. Nam non propter nostrum meritum integri sumus, sed propter vestram patientiam. Permulti Volsci nunc hic versantur. Ludi celebrantur. Romani animos suos in spectaculum intentos habent. Quondam tali occasione iuvenes Sabini non bene se gesserunt. Hoc memini.
15 Valde timeo ne quid minus consideratum et nimis cito fiat. Agitur de re nostra et vestra communi. His de causis decrevi primo haec vobis, consules, dicere. Ipse velim statim ex hoc loco domum abire. Nam nolo quodam malo facto vel dicto implicari." Post haec verba Attius Tullius abivit.

---

5   **secreto** (adv.) – secretly
    spectator, oris m. – spectator
9   **mobilis, e** – easy to be moved, inconstant

12 **permultus, a, um** – too many
15 **consideratus, a, um** – maturely reflected upon
18 **implico, are** (1) – involve

II, 37 TEXT: *Attius Tullius, the Volscian leader...*

Ad eos ludos, auctore Attio Tullio, vis magna Volscorum venit.
Priusquam committerentur ludi, Tullius, ut domi compositum
cum Marcio fuerat, ad consules venit; dicit esse quae secreto
agere de re publica velit. Arbitris remotis, "Invitus" inquit,
"quod sequius sit, de meis civibus loquor. Non tamen admis-   5
sum quicquam ab iis criminatum venio, sed cautum ne admittant. Nimio plus quam velim, nostrorum ingenia sunt mobilia.
Multis id cladibus sensimus, quippe qui non nostro merito sed
vestra patientia incolumes simus. Magna hic nunc Volscorum
multitudo est; ludi sunt; spectaculo intenta civitas erit. Memini   10
quid per eandem occasionem ab Sabinorum iuventute in hac
urbe commissum sit; horret animus, ne quid inconsulte ac temere fiat. Haec nostra vestraque causa prius dicenda vobis, consules, ratus sum. Quod ad me attinet, extemplo hinc domum
abire in animo est, ne cuius facti dictive contagione praesens   15
violer." Haec locutus abiit.

---

4   **arbiter, i** m. – witness

5   **sequior, sequius** – lower, worse

6   **criminor, ari** (1) – accuse one of
     crime

7   **nimio** (adv.) – exceedingly

8   **quippe** (adv.) – for in fact; **quippe**

qui – because

12   **horreo, ere, horrui** (2) – shudder
     inconsulte (adv.) – inconsiderately

14   **attineo, ere, tinui, tentum** (2) – per-
     tain

15   **contagio, onis** f. – contagion

---

2   **priusquam committerentur** – a tem-
     poral clause indicating an action that
     would happen after the main verb *ve-
     nit*. The mood of the verb here is sub-
     junctive because there is an element
     of purpose involved, i.e., in Tullius'
     mind his coming to the consuls had
     to take place before the start of the
     games. See Gildersleeve/Lodge, pp.
     368–70.

     ut...compositum...fuerat – a com-
     parative clause: 'according to the pre-
     vious arrangement'.

3   **esse quae...** – an accusative with in-
     finitive that depends on *dicit*.

4   **arbitris** – 'eye-witnesses'.

5   **quod sequius sit** – 'anything adverse'.
     admissum – a *res admissa* is a 'crime'.

6   **criminatum...cautum** – supines ex-
     pressing purpose after the verb of
     motion *venio*.

     cautum ne admittant – 'to take care

lest they commit one'.

8   **quippe qui...simus** – a relative clause
     with causal meaning.

10   **spectaculo** – a dative, depending on
     intenta: 'concentrated on the games'.

11   **ab Sabinorum iuventute** – during
     the games, Sabine youths had exhib-
     ited wanton behavior.

12   **ne quid...fiat** – a subordinate clause
     depending on *horret animus*. The con-
     struction is analogous to that typical
     of verbs expressing fear ('lest any-
     thing should happen...')

13   **dicenda** – the main verb is *dicenda*
     <*est*>; the following *ratus sum* is a par-
     enthetical verb.

15   **ne...violer** – a negative clause of pur-
     pose ('lest being present I be injured
     by the contagion...')

16   **locutus** – a perfect passive participle
     of the deponent verb *loquor*; its mean-
     ing is active.

The Volscians are forced to leave Rome in the middle of the celebration of the games

20 Consules totam rem senatoribus narraverunt. Res ipsa haud certa erat. Auctor tamen erat certus. Auctor certus homines ad praecavendum saepius quam ipsae res ducit. Hoc igitur senatores ad praecavendum movit, supra quam necesse erat. Itaque senatus hoc decrevit: "Volsci ex Urbe exeant!" Nuntii sunt missi.
25 Qui nuntii Volscis imperabant ut ante tempus vespertinum proficiscerentur. Imprimis Volsci magno timore sunt capti. Hoc factum est dum currebant ad deversoria. Volebant enim ante profectionem res suas excipere. Deinde abiverunt. Tunc valde sunt indignati. Dicebant enim: "Eiecti sumus a ludis. Hoc fac-
30 tum est ac si essemus homines scelesti vel spurcati. Factum est diebus festis. Quodammodo semoti sumus a congregatione hominum et deorum."

22 **praecaveo, ere, cavi, cautum** (2) – guard against beforehand
25 **vespertinus, a, um** – pertaining to the evening
27 **deversorium, i** n. – inn
28 **profectio, onis** f. – departure
30 **spurcatus, a, um** – soiled
31 **semoveo, ere, movi, motum** (2) – move away
congregatio, onis f. – assembly

The Volscians are forced to leave Rome...

Cum consules ad patres rem dubiam sub auctore certo detulissent, auctor magis, ut fit, quam res ad praecavendum vel ex supervacuo movit. Facto senatus consulto ut urbe excederent Volsci, praecones dimittuntur qui omnes eos proficisci ante noctem iuberent. Ingens pavor primo Volscos discurrentes ad suas res tollendas in hospitia perculit; proficiscentibus deinde indignatio oborta, se ut consceleratos contaminatosque ab ludis, festis diebus, coetu quodam modo hominum deorumque abactos esse.

20

25

17 **dubius, a, um** – doubtful
defero, ferre, tuli, latum – report, deliver, carry, bring
18 **ex supervacuo** – superfluously
20 **praeco, onis** m. – herald

23 **consceleratus, a, um** – wicked person
contaminatus, a, um – impure person
24 **coetus, us** m. – assembly
25 **abigo, ere, egi, actum** (3) – drive away

18 **ut** – 'as'.
ad praecavendum – a gerund with a sense of purpose.
19 **ut...excederent Volsci** – a subordinate clause explaining the contents of *senatus consultum*.
20 **qui...iuberent** – a relative clause of purpose.
21 **ad suas res tollendas** – a gerundive construction with a sense of purpose.

22 **proficiscentibus** – a dative case to be taken with *indignatio oborta*: 'indignation arose in the people while they were leaving'.
23 **se...abactos esse** – an accusative and infinitive depending on *indignatio*, which functions much like a verb of speaking or thinking, such as *indignabantur*.
ut – 'like' or 'as'.
24 **coetu** – an ablative of movement away.

The Volscians are enraged and want to wage war against the Romans.

II, 39 PARAPHRASIS: *The Volscians march against Rome under the command of Coriolanus*

Imperatores ad bellum gerendum Attius Tullius et exsul Romanus Cn. Marcius sunt secundum omnium populorum sententiam electi. Multo maior spes in Cn. Marcio ponebatur. Hac in spe Volsci nulla ratione sunt decepti. Ita omnes facile perspiciebant vim Romanorum maiorem in ducibus quam in ipso exercitu esse sitam. Cn. Marcius Circeios primum est profectus. Romanos, qui hoc oppidum ceperant, illinc eiecit. Deinde oppidum liberum Volscis reddidit. Postea Satricum, Longulam, Poluscam, Coriolos e Romanis eripuit; haec enim oppida Romani recenter ceperant. Inde Lavinium in Volscorum potestatem recepit. Deinceps per semitas transversas viam Latinam est ingressus et Corbionem, Veteliam, Trebium, Labicos, Pedum cepit. Postremo exercitum Pedo Romam duxit. Castra prope fossas Cluilias posuit. Illae fossae quinque milium passuum spatio ab Urbe distant. Ex eo loco agrum Romanum populari seu devastare coepit.

---

4   **perspicio, ere, spexi, spectum** (3) – see through
7   **illinc** (adv.) – thence, from that place
10   **recenter** (adv.) – recently

11   **semita, ae** f. – path
14   **fossa, ae** f. – ditch
15   **populor, ari** (1) – devastate
16   **devasto, are** (1) – devastate

II, 39 TEXT: *The Volscians march against Rome...*

Imperatores ad id bellum de omnium populorum sententia lecti
Attius Tullius et Cn. Marcius, exsul Romanus, in quo aliquanto
plus spei repositum. Quam spem nequaquam fefellit, ut facile
appareret ducibus validiorem quam exercitu rem Romanam
esse. Circeios profectus primum colonos inde Romanos expulit 5
liberamque eam urbem Volscis tradidit; Satricum, Longulam,
Poluscam, Coriolos, novella haec Romanis oppida ademit; inde
Lavinium recepit; inde in Latinam viam transversis tramitibus
transgressus, tunc deinceps Corbionem, Veteliam, Trebium, Labicos, Pedum cepit. Postremum ad urbem a Pedo ducit, et ad 10
fossas Cluilias quinque ab urbe milia passuum castris positis,
populatur inde agrum Romanum.

---

3 **repono, ere, posui, positum** (3) – lay, place
fallo, ere, fefelli, falsum (3) – deceive
5 **colonus, i** m. – colonist, tenant farmer
7 **novellus, a, um** – new, newly founded

adimo, ere, emi, emptum (3) – take away
8 **trames, itis** m. – cross-way
9 **transgredior, i, transgressus** (3) – pass over

---

3 **spei** – a partitive genitive to be taken with *plus*.
ut appareret – a result clause.
5 **Circeios** – *Circeii, orum,* m. pl. is a town in Latium near the homonymous promontory.
6 **Satricum** – an ancient town in Latium near *Via Appia*.
8 **Lavinium** – a city in Latium near the sea-coast founded by Aeneas in honor of his wife Lavinia.
Latinam viam – *via Latina* is a road

that begins near *Porta Latina* and leads towards Campania.
9 **Corbionem, Veteliam, Trebium, Labicos, Pedum** – *Pedum, Labici (-orum), Vetelia, Corbio* are ancient towns in Latium. *Trebium* is otherwise unknown.
11 **fossas Cluilias** – *fossae Cluiliae,* the Cluilian Dykes, were ditches named after Cluilius, a king of Alba Longa.
quinque ab urbe milia passuum – an accusative of extension of place or space. See Gildersleeve/Lodge, pp. 211–13.

Coriolanus devastates the fields of the plebeians

Una cum populatoribus custodes mittebat. Hoc erat custodum officium: patriciorum agros intactos servare debebant. Cn. Marcius patriciorum agros propter duas causas probabiles servare volebat: sive quia animo a plebe etiam magis alienato erat prae-
20 ditus, sive quia volebat discordiam inter patres et plebem excitare. Procul dubio talis discordia exoriri poterat. Nam plebs iam animo feroci contra patricios erat praedita. Tribuni vero plebem iam ferocem etiam magis excitabant. Accusabant enim coram plebe patricios nobilissimos. Plebs tali ratione contra primores
25 civitatis est instigata. Utcumque, quamquam plebei patricios, et patricii invicem plebeios invisos et suspectos habebant, tamen plebs et patricii maximo concordiae vinculo coniungebantur. Hoc, ut solet, propter timorem periculi externi est factum. Unum tantum discrimen inter plebem et senatum exstabat. Nam sena-
30 tus et consules maximam spem suam in bello ponebant; plebs vero omnia alia malebat quam bellum. Eo tempore iam Spurius Nautius et Sextus Furius consules erant. Quodam die consules legiones percensebant et custodes distribuebant per muros atque per alia loca, in quibus decreverant custodes et vigilias
35 esse ponendas. Tunc multitudo hominum qui pacem poscebant clamore tumultuoso consules perterruit. Deinde eos coegit ut senatum vocarent atque peterent hoc: "Legati ad Cn. Marcium mitti debent." Animi plebis iam fracti esse videbantur.

---

16 **populator, oris** m. – devastator
19 **praeditus, a, um** – provided with, possessed of
20 **discordia, ae** f. – discord
21 **procul dubio** – without doubt
26 **suspectus, a, um** – mistrusted

33 **percenseo, ere, censui, censum** (2) – survey
   murus, i m. – wall
34 **vigilia, ae** f. – wakefulness, watch
35 **posco, ere, poposci** (3) – require

Coriolanus devastates the fields of the plebeians

Custodes inter populatores missi sunt qui patriciorum agros intactos servarent, sive quia magis infensus plebi erat Coriolanus,
sive ut discordia inde inter patres plebemque oreretur. Quae   15
profecto orta esset—adeo tribuni iam ferocem per se plebem
criminando in primores civitatis instigabant—; sed externus
timor, maximum concordiae vinculum, quamvis suspectos infensosque inter se iungebat animos. Id modo non conveniebat
quod senatus consulesque nusquam alibi spem quam in armis   20
ponebant, plebes omnia quam bellum malebat. Sp. Nautius iam
et Sex. Furius consules erant. Eos recensentes legiones, praesidia per muros aliaque loca, in quibus stationes vigiliasque esse
placuerat, distribuentes, multitudo ingens pacem poscentium
primum seditioso clamore conterruit, deinde coegit vocare sena-   25
tum, referre de legatis ad Cn. Marcium mittendis.

---

16 **profecto** (adv.) – actually

20 **nusquam** (adv.) – nowhere

21 **plebes = plebs**

22 **recenseo, ere, censui, censum** (2)
   – survey

24 **distribuo, ere, tribui, tributum** (3)
   – distribute

25 **seditiosus, a, um** – full of civil discord

---

16 **orta esset** – a pluperfect subjunctive
in a main clause, which indicates an
action that could have happened in
the past, but did not happen. See Gild-
ersleeve/Lodge, p. 171 (section 258,
note 2); p. 388 (section 600, note 2).

17 **externus timor, maximum concordiae vinculum** – a commonplace

among the historians that goes back
to Thucydides.

18 **quamvis** – refers to *suspectos infensosque* ('however suspected and hostile...')

25 **conterruit...coegit** - both verbs have
as a direct object *eos*.

In vain the Romans send ambassadors to Coriolanus

Itaque senatus hanc petitionem accepit. Legati ad Cn. Marcium
40   missi sunt qui pacem peterent. Responsum tamen ferox rettulerunt: "Si agrum Volscis reddideritis, tunc de pace agi poterit.
Si tamen praeda belli per otium frui velitis, hoc fiet: bene memini iniuriam quam mihi cives Romani inflixerunt; beneficium quoque hostium memini; ergo ostendere vobis conabor
45   animum meum exsilio non esse debilitatum, sed roboratum."
Postea iterum legati sunt missi. Eos tamen Cn. Marcius in castra
non accepit. Sacerdotes quoque vestimentis propriis induti ad
Cn. Marcii castra iverunt et oraverunt. Non potuerunt tamen
animum Cn. Marcii plus quam legati movere.

---

39   **petitio, onis** f. – petition

Livy's language
REPRAESENTATIO *IN INDIRECT DISCOURSE*

The shift to primary sequence depending on a main verb in a past tense
(the main verb is sometimes understood and not expressed), often happens in a passage of indirect speech. This technique, called *repraesentatio*,
makes the narration more vivid by shifting from the temporal viewpoint
of the narrator of the history to that of the speaker whose words are re-
ported in the indirect speech.

> "…..missique de pace ad Marcium oratores atrox respon-
> sum rettulerunt: si Volscis ager *redderetur*, posse agi de
> pace; si praeda belli per otium frui *velint*, memorem se et
> civium iniuriae et hospitum beneficii adnisurum, ut *appare-
> at* exsilio sibi inritatos, non fractos animos esse." (II, 39)

In vain the Romans send ambassadors to Coriolanus

Acceperunt relationem patres, postquam apparuit labare plebis
animos; missique de pace ad Marcium oratores atrox responsum rettulerunt: si Volscis ager redderetur, posse agi de pace; si
praeda belli per otium frui velint, memorem se et civium iniur-   30
iae et hospitum beneficii adnisurum, ut appareat exsilio sibi inritatos, non fractos animos esse. Iterum deinde iidem missi non
recipiuntur in castra. Sacerdotes quoque suis insignibus velatos isse supplices ad castra hostium traditum est; nihilo magis
quam legatos flexisse animum.   35

---

27 **relatio, onis** f. – report   30 **fruor, i, fructus** (+ abl.) – enjoy
    labo, are (1) – be ready to fall   34 **supplex, icis** – humbly begging

---

27 **postquam apparuit** – a temporal   31 **ut appareat** – a subordinate clause,
    clause indicating action prior to the   which functions as an object to *adni-*
    main verb *acceperunt.*   *surum <esse>.*
29 **rettulerunt** – indirect speech begins 33 **sacerdotes...isse, <sacerdotes>...flex-**
    after *rettulerunt.*   **isse** – accusative and infinitive con-
30 **memorem** – agrees with *se* and refers   structions which depend on *traditum*
    to Coriolanus.   *est.*

II, 40 PARAPHRASIS: *An embassy of Roman matrons is sent to Coriolanus, among whom is his mother and wife*

Tum magna turba matronarum it ad Veturiam matrem Coriolani et ad Volumniam Coriolani uxorem. Causam huius rei pro
certo nescio. Fortasse publicum consilium fuit; fortasse vero
matronae timore muliebri sunt motae. Procul dubio tamen effe-
5   cerunt hoc: Veturia mulier annosa et Volumnia una cum duobus
Cn. Marcii filiis in castra hostium iverunt; mulieres precibus et
lacrimis urbem defenderunt, quia viri armis urbem defendere
non potuerunt. Mulieres ad castra pervenerunt. Coriolano nuntiatum est ingentem turbam mulierum adesse. Antea publica
10   maiestas, quae erat in legatis, Coriolanum non moverat. Nec
religio, quae in sacerdotibus erat, oculis animoque Coriolani
praebita eum moverat. Hac de causa mente etiam magis obstinata lacrimas muliebres Coriolanus ferebat.

---

1   **matrona, ae** f. – married woman,
matron

5   **annosus, a, um** – aged

10   **maiestas, tatis** f. – dignity, grandeur

II, 40 TEXT: *An embassy of Roman matrons is sent...*

Tum matronae ad Veturiam matrem Coriolani Volumniamque
uxorem frequentes coeunt. Utrum id publicum consilium an
muliebris timor fuerit parum invenio: pervicere certe, ut et Veturia, magno natu mulier, et Volumnia duos parvos ex Marcio
ferens filios secum in castra hostium irent et, quoniam armis   5
viri defendere urbem non possent, mulieres precibus lacrimisque defenderent. Ubi ad castra ventum est nuntiatumque
Coriolano est adesse ingens mulierum agmen, ut qui nec publica maiestate in legatis nec in sacerdotibus tanta offusa oculis animoque religione motus esset, multo obstinatior adversus   10
lacrimas muliebres erat.

---

2 **frequens, entis** – in great numbers
   coeo, ire, ivi, itum – gather

3 **pervinco, ere, vici, victum** (3) – conquer completely

9 **offundo, ere, fudi, fusum** (3) – pour
  before

---

2 **frequentes** – 'in great numbers'.

3 **parum invenio** – 'I am not sufficient-
ly sure', Livy's own statement (gov-
erning the indirect question *utrum...
fuerit*).

   ut...irent...et... <ut> defenderent –
subordinate clauses that function as
an object to the verb *pervicere* ('they
brought it about that...').

5 **quoniam...non possent** – a causal
clause. The mood is subjunctive, since
the cause is perceived as a thought of
the Roman matrons.

7 **ubi** – a temporal conjunction.

   ventum est nuntiatumque...est – impersonal forms.

8 **adesse ingens...agmen** – an accusative and infinitive depending on *nuntiatum est*.

   ut qui...motus esset – a relative causal clause.

9 **tanta offusa...religione** – an ablative
absolute.

Coriolanus's mother rejects the embrace of her son

Deinde quidam ex amicis Coriolani Veturiam inter ceteras mu-
15   lieres animadvertit. Nam Veturia maestitia sua inter alias eminebat. Veturia stabat inter uxorem filii et nepotes suos. Amicus
ille dixit: "Nisi oculi me decipiunt, mater tua, uxor et liberi adsunt." Coriolanus paene tamquam insanus e sella sua exsiluit
et matrem amplecti est conatus. Tum mulier a precibus in iram
20   est mutata. "Antequam me amplectaris, permittas ut hoc sciam:
Utrum ad hostem veni an ad filium? Sumne in castris tuis captiva an mater? Vita mea longa fuit et senectus infelix. Ab hac
ergo vita et senectute ad talem condicionem sum adducta: vidi
te primo exsulem, deinde hostem. Quomodo hanc terram de-
25   vastare potuisti? Haec terra te edidit et nutrivit. Ad agrum Romanum animo hostili et minis pleno perveneras. Nonne tamen,
cum fines ingrediebaris, ira tua est deminuta? Romam inspicie-
bas. Nonne tum hoc tibi veniebat in mentem: 'intra illos muros
est domus mea, sunt Penates mei, est mater, uxor, liberi'? Ergo
30   si te in lucem non edidissem, Roma nunc non oppugnaretur.
Sed te in lucem edidi et Roma nunc oppugnatur. Si filium non
haberem, libera homo in libera patria mortua essem. Sed filium
habeo, nec libera homo in libera patria moriar. Ego tamen nihil
pati possum quod mihi sit miserius vel tibi ullo modo turpius.
35   Sicut sum valde infelix, ita non diu in hac condicione manebo.
Cura tamen hos (filios). Nam si ita pergis, aut immature morien-
tur, aut diu erunt servi."

---

18   **insanus, a, um** – insane   29   **Penates, ium** m. pl. – the Penates,
                                                old Latin guardians of household

Coriolanus's mother rejects the embrace of her son

Dein familiarium quidam qui insignem maestitia inter ceteras
cognoverat Veturiam, inter nurum nepotesque stantem, "Nisi
me frustrantur" inquit, "oculi, mater tibi coniunxque et liberi
adsunt." Coriolanus prope ut amens consternatus ab sede sua   15
cum ferret matri obviae complexum, mulier in iram ex precibus
versa "Sine, priusquam complexum accipio, sciam" inquit, "ad
hostem an ad filium venerim, captiva materne in castris tuis
sim. In hoc me longa vita et infelix senecta traxit ut exsulem te
deinde hostem viderem? Potuisti populari hanc terram quae te   20
genuit atque aluit? Non tibi, quamvis infesto animo et minaci
perveneras, ingredienti fines ira cecidit? Non, cum in conspectu
Roma fuit, succurrit: intra illa moenia domus ac Penates mei
sunt, mater coniunx liberique? Ergo ego nisi peperissem, Roma
non oppugnaretur; nisi filium haberem, libera in libera patria   25
mortua essem. Sed ego mihi miserius nihil iam pati nec tibi turpius usquam possum, nec ut sum miserrima, diu futura sum:
de his videris, quos, si pergis, aut immatura mors aut longa servitus manet."

---

12 **dein** (adv.) – thereafter

14 **coniunx, igis** m. or f. – spouse

15 **amens, ntis** – out of one's senses
    consternatus, a, um – dismayed

16 **complexus, us** m. – embrace

19 **senecta, ae** f. – old age

21 **minax, acis** – threatening

22 **conspectus, us** m. – the range of
    reach of sight

---

12 **insignem** – take this adjective with
    Veturiam.

15 **ut** – i.e., *tamquam.*

16 **cum ferret...** – a temporal clause in-
    dicating action during which the ac-
    tion of the main verb *inquit* occurs.
    Coriolanus is the subject of *ferret*,
    while *Veturia* is the subject of *inquit*.

17 **sine...sciam** – 'allow me to know'.

19 **ut...viderem** – this subordinate
    clause explains the contents of *hoc* in
    the main clause.

21 **quamvis** – should be understood
    with *infesto animo et minaci.*

22 **cum...fuit** – a temporal clause simply
    indicating the time when the action of
    the main clause (*succurrit*) occurred.

24 **nisi peperissem, ...non oppugnare-
    tur** – the condition here is contrary-
    to-fact in the past; Veturia has already
    given birth to Coriolanus, and there-
    fore Rome is being besieged.

25 **nisi...haberem, libera...mortua es-
    sem** – the condition here is contrary-
    to-fact in the present; Veturia has a
    son, and therefore she will die a slave.
    The use of the pluperfect subjunctive
    shows that Veturia mentions a future
    state, as if it belonged to the past,
    probably to indicate how irreversibly
    she is doomed.

28 **de his videris** – 'you should take
    thought for these...' See p. 79, note on
    l. 33.

Overcome by his feelings, Coriolanus ends the siege of Rome

Deinde uxor et liberi Coriolanum sunt amplexi. Omnes mulieres flere coeperunt. Condicionem suam et condicionem patriae
40　　deplorabant. Haec tandem animum Coriolani fregerunt. Familiares suos amplexus est et deinde eos dimisit. Ipse castra sua
ab Urbe semovit. Legiones Volscorum ab agro Romano abduxit.
Propter hanc rem factam, ut dicunt, Volsci eum odio habuerunt.
Hoc odio oppressus periit. Alii dicunt eum alia morte esse ex-
45　　stinctum. Lego apud Fabium, scriptorem omnium antiquissimum, Coriolanum usque ad senectutem vixisse. Fabius narrat
Coriolanum senem saepe hoc dixisse: "Seni exsilium multo
est miserius." Viri Romani mulieribus laudem tribuere non
gravabantur. Iis enim temporibus homines alienae gloriae non
50　　invidebant. Etiam aedificaverunt et dedicaverunt templum Fortunae muliebri. Propositum erat ut hoc templum monumento
esset rei a mulieribus Romanis patratae.

The Romans finally win a victory over the Volscians.

40　**deploro, are** (1) – weep for bitterly　　　**familiaris, is** m. or f. – a member of
　　　　　　　　　　　　　　　　　　　　　　　the same family

Overcome by his feelings, Coriolanus ends the siege...

Uxor deinde ac liberi amplexi, fletusque ob omni turba muli-   30
erum ortus et comploratio sui patriaeque fregere tandem virum. Complexus inde suos dimittit: ipse retro ab urbe castra
movit. Abductis deinde legionibus ex agro Romano, invidia rei
oppressum perisse tradunt, alii alio leto. Apud Fabium, longe
antiquissimum auctorem, usque ad senectutem vixisse eundem   35
invenio; refert certe hanc saepe eum exacta aetate usurpasse vocem: multo miserius seni exsilium esse. Non inviderunt laude
mulieribus viri Romani—adeo sine obtrectatione gloriae alienae
vivebatur; immo templum Fortunae muliebri aedificatum dedicatumque est, ut monumento esset.   40

---

30 **fletus, us** m. – weeping
32 **complector, i, plexus** (3) – embrace
   retro (adv.) – backwards
33 **abduco, ere, duxi, ductum** (3) – lead
   away

34 **letum, i** n. – death
38 **obtrectatio, onis** f. – envious detracting

---

30 **amplexi** – a perfect passive participle
   of the deponent verb *amplector*; its
   meaning is active.
32 **complexus** – a perfect passive participle of the deponent verb *complector*;
   its meaning is active.
34 **Fabium** – the third-century historian
   Fabius Pictor. Only fragments remain
   of his work.
36 **exacta aetate** – an ablative absolute.

refert...vocem – 'Fabius at least re-
ports that in old age (*exacta aetate*) he
often used this phrase...'
37 **multo miserius seni exsilium esse** –
indirect speech depending on *vocem*.
inviderunt – the meaning of *invideo*
with the ablative is 'to deprive'.
39 **vivebatur** – impersonal use of the
verb *vivo*.
40 **monumento** – a dative of purpose.

LIBER TERTIUS

View of the Forum Romanum towards the Capitoline Hill. Forum Romanum, Rome,
Italy. Scala / Art Resource, NY

The Aequi and Sabini wage war against the Romans. The Aequi violate the treaty that they have with the Romans and send back a Roman embassy.

III, 26 PARAPHRASIS: *The Romans fight with neighboring peoples, and the camp of the Roman consul is besieged by the enemy*

Turba Sabinorum immensa ad urbem Romam appropinquat. Agros Romanos ferociter populatur. Itaque agri sunt devastati. Magnus quoque timor Urbi est illatus. Plebs libenter ad bellum paratur. Tribuni plebis bello nequiquam repugnant. Duo tamen
5 exercitus sunt conscripti. Primus exercitus a Nautio contra Sabinos est ductus. Castra prope oppidum Eretum Nautius posuit. Inde expeditiones parvas parabat. Tempore praesertim nocturno in Sabinos impetus faciebat. Itaque agrum Sabinum summopere devastavit. Si ager Sabinus cum agro Romano comparabatur,
10 ager Romanus nullum belli damnum passus esse videbatur. In bello gerendo Minucius tam bonam fortunam non habuit; nec tam vehemens erat quam Nautius. Haud longe a Sabinis castra sua posuerat et in castris propter timorem semper manebat. Nec ullo magno damno est affectus. Hostes hoc intellexerunt.
15 Saepe evenit ut propter metum alienum audacia crescat. Idem est eo tempore factum. Nocte quadam Sabini in castra Minucii impetum fecerunt. Impetus tamen apertus non bene successit. Postridie castra Minucii praesidiis circumdederunt. Nondum tamen vallum ubique erat constructum. Quinque equites Ro-
20 mani inter custodes hostium transire poterant. Ii erant Romam a Minucio missi. Romae hoc nuntiaverunt: "Consul et exercitus obsidetur." Res quae accidit quam maxime inopinata erat atque insperata. Romae magnus timor et magnus tumultus est exortus. Aliquis cogitare poterat ipsam urbem obsideri nec tantum
25 castra Romana.

---

1 **immensus, a, um** – immense
5 **conscribo, ere, scripsi, scriptum** (3) – enroll
7 **expeditio, onis** f. – expedition
praesertim (adv.) – especially
8 **summopere** (adv.) – extremely
10 **damnum, i** n. – damage

18 **postridie** (adv.) – the next day
19 **vallum, i** n. – rampart; palisade for rampart
ubique (adv.) – everywhere
22 **inopinatus, a, um** – unexpected
23 **insperatus, a, um** – unhoped for

III, 26 TEXT: *The Romans fight...*

Vis Sabinorum ingens prope ad moenia urbis infesta popu-
latione venit; foedati agri, terror iniectus urbi est. Tum plebs
benigne arma cepit; reclamantibus frustra tribunis magni duo
exercitus scripti. Alterum Nautius contra Sabinos duxit, castris-
que ad Eretum positis, per expeditiones parvas, plerumque noc-   5
turnis incursionibus, tantam vastitatem in Sabino agro reddidit
ut comparati ad eam prope intacti bello fines Romani viderentur. Minucio neque fortuna nec vis animi eadem in gerendo
negotio fuit; nam cum haud procul ab hoste castra posuis-
set, nulla magnopere clade accepta castris se pavidus tenebat.   10
Quod ubi senserant hostes, crevit ex metu alieno, ut fit, audacia,
et nocte adorti castra postquam parum vis aperta profecerat,
munitiones postero die circumdant. Quae priusquam undique
vallo obiectae clauderent exitus quinque equites inter stationes
hostium emissi Romam pertulere consulem exercitumque ob-   15
sideri. Nihil tam inopinatum nec tam insperatum accidere potuit. Itaque tantus pavor, tanta trepidatio fuit quanta si urbem,
non castra hostes obsiderent.

---

2 **foedo, are** (1) – pollute
3 **reclamo, are** (1) – protest
6 **incursio, onis** f. – assault
   vastitas, tatis f. – devastation

12 **proficio, ere, feci, fectum** (3) – make progress
17 **trepidatio, onis** f. – confusion

---

1 **vis** – 'military force' or 'troops'.
3 **reclamantibus frustra tribunis** – an ablative absolute with concessive sense ('although the tribunes…').
4 **scripti** – with this word we understand *sunt*.
   Nautius – he is one of the consuls.
5 **Eretum** – an ancient city of the Sabines.
7 **eam** – this pronoun refers to *vastitatem*.
8 **Minucio** – Minucius was Nautius's colleague, the second consul.

11 **quod** – a connecting word that has a demonstrative force and refers to the whole previous idea: 'And when the enemy had become aware of this…' **ut** – 'as'.
12 **parum** – this adverb is to be understood with *profecerat*.
15 **pertulere** – i.e., *pertulerunt*.
17 **quanta si…obsiderent** – a comparative conditional clause. Here *si* means about the same as *quasi* or *ac si* ('as if'). See Gildersleeve/Lodge, pp. 389–90.

While plowing his field, Cincinnatus is called to assume the dictatorship

Nautius consul ex bello vocatur. Putabant tamen eum non tam bene Romam custodire posse. Itaque Romani dictatorem creare statuunt. Propositum erat ut dictator res Romanas ex condicione turbata in condicionem stabilem duceret. Lucius Quinctius
30   Cincinnatus dictator est creatus. De hac re omnes consentiunt. Sunt homines qui res humanas minoris momenti esse putent et tantum divitias colant. Iidem putant non exstare locum magno honori et virtuti reservatum, nisi ubi divitiae quoque sunt magnae. Iis praesertim hominibus utile est hanc fabulam audire.
35   Cincinnatus, qui una spes populi Romani erat, eo tempore quo dictator est creatus, agrum suum colebat. Ager situs erat trans flumen Tiberim, contra locum ubi nunc est portus. Magnitudo agri erat quattuor iugera. Ille locus nunc Prata Quinctia nominatur.

---

33   **reservo, are** (1) – reserve
37   **portus, us** m. – port

38   **iugerum, i** n. (pl.) **iugera, um** – acre

LIVY'S LANGUAGE
HISTORICAL PRESENT

Livy, as well as other authors of historical narrative, often shifts to the present tense, for the sake of more vividness and immediacy, when narrating an event that took place in the past. In Livy, as in other authors, verbs in the subjunctive mood depending on the historical present can be either in primary or secondary sequence.

> "Quod ubi *senserant* hostes, *crevit* ex metu alieno, ut fit, audacia, et nocte adorti castra, postquam parum vis aperta *profecerat*, munitiones postero die *circumdant*." (III, 26)

While plowing his field, Cincinnatus is called...

Nautium consulem arcessunt. In quo cum parum praesidii videretur dictatoremque dici placeret qui rem perculsam restitueret, L. Quinctius Cincinnatus consensu omnium dicitur. Operae pretium est audire qui omnia prae divitiis humana spernunt neque honori magno locum neque virtuti putant esse, nisi ubi effuse affluant opes. Spes unica imperii populi Romani, L. Quinctius trans Tiberim, contra eum ipsum locum ubi nunc navalia sunt, quattuor iugerum colebat agrum, quae prata Quinctia vocantur.

20

25

---

19 **arcesso, ere, cessivi, cessitum** (3) – send for

24 **effuse** (adv.) – profusely

affluo, ere, fluxi, fluxum (3) – flow in abundance

26 **navalia, ium** n. pl. – dock-yard

---

19 **parum** – *parum, satis,* and some other adverbs can also function as substantives and be joined with a partitive genitive. Here the meaning is 'too little of...'

cum...videretur...placeret – causal *cum*-clauses. *Cum* in this case means 'since' or 'because'.

20 **dictatoremque** – the dictator was a chief magistrate elected by the Romans in case of emergency, for a period of six months, who carried absolute power.

qui...restitueret – a relative purpose clause.

22 **humana** – i.e., the human qualities by themselves, unrelated to other resources.

26 **navalia** – the docks on the left bank of the Tiber in *Campus Martius*.

iugerum – genitive plural of *iugerum,* 'an acre'. The Roman *iugerum* was slightly more than half the size of an English acre, measuring 28,800 square feet. In the singular, the name follows the second declension, in the plural, mostly the third declension. The genitive plural is always *iugerum*.

27 **Quinctia** – the name is obviously related to Cincinnatus's family name.

While plowing his field, Cincinnatus is called to assume the dictatorship (contd.)

40

45

50

55

Cincinnatus aut fossam fodiebat et palae innitebatur, aut arabat. Utcumque hoc est certum: ille rei cuidam agresti diligenter operam dabat. Legati eum salutaverunt. Ille resalutavit. Deinde rogaverunt: "Togam tuam induas ut mandata senatus audias. Utinam omnia sint bona tibi et rei publicae!" Haec verba Cincinnatus est miratus. Instanter rogavit: "Omniane bene se habent?" Deinde uxorem Raciliam iussit togam suam ex parvula casa lignea efferre. Cincinnatus pulverem et sudorem mundavit et toga est amictus. Deinde prodiit. Legati eum tamquam dictatorem salutant et ei gratulantur. Eum in urbem vocant. Explanant qui metus sit in exercitu. Ex pecunia publica navis Cincinnato erat parata. Qua nave Cincinnatus est vectus. Cum Romam pervenisset, tres filii domo egressi eum salutant. Postea alii familiares et amici salutant, tandem plurimi senatores. Haec magna turba eum comitabatur. Ante eum lictores ibant. Ita domum petivit. Permulti quoque plebeii ad Cincinnatum appropinquabant. Nullo tamen modo plebs de Cincinnato tam gaudebat quam patricii. Nam plebs putabat potestatem Cincinnati nimis magnam esse. Censebat etiam ipsum virum ferociorem potestate sua esse. Illa nocte in urbe milites vigilaverunt. Nihil aliud est factum.

---

39 **fodio, ere, fodi, fossum** (3) – dig
pala, ae f. – spade
innitor, i, nisus/nixus (3) – lean or rest upon
41 **resaluto, are** (1) – greet back
43 **utinam** (adv.) – would to heaven!

44 **instanter** (adv.) – earnestly
46 **pulvis, eris** m. – dust
sudor, oris m. – sweat
47 **amicio, ire, amicui/amixi, amictum** (4) – wrap about

While plowing his field, Cincinnatus is called... (contd.)

Ibi ab legatis—seu fossam fodiens palae in-
nixus, seu cum araret, operi certe, id quod constat, agresti intentus—salute data in vicem redditaque rogatus ut, quod bene
verteret ipsi reique publicae, togatus mandata senatus audiret,   *30*
admiratus rogitansque "Satin salvae?" togam propere e tugu-
rio proferre uxorem Raciliam iubet. Qua simul absterso pulvere
ac sudore velatus processit, dictatorem eum legati gratulantes
consalutant, in urbem vocant; qui terror sit in exercitu exponunt. Navis Quinctio publice parata fuit, transvectumque tres   *35*
obviam egressi filii excipiunt, inde alii propinqui atque amici,
tum patrum maior pars. Ea frequentia stipatus antecedentibus
lictoribus deductus est domum. Et plebis concursus ingens fuit;
sed ea nequaquam tam laeta Quinctium vidit, et imperium nimium et virum ipso imperio vehementiorem rata. Et illa qui-   *40*
dem nocte nihil praeterquam vigilatum est in urbe.

---

31   **propere** (adv.) – hastily
     tugurium, i n. – hut
32   **abstergeo, ere, tersi, tersum** (2)
     – wipe off
34   **consaluto, are** (1) – greet
35   **publice** (adv.) – at the cost of the
     state
     transveho, ere, vexi, vectum (3)

     – transport
37   **frequentia, ae** f. – multitude
     stipo, are (1) – crowd or press together
     antecedo, ere, cessi, cessum (3)
     – precede
39   **nimius, a, um** – excessive
41   **praeterquam** (adv.) – besides, other
     than

---

27   **ab legatis** – these words are to be joined as ablative of agent with the following *rogatus*.

29   **quod bene verteret ipsi reique publicae** – an explicative *quod*-clause. An opening formula of prayers, it contains the essence of the prayer. The subjunctive *verteret* in the *quod*-clause is used in optative sense. The whole phrase 'and may it turn out well for him and the state' is to be understood in apposition with the action contained in the words *togatus mandata senatus audiret*.

31   **rogitansque** – a frequentative verb of *rogo*: 'to ask with eagerness'.
     Satin salvae? – for explanation of this greeting see p. 77, note on l. 23.

32   **iubet** – the verb of the main clause.
     qua – refers to *toga*; the ablative is instrumental and to be understood with *velatus*.

35   **transvectumque** – refers to Cincinnatus having been transported over the Tiber.

38   **domum** – i.e., his dwelling in the city of Rome.

40   **ipso imperio** – ablative of comparison.
     rata – a perfect passive participle of the deponent verb *reor*; its meaning is active.

41   **vigilatum est** – an impersonally used verbal form.

III, 27 PARAPHRASIS: *Cincinnatus mobilizes the Roman army*

Postridie dictator ante ortum solis ad forum venit. Magistrum equitum Lucium Tarquitium creat. L. Tarquitius fuit patricius. Tamen propter paupertatem suam non eques, sed pedes in exercitu fuit. Utcumque censebatur optimus omnium et revera
5 multo melior aliis iuvenibus Romanis, quod ad bellum pertinebat. Una cum magistro equitum Cincinnatus contionem adivit. Illic decrevit ut omnes iudices causas deponerent. Iubet omnes negotiatores tabernas per totam Urbem claudere. Vetat homines ulla negotia privata agere. Hoc quoque imperavit: "Omnes
10 qui aetate militari estis, in campo Martio adeste! Debebitis esse armati, et habere cibos in quinque dies paratos necnon unusquisque vestrum debebit duodenos vallos secum ferre. Haec omnia ante occasum solis fieri debent. Vos autem qui iam seniores estis et propter aetatem militare non potestis, debebitis
15 coquere cibos pro militibus vicinis, dum illi milites arma sua parabunt et vallos quaerent." Ita iuvenes in varias partes discurrere coeperunt ut vallos peterent. Sumpserunt vallos ex locis quae unicuique proxima erant. Omnes enim parati erant sine cunctatione decreto dictatoris obtemperare.

3	**pedes, itis** m. – foot-soldier	12	**duodeni, ae, a** – twelve each
8	**negotiator, oris** m. – trader		**vallus, i** m. – stake
	taberna, ae f. – shop	13	**occasus, us** m. – fall, sunset
	veto, are, vetui, vetitum (1) – forbid		**senior, oris** – older
10	**campus, i** m. – field	14	**milito, are** (1) – perform military service
	Martius, a, um – related to Mars		
11	**cibus, i** m. – food	15	**coquo, ere, coxi, coctum** (3) – cook

III, 27 TEXT: *Cincinnatus mobilizes the Roman army*

Postero die dictator cum ante lucem in forum venisset, magistrum equitum dicit L. Tarquitium, patriciae gentis, sed qui, cum
stipendia pedibus propter paupertatem fecisset, bello tamen primus longe Romanae iuventutis habitus esset. Cum magistro equitum in contionem venit, iustitium edicit, claudi tabernas tota   5
urbe iubet, vetat quemquam privatae quicquam rei agere; tum,
quicumque aetate militari essent, armati cum cibariis in dies
quinque coctis vallisque duodenis ante solis occasum Martio
in campo adessent; quibus aetas ad militandum gravior esset,
vicino militi, dum is arma pararet vallumque peteret, cibaria   10
coquere iussit. Sic iuventus discurrit ad vallum petendum.
Sumpsere unde cuique proximum fuit; prohibitus nemo est;
impigreque omnes ad edictum dictatoris praesto fuere.

---

5   **iustitium, i** n. – a cessation from business in the courts of justice

7   **cibaria, orum** n. pl. – provisions

13   **impigre** (adv.) – actively

edictum, i n. – edict

praesto esse + dat. – be at hand, attend, serve

---

1   **magistrum equitum** – *magister equitum* was the chief of the cavalry and directly appointed by the dictator.

2   **qui...habitus esset** – a relative causal clause ('because he was...').

    cum – here *cum* with pluperfect subjunctive has a concessive meaning ('although').

3   **stipendia...fecisset** – *stipendia pedibus facere (merere, mereri)* – 'to serve in the infantry'.

    bello – an ablative of respect ('in warfare').

5   **contionem** – an assembly called by a magistrate.

    iustitium – a cessation of any legal business (*ius* + *sisto*).

6   **quicquam** – joined with the partitive genitive.

7   **aetate militari** – an ablative of quality ('of military age').

8   **duodenis** – a distributive numeral. See p. 41, note on l. 11.

    Martio in campo – *Campus Martius* was the place of assembly for the Roman people.

9   **adessent** – subjunctive of indirect command. The main verb is understood form the context following the verbs above, *iubet* and *vetat*.

    gravior esset – this phrase, as the above *quicumque essent*, are subjunctive by attraction of the mood because they are in clauses that are integral parts of other statements in the subjunctive or in indirect discourse. See p. 57, note on l. 29.

12   **sumpsere** – *sumpserunt*.

The Roman army marches toward the besieged consul

20   Deinde compositus est exercitus. Dictator ipsas legiones ducit. Magister equitum equites ducit. Uterque erat non solum ad iter paratus, sed etiam ad proelium (si futura erat talis necessitas). Et dictator et magister equitum exercitus suos adhortabantur: "Velocius ite! Opus est festinatione. Nam nocturno tempore
25   ad hostem pervenire debebimus. Consul et exercitus Romanus obsidentur. Iam tertium diem clauduntur. Nescimus quid futurum sit die proximo vel nocte proxima. Saepe res maximi momenti tempore brevissimo fiunt." Milites quoque inter se clamabant: "Velocius ito, signifer!" vel "Vestigia aliorum se-
30   quere, miles!" Hac ratione duces suos oblectabant. Media nocte in Algidum pervenerunt. Intellexerunt iam hostes prope se esse. Tunc constiterunt.

29 **signifer, i** m. – standard-bearer

The Roman army marches toward the besieged consul

Inde composito agmine non itineri magis apti quam proelio, si res ita tulisset, legiones ipse dictator, magister equitum suos   15
equites ducit. In utroque agmine quas tempus ipsum poscebat adhortationes erant: adderent gradum; maturato opus esse, ut nocte ad hostem perveniri posset; consulem exercitumque Romanum obsideri, tertium diem iam clausos esse; quid quaeque nox aut dies ferat incertum esse; puncto saepe temporis maxi-   20
marum rerum momenta verti. "Adcelera, signifer," "sequere, miles," inter se quoque, gratificantes ducibus, clamabant. Media nocte in Algidum perveniunt et, ut sensere se iam prope hostes esse, signa constituunt.

---

17 **adhortatio, onis** f. – encouragement
    maturo, are (1) – hasten
20 **punctum, i** n. – point

21 **adcelero/accelero, are** (1) – accelerate
22 **gratificor, ari** (1) – oblige

---

15 **si res ita tulisset** – 'should the situation so demand'.

23 **Algidum** – *Algidus* is a mountain south-east of Rome.
    sensere – *senserunt.*

III, 28 PARAPHRASIS: *Cincinnatus surrounds the Aequi who are besieging the Roman consul*

Noctu res non bene perspiciebantur. Utcumque Cincinnatus
equo circumvectus est et res inspexit. Nam plura de situ castrorum et de eorum forma scire volebat. Deinde hoc militibus
imperavit: "Omnes sarcinas in unum conicite. Unusquisque
5   vestrum cum armis et vallo in locum destinatum redeat." Ea
quae imperavit sunt facta. Servaverunt ordinem quem in via
habuerant. Hoc longo agmine exercitus castra hostium circum-
ivit. Cincinnatus hoc iussit: "Cum signum erit datum, omnes
clamorem tollatis! Postquam clamorem sustuleritis, unus-
10   quisque vestrum ante se fossam ducat et vallum iaciat." Hoc
imperium dictator edidit. Deinde signum est secutum. Milites
faciunt ea quae sunt iussa. Eorum clamor sonat circa hostes.
Deinde clamor ultra castra hostium in castra consulis pervenit.
Clamor hostes terret, Romanos gaudio ingenti replet. Romani
15   enim intellegunt clamorem esse concivium. Inter se gratulantur: "Auxilium adest!" Deinde sponte sua ex stationibus et vigiliis hostibus terrorem iniciunt.

2   **circumvehor, i, vectus** (3) – ride around
4   **sarcina, ae** f. – package
12 **sono, are, sonui, sonitum** (1) – sound
14 **repleo, ere, replevi, repletum** (2) – fill
15 **concivis, is** m. – fellow citizen

III, 28 TEXT: *Cincinnatus surrounds the Aequi...*

Ibi dictator quantum nocte prospici poterat equo circumvectus contemplatusque qui tractus castrorum quaeque forma esset, tribunis militum imperavit ut sarcinas in unum conici iubeant, militem cum armis valloque redire in ordines suos. Facta quae imperavit. Tum quo fuerant ordine in via, exercitum omnem 5 longo agmine circumdat hostium castris et, ubi signum datum sit, clamorem omnes tollere iubet; clamore sublato, ante se quemque ducere fossam et iacere vallum. Edito imperio, signum secutum est. Iussa miles exsequitur; clamor hostes circumsonat. Superat inde castra hostium et in castra consulis ve- 10 nit; alibi pavorem, alibi gaudium ingens facit. Romani civilem esse clamorem atque auxilium adesse inter se gratulantes, ultro ex stationibus ac vigiliis territant hostem.

---

1 **prospicio, ere, spexi, spectum** (3) – look forward or into the distance

2 **contemplor, ari** (1) – view attentively

tractus, us m. – territory, region

13 **territo, are** (1) – frighten

---

2 **contemplatus** – a perfect passive participle of a deponent verb; its meaning is active.

3 **ut...iubeant** – this *ut*-clause functions as a direct object of *imperavit; sarcinas colligi* and *milites redire* are accusative with infinitive constructions depending on *iubeant*.

6 **circumdat** – *circumdo aliquid alicui rei* ...means 'to place something around something'.

ubi – a temporal conjunction meaning 'when'.

datum...sit – attraction of the mood. The verb in the *ubi*-clause is in the subjunctive because the *ubi*-clause depends on the accusative with infinitive introduced by *iubet*: *clamorem omnes tollere.*

8 **se...ducere...et iacere** – accusatives with infinitives; the verb on which they depend is still *iubeo.*

9 **miles** – a singular with collective meaning.

The besieged Romans attempt to break out, and the enemy has to fight on two fronts

Consul dicit: "Statim est agendum. Clamor significat nostros
non solum advenisse, sed aliquid iam agere. Veri simile est
20   castra hostium parte exteriore iam oppugnari. Capite arma et
me sequimini!" Tempore nocturno proelium est commissum.
Clamaverunt et hoc modo legionibus dictatoris significaverunt
se ex parte sua quoque pugnare. Aequi iam parabantur secundum hoc propositum: volebant impedire id quod Cincinnatus
25   faciebat. Ille enim Aequos praesidiis circumdare conabatur.
Tum interior hostis, scilicet consul circumsessus, proelium
coepit. Aequi nolebant Romanos obsessos per media castra sua
erumpere. Itaque a legionibus Cincinnati quae praesidia circa
Aequos muniebant, se verterunt introrsum ad milites consulis
30   qui pugnabant. Hac ratione noctem liberam operi, quod faciebat Cincinnatus, reliquerunt. Cum consule per totam noctem
pugnaverunt. Exeunte nocte iam a dictatore erant circumvallati.
Tum ne uni quidem exercitui resistere poterant. Exercitus L.
Quincti Cincinnati opus perfecit et statim ad arma rediit. Vallum
35   invasit. Hac in parte novum proelium est ab Aequis commissum.
In illa autem parte (ubi consul pugnabat), pugna non fuit minus
vehemens quam antea.

18 **significo, are** (1) – indicate
26 **interior, ius** – interior
circumsedeo, ere, sedi, sessum (2) – besiege
29 **introrsum** (adv.) – towards the inside
32 **circumvallo, are** (1) – surround with a wall
36 **minus** (adv.) – less

The besieged Romans attempt to break out...

Consul differendum negat; illo clamore non adventum modo
significari sed rem ab suis coeptam, mirumque esse ni iam ex-   15
teriore parte castra hostium oppugnentur. Itaque arma suos
capere et se subsequi iubet. Nocte initum proelium est; legionibus dictatoris clamore significant ab ea quoque parte rem in
discrimine esse. Iam se ad prohibenda circumdari opera Aequi
parabant, cum, ab interiore hoste proelio coepto, ne per media   20
sua castra fieret eruptio, a munientibus ad pugnantes introrsum
versi vacuam noctem operi dedere, pugnatumque cum consule
ad lucem est. Luce prima iam circumvallati ab dictatore erant
et vix adversus unum exercitum pugnam sustinebant. Tum a
Quinctiano exercitu, qui confestim a perfecto opere ad arma   25
rediit, invaditur vallum. Hic instabat nova pugna: illa nihil re-
miserat prior.

---

14 **differo, ferre, tuli, latum** – put off,
        delay
17 **subsequor, i, secutus** (3) – follow
        close

21 **eruptio, onis** f. – breaking out
25 **confestim** (adv.) – speedily
26 **insto, are, institi** (1) – draw nigh,
        approach

---

14 **illo...oppugnentur** – indirect speech
        depending on an imaginary *dicit*.
19 **circumdari** – the infinitive completes
        the meaning of *prohibenda*. The sense
        is *eo proposito se parabant, ut opera cir-
        cumdari prohiberent*.
20 **cum...dedere, pugnatumque...est**– an
        inverse *cum*-clause with the indicative.
        Here cum means 'when', as introduc-
        ing an action that interrupts another.

See Gildersleeve/Lodge, p. 373.
proelio coepto – an ablative absolute.
ne...fieret – a negative purpose clause.
22 **vacuam** – i.e., the night was free for
        Cincinnatus. They gave the night
        free to this work (of Cincinnatus).
pugnatumque...est – an impersonal
use of the verb.

The Aequi surrender to the Roman army

Ex utraque parte malum contra Aequos urgebat. Tum a proelio ad preces sunt versi. Modo orabant dictatorem, modo consulem: "Nolite victoriam vestram in nostra caede ponere! Sinite
40 nos inermes hinc abire!" Consul eos iussit: "Ite ad dictatorem!"
Dictator fuit ferox. Infamiam igitur iis addere voluit. Hoc iussit: "Gracchus Cloelius dux et alii principes vinciantur et ad me
adducantur! Omnes ab oppido Corbione decedant! Sanguine
Aequorum non indigeo. Licet vobis abire. Abibitis tamen sub iu-
45 gum. Hoc erit propositum: tali modo tandem confitemini: 'Nos
sumus gens superata atque prorsus victa.'" Iugum ex tribus hastis est factum. Duae sunt humi defixae. Tertia super eas est transversa atque ligata. Sub hoc iugo Cincinnatus Aequos misit.

---

37 **urgeo, ere, ursi** (2) – press
40 **inermis, e** – unarmed
41 **infamia, ae** f. – disgrace

43 **decedo, ere, cessi, cessum** (3) – go
away
44 **indigeo, ere, indigui** (2) (+abl.)
– need

The Aequi surrender to the Roman army

Tum ancipiti malo urgente, a proelio ad preces versi hinc dictatorem, hinc consulem orare, ne in occidione victoriam ponerent,
ut inermes se inde abire sinerent. Ab consule ad dictatorem ire   30
iussi; is ignominiam infensus addidit; Gracchum Cloelium ducem principesque alios vinctos ad se adduci iubet, oppido Corbione decedi. Sanguinis se Aequorum non egere; licere abire,
sed ut exprimatur tandem confessio subactam domitamque
esse gentem, sub iugum abituros. Tribus hastis iugum fit, humi   35
fixis duabus superque eas transversa una deligata. Sub hoc iugo
dictator Aequos misit.

---

28 **hinc... hinc...** – on this side... on
    that side...
29 **occidio, onis** f. – massacre
31 **ignominia, ae** f. – disgrace

34 **confessio, onis** f. – confession
    domo, are, domui, domitum (1)
    – subdue
36 **deligo, are** (1) – bind together

---

29 **orare** – historic infinitive. See p. 9,
    note on l. 23.
    ne...ponerent, ut...sinerent – clauses
    that function as direct objects to the
    verb *orare*.
31 **iussi** – *sunt* is implied with it.
32 **Corbione** – *Corbio, onis*, m – a town of
    the *Aequi*.
33 **Sanguinis.... abituros.** – the whole
    sentence is an indirect speech de-
    pending on an imaginary *dixit*.
    egere – the verb *egeo* is constructed

either with genitive or with ablative.
34 **subactam domitamque esse gentem**
    – the accusative and infinitive de-
    pend on *confessio*, as from a verb of
    saying or thinking.
35 **sub iugum** – *iugum*, 'a yoke', consist-
    ed of two upright spears and a third
    one laid transversely upon them. The
    defeated enemy had to pass under it,
    thus symbolizing their humiliation.
    humi – a locative form, 'in the
    ground'.

III, 29 PARAPHRASIS: *Cincinnatus removes the consul from command because of his indolence*

Romani castra hostium omnium rerum plena acceperunt. Nam Cincinnatus hostes sine vestimentis emiserat. Ille totam praedam militibus tantum suis tradit. Exercitum autem consulis et ipsum consulem his verbis vituperavit: "Non habebitis
5 partem praedae ex eo hoste cuius paene praeda estis facti. Et tu, Luci Minuci, in hoc exercitu tantum legatus eris usque dum animum consule dignum habeas." Hac ratione Minucius consulatum deponit et iussu Cincinnati in exercitu manet. Iis tamen temporibus animus Romanorum erat mitis, si meliori imperio
10 oboedire debebat. Itaque milites beneficii a Cincinnato dati magis erant memores quam opprobrii. Itaque exercitus decrevit coronam auream, in qua erat unius librae pondus, dictatori tribuere. Eum quoque tamquam patronum suum salutavit, cum proficisceretur.

---

10 **oboedio, ire** (4) – obey   12 **libra, ae** f. – pound
                                             pondus, eris n. – weight

III, 29 TEXT: *Cincinnatus removes the consul...*

Castris hostium receptis plenis omnium rerum—nudos enim emiserat—praedam omnem suo tantum militi dedit; consularem exercitum ipsumque consulem increpans "Carebis" inquit "praedae parte, miles, ex eo hoste cui prope praedae fuisti. Et tu, L. Minuci, donec consularem animum incipias habere, legatus his legionibus praeeris." Ita se Minucius abdicat consulatu iussusque ad exercitum manet. Sed adeo tum imperio meliori animus mansuete oboediens erat, ut beneficii magis quam ignominiae hic exercitus memor et coronam auream dictatori, libram pondo, decreverit et proficiscentem eum patronum salutaverit.   10

---

2   **consularis, e** – consular   8   **mansuete** (adv.) – calmly

---

2   **militi** – a singular collective.
3   **carebis** – Cincinnatus talks to the whole army.
4   **praedae** – a dative of purpose. See p. 43, note on l. 19.
5   **Minuci** – the consul.
    incipias – a subjunctive following *donec* and giving the sense of purpose. See Gildersleeve/Lodge, p. 367.

legatus – here indicates a military office, perhaps equivalent to a colonel.
7   **adeo...oboediens erat** – Livy talks in general about the spirit of the Roman military man.
8   **ut...decreverit... salutaverit** – result clauses.
9   **libram** – the Roman pound, consisting of twelve ounces.
10 **pondo** – an adverb, 'in weight'.

Cincinnatus enters Rome in triumph, and afterwards resigns his dictatorship

15 Quintus autem Fabius, praefectus urbis, senatum Romae convocavit. Senatus hoc decrevit: "Lucius Quinctius Cincinnatus una cum exercitu qui cum eo redit, Romam triumphans ingredietur." Duces hostium ante currum dictatoris sunt ducti. Post eos militaria signa ferebantur (et ea ante dictatoris currum). Currum
20 autem exercitus sequebatur qui praeda erat oneratus. Homines narrant convivia ante domus omnium esse instructa. Secundum hanc narrationem, homines convivia celebrantes currum dictatoris sunt secuti. Carmen triumphale canebant. Iocos sollemnes proferebant. Tales iocos comissantes proferre solent... Lucius
25 Quinctius Cincinnatus dictaturam in sex menses acceperat. Die tamen sexto decimo se dictatura abdicavit....

15	**praefectus, i** m. – prefect		22	**narratio, onis** f. – narrative
17	**triumpho, are** (1) – triumph		23	**triumphalis, e** – triumphal
18	**currus, us** m. – chariot		26	**abdico, are** (1) (**se**) – abdicate

Cincinnatus enters Rome in triumph...

Romae a Q. Fabio praefecto urbis senatus habitus triumphantem
Quinctium quo veniebat agmine urbem ingredi iussit. Ducti
ante currum hostium duces; militaria signa praelata; secutus
exercitus praeda onustus. Epulae instructae dicuntur fuisse
ante omnium domos, epulantesque cum carmine triumphali et   15
sollemnibus iocis comissantium modo currum secuti sunt. ...
Quinctius sexto decimo die dictatura in sex menses accepta se
abdicavit. ...

14 **epulae, arum** f. pl. – banquet   16 **comissor, ari** (1) – revel
15 **epulor, ari** (1) – feast

11 **praefecto urbis** – *praefectus urbis* is
the governor of the city of Rome.
triumphantem – the triumph was a
magnificent and solemn entrance of
Roman by the commander-in-chief,
who had obtained an important victory for Rome.
13 **signa** – *signum* is a military banner.
14 **epulae instructae dicuntur fuisse** –
nominative with infinitive. See p. 23,
note on l. 1.
16 **comissantium** – *comissantes* (from the

deponent verb *comissor*) were usually
young people revelling in a festive
procession.
17 **Quinctius...se abdicavit** – Cincinnatus did not wish to enrich himself
because of his military and political
power, but after having concluded his
duties, he returned to his farm-work.
An association of military men after
the Revolutionary War was called
Cincinnati, after the example of L.
Quinctius. They gave the name to the
city of Cincinnati.

External enemies are defeated. An embassy is sent to Athens to copy the laws of Solon and learn about other Greek institutions.

III, 33 PARAPHRASIS: *The rule of Rome is transferred from consuls to a committee of ten, the decemvirs*

Annis trecentis et duobus postquam Roma erat condita, forma civitatis est iterum mutata. Imperium a consulibus ad decemviros est eodem modo translatum, quo antea a regibus ad consules venerat. At nova mutatio paulo minoris momenti erat, quia
5   effectus non diu duravit. Initia huius magistratus secunda et prospera esse videbantur: sed tota res nimis effuse et libere gerebatur, et ob eam causam citius cecidit, et iterum petitum est ut nomen consulare et imperium duobus hominibus mandaretur. Decemviri creati sunt Appius Claudius, Titus Genucius, Publius
10   Sestius, Lucius Veturius, Gaius Iulius, Aulus Manlius, Publius Sulpicius, Publius Curiatius, Titus Romilius, Spurius Postumius. Sicut cupiebat plebs, Appius toti magistratui praeerat.

---

2   **decemviri, orum** m. pl. – college of ten men, decemviri or decemvirs
4   **paulo** (adv.) – by a little
5   **effectus, us** m. – result, effect
     magistratus, us m. – magistrate

6   **prosper, era, erum** – fortunate
7   **ob** (preposition + acc.) – on account of
8   **mando, are** (1) – commit to one's charge

III, 33 TEXT: *The rule of Rome is transferred...*

Anno trecentesimo altero quam condita Roma erat iterum mutatur forma civitatis, ab consulibus ad decemviros, quemadmodum ab regibus ante ad consules venerat, translato imperio. Minus insignis, quia non diuturna, mutatio fuit. Laeta enim principia magistratus eius nimis luxuriavere; eo citius lapsa res est repetitumque duobus uti mandaretur consulum nomen imperiumque. Decemviri creati Ap. Claudius, T. Genucius, P. Sestius, L. Veturius, C. Iulius, A. Manlius, P. Sulpicius, P. Curiatius, T. Romilius, Sp. Postumius.... Regimen totius magistratus penes Appium erat favore plebis. 5 10

1 **trecentesimus, a, um + alter, a, um** – three hundredth and second
4 **diuturnus, a, um** – of long duration
5 **luxurio, are** (1) – be too fruitful
10 **favor, oris** m. – favor

1 **anno trecentesimo altero quam...** – this formula for expressing time elapsed since an event is common in Livy. It means the same as *post trecentesimum alterum annum quam condita Roma erat* or *annis trecentis et duobus postquam condita Roma erat.*
4 **Minus insignis...mutatio fuit.** – the transfer of supreme authority from consuls to decemvirs proved to be temporary, and was therefore less fundamental than the earlier change from kings to consuls, which endured.
6 **repetitumque** – i.e., *repetitumque <est>*, an impersonal passive.
10 **favore plebis** – i.e., *plebe favente.*

Appius Claudius is the leader of the committee, and seems to favor the plebeians

Postquam hoc munere fungi coepit, ingenium eius subito mutatum esse videbatur. Antea enim plebi saeve et truculenter
15 adversabatur. Magistratu autem accepto, factus est plebis studio-
sus et apud populum gratiam inire conabatur. Decemvirorum
unus quisque in ordine, singuli singulis diebus, ius populo red-
debat. Decemvir, qui praeerat, duodecim fasces eo die habebat.
Ex novem collegis singuli singulos apparitores habebant. Erat
20 inter eos concordia summa. Talis concordia, si inter magistratus
exstat, civibus privatis nocere aliquando potest. Sed hi decemviri se summa aequitate adversus alios gerebant. Unum exemplum sufficiet ad eorum moderationem indicandam. Cum nulla
provocatione decemviri essent creati, in Publii Sestii, viri gentis
25 patriciae, domicilio defossum est cadaver, quod in contionem est
prolatum. Agebatur, ut omnes putabant, de scelere manifesto
et atroci. Gaius Iulius decemvir diem Sestio dixit et fuit apud
populum accusator. Iulius, etsi huius rei erat iudex legitimus,
de iure tamen suo decessit. Voluit populi libertati dare, quod de
30 magistratus auctoritate dempserat.

---

13 **fungor, i, functus** (+ abl.) – perform
14 **saeve** (adv.) – fiercely
   truculenter (adv.) – ferociously
18 **fascis, is** m. – bundle of wood
20 **concordia, ae** f. – agreement together

23 **moderatio, onis** f. – moderation
24 **provocatio, onis** f. – appeal
25 **defodio, ere, fodi, fossum** (3) – dig
   up, bury
30 **demo, ere, dempsi, demptum** (3)
   – take off

Appius Claudius is the leader of the committee, and seems to favor the plebeians

Adeoque novum sibi ingenium induerat ut plebicola repente
omnisque aurae popularis captator evaderet pro truci saevoque
insectatore plebis. Decimo die ius populo singuli reddebant.
Eo die penes praefectum iuris fasces duodecim erant: collegis
novem singuli accensi apparebant. Et in unica concordia inter
ipsos, qui consensus privatis interdum inutilis est, summa adversus alios aequitas erat. Moderationis eorum argumentum exemplo unius rei notasse satis erit. Cum sine provocatione creati
essent, defosso cadavere domi apud P. Sestium, patriciae gentis
virum, invento prolatoque in contionem, in re iuxta manifesta
atque atroci C. Iulius decemvir diem Sestio dixit et accusator ad
populum exstitit, cuius rei iudex legitimus erat, decessitque iure
suo, ut demptum de vi magistratus populi libertati adiceret.

15

20

11 **adeo** (adv.) – so much
induo, ere, dui, dutum (3) – put on
plebicola, ae m. – one who courts the favor of the common people
12 **aura, ae** f. – breeze; **aura popularis** – popular favor
captator, oris m. – one who eagerly reaches after

evado, ere, vasi, vasum (3) – become
saevus, a, um – fierce
13 **insectator, oris** m. – persecutor
15 **accensus, i** m. – attendant
18 **noto, are** (1) – indicate
20 **iuxta** (preposition + acc.; adv.) – near to

12 **aurae popularis** – *aura popularis* is a metaphorical phrase often found in Roman authors. It means 'popular favor'.
pro – 'instead of'.
13 **Decimo die...reddebant.** – each decemvir presided for one day in ten.
14 **penes...erant** – this means that the presider for that day had twelve lictors with fasces.
15 **accensi** – orderlies or attendants for magistrates.
16 **inutilis est** – in other words, such concord among a ruling clique can be detrimental, under some circumstances, to the ruled.
18 **provocatione** – *provocatio* means ei-

ther 'appeal' or 'right of appeal'. The decemvirs held an office from which there was no appeal.
20 **contionem** – here *contio* means 'assembly'. In other contexts the word denotes a speech made before an assembly.
iuxta – an adverb meaning 'equally'.
21 **diem Sestio dixit** – the phrase *diem dicere* means 'summon to court'. The person who is summoned is expressed in the dative case.
22 **iure suo** – the decemvir was, under the current political arrangement, the lawful judge of the matter, but he withdrew from his legal right, and appeared instead as the prosecutor, with the people as judge.

III, 34 PARAPHRASIS: *The decemvirs have new laws written in tablets and bring them before the people for approval*

Non solum nobiles et primores sed etiam plebeii hanc iuris dicendi formam tamquam ab oraculo datam et integram a decemviris pariter accipiebant. Tum decemviri leges condere coeperunt. Quas quidem cives avidissime exspectabant. Dein
5   decem tabulae sunt propositae, populusque est ad contionem advocatus. Decemviri iusserunt cives Romanos ire ad tabulas legesque legere. "Sit haec res," inquiunt, "rei publicae, vobis, liberis vestris bona, fausta, felix! Efficere volumus, quoad decem hominum ingeniis licet, ut omnibus hominibus et summis
10 et infimis iura sint aequalia. Tali ratione leges scripsimus. Sed consilia et ingenia vestra, utpote qui sitis multo maiores, plus pollebunt. Unam quamque rem singillatim et diligenter considerate: deinde inter vos de his legibus propositis colloquimini: denique in publicum divulgate quid in una quaque re nimium,
15 quid parum esse videatur. Populus Romanus leges habebit, quas non solum propositas a magistratu probasse videbitur, sed quas etiam ipse poterit videri tulisse et proposuisse."

---

3   **pariter** (adv.) – equally
5   **tabula, ae** f. – tablet
8   **faustus, a, um** – favorable
10 **aequalis, e** – equal
11 **utpote** (adv.) – inasmuch as; **utpote qui** – because

12 **polleo, ere** (2) – be strong and powerful
13 **colloquor, i, locutus** (3) – talk together

III, 34 text: *The decemvirs have new laws written...*

Cum promptum hoc ius velut ex oraculo incorruptum pariter
ab iis summi infimique ferrent, tum legibus condendis opera
dabatur; ingentique hominum exspectatione propositis decem
tabulis, populum ad contionem advocaverunt et, quod bonum
faustum felixque rei publicae ipsis liberisque eorum esset, ire et   5
legere leges propositas iussere: se, quantum decem hominum ingeniis provideri potuerit, omnibus, summis infimisque, iura ae-
quasse: plus pollere multorum ingenia consiliaque. Versarent in
animis secum unamquamque rem, agitarent deinde sermonibus,
atque in medium quid in quaque re plus minusve esset confer-   10
rent. Eas leges habiturum populum Romanum quas consensus
omnium non iussisse latas magis quam tulisse videri posset.

---

1   **promo, ere, prompsi, promptum** (3)
   – bring forth

3   **exspectatio, onis** f. – expectation

7   **aequo, are** (1) – make one thing
   equal to another, level

9   **agito, are** (1) – put in motion, deliberate upon

---

2   **ab iis** – refers to the decemvirs. The sense of the following *ferrent* is *acciperent*.

opera dabatur – here we understand *a decemviris*.

4   **advocaverunt** – it has as a subject *decemviri*.

quod bonum...esset – we understand <id> *quod...esset* in apposition to the people's action of reading and reviewing the proposed laws. The *quod*-clause has its verb in the subjunctive because it expresses, in a virtual indirect speech, the wish or prayer of the decemvirs as they ordered the people to read the laws. See p. 139, note on l. 29.

6   **iussere** – after this verb there follows a passage in indirect speech. After *iussere*, we understand *et dixerunt*.

quantum – 'in so far as'.

7   **potuerit** – the tense sequence of this passage in indirect speech is basi-

cally secondary (depending on an implied main verb of speaking in the past tense). Hence the indirect commands below begin with verbs in the imperfect subjunctive (*versarent* and *agitarent*). However, in Livy, as in other historians, for the sake of greater liveliness, the point of view of indirect speech is often, in the context of a single passage, shifted from that of the reporter (here Livy) to that of the speaker (here the decemvirs). For this reason we see the shift to primary sequence in *potuerit*, which reflects the actual perspective of the decemvirs as they speak – looking back from the present tense. See also p. 29, note on l. 8.

10   **plus minusve** – refers to what seemed to be excessive or defective in each law.

in medium...conferrent – *in medium conferre* is *aperte coram aliis dicere*.

12   **tulisse** – 'proposed'.

Ten tablets of laws are passed in the comitia centuriata. The people want two other tablets of laws

Sententiae hominum de unoquoque legum capite sunt editae.
Cum leges secundum has sententias satis correctae esse vi-
20 derentur, in centuriatis comitiis decem tabularum leges sunt
perlatae. Etiam nunc, permultis legibus iam decursu temporis
cumulatis et acervatis, fundamentum publici privatique iuris
in decem tabulis constat. Deinde rumor quidam divulgabatur:
deesse duas tabulas; si hae tabulae essent additae, totum iuris
25 Romani corpus absolvi posse. Has tabulas exspectabant cives.
Itaque, cum dies comitiorum appropinquaret, homines Romani
decemviros iterum creari volebant.

20 **centuriatus, a, um** – related to centuries (divisons of Roman people)
21 **decursus, us** m. – running down

22 **acervo, are** (1) – form a heap
fundamentum, i n. – foundation

Ten tablets of laws are passed...

Cum ad rumores hominum de unoquoque legum capite editos
satis correctae viderentur, centuriatis comitiis decem tabularum
leges perlatae sunt, qui nunc quoque, in hoc immenso aliarum   15
super alias acervatarum legum cumulo, fons omnis publici
privatique est iuris. Vulgatur deinde rumor duas deesse tabulas quibus adiectis absolvi posse velut corpus omnis Romani
iuris. Ea exspectatio, cum dies comitiorum adpropinquaret, desiderium decemviros iterum creandi fecit....   20

---

13 **rumores** – in this context means 'public opinion'. The preposition *ad* means 'in accordance with'.

14 **centuriatis comitiis** – in the *comitia centuriata*, an assembly that elected the chief magistrates and had the power of legislation, the Roman people voted according to centuries, military divisions of one hundred introduced by Servius Tullius, one of the kings.

15 **qui** – a relative which refers back to *leges*, but agrees in gender with *fons*.

When a relative clause contains a predicate noun, as here, the relative is normally attracted into the gender of the predicate, instead of having the gender of the antecedent. Gildersleeve/Lodge, pp. 395–96.

hoc – here, as elsewhere, the use of this demonstrative emphasizes that Livy is talking about the mass of laws current in his own time.

19 **dies comitiorum** – the day for electing new magistrates.

III, 35 PARAPHRASIS: *On the eve of elections in which new decemvirs are to be appointed, Appius behaves more like a candidate than a magistrate*

Decretum est ut comitia, in quibus decemviri crearentur, in tertias nundinas haberentur. Quia nundinae nono quoque die habebantur, agebatur de spatio viginti et quattuor dierum. De his honoribus contentio magna est exorta. Etiam primores et
5   nobiles a plebe, quacum contenderant, suppliciter petebant eum honorem, cui vehementer adversati erant. Opinor eos timuisse ne tantum imperium, si sua loca essent relicta et vacua, ad homines non satis dignos pervenire posset. Etiam Appius Claudius, qui aetate provectus multis honoribus est perfunctus, hac
10   contentione stimulabatur. Nam eius dignitas in discrimen est demissa. Decemvir is quidem erat, sed se aliquando in hac contentione gerebat ac si candidatus esset. Magistratum magis petere quam gerere interdum videbatur. Nobilibus et primoribus maledicebat. Candidatos levissimos et humillimos laudabat.
15   Cum hominibus tribuniciis, quales erat Duillii et Icilii, se coniungebat. In foro saepe conspiciebatur. Per tales homines se plebi commendabat.

---

2 **nundinae, arum** f. pl. – market-day
   nono quoque die – 'every eighth day'; the Romans in such enumerations would include the first and the last entity counted.
3 **viginti** (indecl.) – twenty
4 **contentio, onis** f. – contest, effort
5 **suppliciter** (adv.) – humbly, submissively

9 **proveho, ere, vexi, vectum** (3) – carry or conduct forwards;
   aetate provectus – aged
   perfungor, i, functus (3) (+ abl.) – fulfill
14 **maledico, ere, dixi, dictum** (3) – speak ill of
15 **qualis, e** – of what sort
17 **commendo, are** (1) – recommend, entrust

III, 35 TEXT: *On the eve of elections...*

Postquam vero comitia decemviris creandis in trinum nundinum indicta sunt, tanta exarsit ambitio, ut primores quoque
civitatis—metu, credo, ne tanti possessio imperii, vacuo ab se
relicto loco, haud satis dignis pateret—prensarent homines,
honorem summa ope a se impugnatum ab ea plebe, cum qua   5
contenderant, suppliciter petentes. Demissa iam in discrimen
dignitas ea aetate iisque honoribus actis stimulabat Ap. Claudi-
um. Nescires utrum inter decemviros an inter candidatos numerares; propior interdum petendo quam gerendo magistratui
erat. Criminari optimates, extollere candidatorum levissimum   10
quemque humillimumque, ipse medius inter tribunicios, Duillios Iciliosque, in foro volitare, per illos se plebi venditare:

---

1 **trinus, a, um** – three each; three (with a noun that is used only in plural)
2 **exardesco, ere, arsi** (2) – take fire
4 **prenso, are** (1) – take hold of
5 **impugno, are** (1) – attack
8 **numero, are** (1) – count
9 **propior, ius** – closer
10 **extollo, ere** (3) – elevate
12 **volito, are** (1) – fly to and fro
   vendito, are (1) – try to sell

---

1 **nundinum** – a market-day. A minimum period of three *nundinae*, or eight-day periods, had to intervene between the promulgation of a law or an election, and the assembly that voted upon it. The word *nundinum* is derived from *novem*, the number nine. This number nine reflects the ancient Roman way of counting a space of days that included the day from which the time elapsed. *Trinum nundinum* is a formular expression, in which the distributive *trinum* is used instead of the ordinal *tertium*.

3 **credo** – often used as a parenthetical verb by Livy, that has no effect on the construction of the rest of the sentence.
   ne – introduces a clause depending on *metu*, a substantive that implies a verb of fearing.

5 **cum qua contenderant** – the continual friction that had existed between patricians and plebs is meant here.

6 **demissa iam in discrimen dignitas** – Appius feared that his position would be called into doubt.

7 **ea aetate iisque honoribus actis** – the phrase refers to Appius' time of life, or age, and the offices he had held.

8 **nescires** – the imperfect subjunctive often expresses a hypothesis about the past: 'you would be uncertain <had you been there>...' This is a generalizing second person singular. See Gildersleeve/Lodge, pp. 170–71.
   numerares – the understood object is *eum*.

10 **criminari...extollere...volitare... venditare** – the series of historical infinitives implies repeated actions.

11 **Duillios Iciliosque** – the men of tribunician rank are mentioned for the sake of example: 'such as the Duillii and Icilii'.

Although Appius' associates suspect his motives,
Appius is appointed decemvir

Tandem collegae eius, qui usque ad illud tempus eum summa observantia colebant, oculis eum limis aspicere coeperunt, mi-
20 rantesque scire volebant quid significarent illae res ab eo no-vissime factae. "Manifestum est," inquiunt, "nihil sinceri in his rebus inesse. Superbus est. Tali in viro comitas illa, quam nunc videmus, non erit gratuita, sed ob quandam aliam causam est assumpta. Vult summisse se gerere et commisceri cum privatis.
25 Haec sunt indicia hominis non tam properantis abire magis-tratu quam quaerentis quomodo magistratum continuare pos-sit." Nolebant eius cupiditati aperte adversari. Itaque Appii vehementiam obsequio quodam lenire et minuere conabantur. Appio, ut qui esset e collegis minimus natu, munus consentien-
30 tes tradiderunt. Ad hoc munus explendum ei erat necesse co-mitiis praeesse. Hac in re inerat dolus. Cupiverunt impedire ne semet ipse crearet. Nemo unquam hoc fecerat, exceptis quibus-dam tribunis plebis, quorum exemplum, cum hoc fecissent, fuit pessimum.

19 **observantia, ae** f. – respect
   limus, a, um – sidelong; **oculis limis aspicere** – look sideways
20 **novissime** (adv.) – recently
21 **sincerus, a, um** – sincere
22 **insum, esse, fui** – be inside
   comitas, tatis f. – courteousness
23 **gratuitus, a, um** – that is done with-out pay

24 **assumo, ere, sumpsi, sumptum** (3) – take to oneself
   summisse (adv.) – modestly
25 **propero, are** (1) – hurry
26 **continuo, are** (1) – continue
28 **lenio, ire** (4) – soften

Although Appius' associates suspect his motives...

donec collegae quoque, qui unice illi dediti fuerant ad id tempus,
coniecere in eum oculos, mirantes quid sibi vellet: apparere nihil
sinceri esse; profecto haud gratuitam in tanta superbia comita-   15
tem fore; nimium in ordinem se ipsum cogere et vulgari cum
privatis non tam properantis abire magistratu quam viam ad
continuandum magistratum quaerentis esse. Propalam obviam ire cupiditati parum ausi, obsecundando mollire impetum
adgrediuntur. Comitiorum illi habendorum, quando minimus   20
natu sit, munus consensu iniungunt. Ars haec erat, ne semet
ipse creare posset, quod praeter tribunos plebis—et id ipsum
pessimo exemplo—nemo unquam fecisset.

---

13 **unice** (adv.) – solely

18 **propalam** (adv.) – openly

19 **obsecundo, are** (1) – be compliant

20 **adgredior/aggredior, i, gressus** (3) – undertake

21 **iniungo, ere, iunxi, iunctum** (3) – impose on, charge

---

14 **coniecere in eum oculos** – 'they looked askance at him'.

quid sibi vellet – the subject is perhaps not Appius, but rather his whole mode of behavior. After *mirantes*, we understand a verb of speaking that governs the following passage of indirect discourse.

apparere – an impersonal verb in indirect speech.

15 **haud gratuitam** – 'not for nothing', or 'not without an ulterior motive'.

in tanta superbia – i.e., *in homine tam superbo*.

16 **in ordinem se ipsum cogere** – the phrase *in ordinem se cogere* can mean

'to humble oneself'. The infinitives *cogere* and *vulgari* are substantival and are the subjects of *esse*.

17 **properantis** – we must understand <hominis> *properantis*.

19 **cupiditati** –i.e., <*Appii*> *cupiditati*.

ausi – has as a subject *collegae*.

mollire – the infinitive is complementary, and completes the meaning of *adgrediuntur*.

20 **quando** – in poetry, also in Livy and later prose, *quando* can have a causal meaning, as here.

21 **ars** – i.e., *dolus*.

semet... creare – the meaning is 'appoint himself'.

Although Appius' associates suspect his motives, Appius is appointed decemvir (contd.)

      Appius autem habiturum se esse comitia professus
35 est dicens se sperare eventum huius rei fore bonum. Tunc impedimentum in utilitatem convertit. Per coniurationem effecit
ut honore privarentur et repulsam ferrent duo Quinctii, Capitolinus et Cincinnatus, et Gaius Claudius, patruus, vir in optimatium causa constantissimus, et alii cives non minus eminentes et
40 praeclari. Creavit decemviros multo minus praeclaros. Et semet
ipsum inter primos creavit. Nemo antea crediderat quemquam
hoc facere ausurum esse. Itaque omnes cives boni rem iam factam improbabant.

---

34 **profiteor, eri, fessus** (2) – declare
   publicly
38 **patruus, i** m. – uncle

38 **optimas, atis** – aristocrat
39 **constans, ntis** – constant
43 **improbo, are** (1) – reproach

Although Appius' associates suspect... (contd.)

Ille enimvero, quod
bene vertat, habiturum se comitia professus, impedimentum
pro occasione arripuit; deiectisque honore per coitionem duo-   25
bus Quinctiis, Capitolino et Cincinnato, et patruo suo C. Clau-
dio, constantissimo viro in optimatium causa, et aliis eiusdem
fastigii civibus, nequaquam splendore vitae pares decemviros
creat, se in primis, quod haud secus factum improbabant boni
quam nemo facere ausurum crediderat....   30

---

23   **enimero** (conj.) – indeed
25   **deicio, ere, ieci, iectum** (3) – throw
      down, drive out

28   **fastigium, i** n. – height
      splendor, oris m. – splendor

---

23   **quod bene vertat** – for this construction, see p. 159, note on l. 4.

24   **impedimentum pro occasione arripuit** – he made use of the impedi-
ment as a gain. The verb *arripere* often
means to 'seize' in a metaphorical
sense, when it is a matter of making
decisive use of what is offered by
chance or external circumstances.

25   **per coitionem** – *coitio* was a method
of rigging elections by collusion.
Two candidates would agree that one

would transfer some of his sources of
support to the other, in order to en-
sure the defeat of a third party.

27   **optimatium** – the *optimates* were the
nobles.

29   **improbabant** – i. e., the disapproval
of this action was complete and uni-
versal as was the earlier belief that
Appius would not dare to undertake
it.

30   **facere** – we understand *nemo* with
this verb.

III, 36 PARAPHRASIS: *Once in office, Appius changes remarkably. He becomes more remote. Both he and his colleagues give the impression of seeking absolute power*

Inde ab illo tempore Appius alienam personam deposuit. Secundum mores suos veros vivere coepit, et efficere ut novi quoque collegae mores similes acciperent, antequam magistratum inirent. Seorsum ab arbitris cottidie conveniebant. His in collo-
5 quiis clam alios consilia capiebant immoderata, quae servabant. Superbiam suam non celabant. Perpaucos ad se aditum habere sinebant. Vix cum aliis hominibus loquebantur. Tali modo sese usque ad Idus Maias gerebant. Mos erat ut eo anni tempore novi magistratus officia susciperent. Cum hi homines suis of-
10 ficiis fungi coepissent, primum magistratus diem insignem et singularem fecerunt. Aliquid enim eo die fecerunt, quod cives Romanos terrore implevit. Inter priores decemviros unus semper fasces habebat. Hoc insigne regium per omnes singillatim in ordine tradebatur. At hi novi decemviri subito apparuerunt
15 et unus quisque simul habuit duodenos fasces. In foro fuerunt simul centum viginti lictores, et omnes cum fascibus secures inligatas ante se ferebant. Decemviri dicebant secures e fascibus removeri non posse: se enim esse magistratus sine provocatione creatos; neminem igitur a se iudicatum ad alios provocare
20 posse. Decemviri esse videbantur decem regibus similes. Et nobilium et plebeiorum terror est valde amplificatus. Putabant causam violentiae inferendae a decemviris quaeri. Cives territi, "Fieri poterit," inquiunt, "ut, quicumque libertatis mentionem aut in senatu aut in populo fecerit, statim virgae in eum secur-
25 esque expediantur, quo maiore terrore afficiantur et coerceantur ceteri homines."

---

1 **persona, ae** f. – mask
3 **antequam** (conj.) – before
4 **seorsum** (adv.) – separately
   colloquium, i n. – conversation
5 **clam** (preposition + acc.) – without the knowledge of
   immoderatus, a, um – immoderate
8 **Idus, uum** f. pl. – Ides, the thirteenth or the fifteenth (in March, May, July and October) day of the month

Maius, a, um – of the month of May
11 **singularis, e** – one of its kind, extraordinary
16 **securis, is** f. – axe
17 **inligo/illigo, are** (1) – bind on
24 **virga, ae** f. – rod
25 **expedio, ire** (4) – bring forward, make ready, prepare

III, 36 TEXT: *Once in office, Appius changes...*

Ille finis Appio alienae personae ferendae fuit. Suo iam inde
vivere ingenio coepit novosque collegas, iam priusquam inirent
magistratum, in suos mores formare. Cottidie coibant remotis
arbitris; inde impotentibus instructi consiliis, quae secreto ab
aliis coquebant, iam haud dissimulando superbiam, rari aditus,   5
conloquentibus difficiles, ad Idus Maias rem perduxere. Idus
tum Maiae sollemnes ineundis magistratibus erant. Inito igitur
magistratu, primum honoris diem denuntiatione ingentis terroris insignem fecere. Nam cum ita priores decemviri servassent
ut unus fasces haberet et hoc insigne regium in orbem, suam   10
cuiusque vicem, per omnes iret, subito omnes cum duodenis
fascibus prodiere. Centum viginti lictores forum impleverant
et cum fascibus secures inligatas praeferebant; nec attinuisse
demi securem, cum sine provocatione creati essent, interpreta-
bantur. Decem regum species erat, multiplicatusque terror non   15
infimis solum sed primoribus patrum, ratis caedis causam ac
principium quaeri, ut, si quis memorem libertatis vocem aut in
senatu aut in populo misisset statim virgae securesque etiam
ad ceterorum metum expedirentur.

---

4 **impotens, ntis** – powerless, unbridled

8 **denuntiatio, onis** f. – indication,
   declaration

15 **multiplico, are** (1) – multiply

---

2 **inirent** – the mood is subjunctive
   because a notion of intention or purpose is present. See p. 151, note on l.
   5.

4 **impotentibus** – the meaning of the
   adjective here is 'unbridled' or 'excessive'.

   secreto – an adverb.

5 **dissimulando** – sometimes in Livy
   the ablative of the gerund is so weakened that it nearly has the force of a
   present participle. This use becomes
   more common in later Latin prose.
   See p. 9, note on l. 23.

   rari aditus – genitive of quality. See

Gildersleeve/Lodge, p. 233.

6 **conloquentibus** – dative case.
   Idus Maias – May 15.

9 **servassent** – i.e., *<consuetudinem> servassent*.

10 **suam...vicem** – adverbial accusative.
    See p. 37, note on l. 51.

11 **omnes** – all the decemvirs together.

13 **secures** – emphasize the power of life
    and death.

    attinuisse – an impersonal verb:
    'there was no reason to...'

14 **provocatione** – see p. 157, note on l.
    18.

The decemvirs turn against the plebeians and favor the nobles. Rumor has it that they aim at making their office permanent

Ius provocandi erat sublatum. Nullum igitur in populo erat praesidium. Itaque homo accusatus nihil auxilii a populo sperare poterat. Et hi decemviri de intercessione tollenda con-
30 senserant; hoc est, nullius decemviri decretum impediri potuit. Paulo aliter sese gesserant priores decemviri, qui permittebant, si collega erat appellatus, ut iura a se reddita corrigerentur. Priores quoque decemviri, quasdam res, quae esse videbantur sui iudicii, iudicio populi concesserant. Omnes civium ordines per
35 quoddam temporis spatium eodem modo timebant. Paulatim decemviri hominibus plebeiis magis minari coeperunt. Patribus parcebant: consilia crudelia contra humiliores ad arbitrium suum capiebant. Decemviri semper de hominibus, nunquam de causis cogitabant. Nam apud decemviros gratia aequitatis
40 locum habebat. Domi iudicia sua excogitabant, quae postea in foro pronuntiabant. Si quis unius decemviri decretum aegre ferens ad alium confugerat, ab alio abibat etiam magis afflictus, et eum paenitebat prioris decemviri decreto non fuisse contentum. Rumor quidam, cuius nulli erant certi auctores, est
45 divulgatus: decemviros non solum de rebus praesentibus consilia nociva occulte cepisse, sed foedus fecisse clandestinum et iureiurando vel sacramento munitum, ut imperium iam semel et in perpetuum sibi traditum semper haberent una cum decemviratu perpetuo.

---

29 **intercessio, onis** f. – intervention, protest
37 **arbitrium, i** n. – judgment, free-will
42 **confugio, ere, fugi** (3) – have recourse to

44 **contentus, a, um** – content
46 **nocivus, a, um** – hurtful
47 **sacramentum, i** n. – oath of allegiance
48 **decemviratus, us** m. – decemvirate

The decemvirs turn against the plebeians...

Nam praeterquam quod in populo nihil erat praesidii sublata   20
provocatione, intercessionem quoque consensu sustulerant,
cum priores decemviri appellatione collegae corrigi reddita ab
se iura tulissent et quaedam, quae sui iudicii videri possent,
ad populum reiecissent. Aliquamdiu aequatus inter omnes terror fuit; paulatim totus vertere in plebem coepit; abstinebatur   25
a patribus; in humiliores libidinose crudeliterque consulebatur.
Hominum, non causarum toti erant, ut apud quos gratia vim
aequi haberet. Iudicia domi conflabant, pronuntiabant in foro.
Si quis collegam appellasset, ab eo ad quem venerat ita discede-
bat ut paeniteret non prioris decreto stetisse. Opinio etiam sine   30
auctore exierat non in praesentis modo temporis eos iniuriam
conspirasse, sed foedus clandestinum inter ipsos iure iurando
ictum, ne comitia haberent perpetuoque decemviratu possessum semel obtinerent imperium.

22 **appellatio, onis** f. – appeal
25 **paulatim** (adv.) – gradually
   abstineo, ere, tinui, tentum (2)
   – keep off, refrain from

26 **libidinose** (adv.) – wantonly
   crudeliter (adv.) – cruelly
28 **conflo, are** (1) – blow together, bring
   about

20 **sublata provocatione** – i.e., no one could appeal to the people.
21 **intercessionem** – *intercessio* is the right of a magistrate (especially associate with the tribunes) to block or veto the acts of the senate, or another magistrate.
22 **cum** – adversative meaning ('whereas...'). See Gildersleeve/Lodge, p. 375.
   collegae – objective genitive.
23 **tulissent** – 'allowed'.
25 **abstinebatur...consulebatur** – impersonal verbs, with which we understand *a decemviris* as a personal agent.
27 **toti** – applies to *decemviri* and means 'they were entirely concerned with',

and the meaning is completed by the genitive.
ut apud quos – a causal relative, the antecedent of which is *<decemviri>*.
gratia – 'influence'.
29 **appellasset** – a subjunctive of repeated or iterative action. See Gildersleeve/Lodge, p. 364.
30 **paeniteret** – an impersonal verb, with which we understand *eum*.
   opinio – this substantive is here completed by an accusative and infinitive, just as a verb of speech or thought.
34 **obtineret** – means 'retain'. The adverb *semel* refers to *possessum*.

III, 37 PARAPHRASIS: *Citizens of all classes are alienated from the decemvirs, though the patricians believe the plebeians deserve the current state of affairs*

Tunc homines plebeii inspiciebant patriciorum vultus. Ab illis libertatis reciperandae spem petebant a quibus servitutem timuerant et ob eam causam in eum statum malum rem publicam adduxerant. Primores nobilium et decemviros et plebem odio
5   habebant. Ea quae faciebant decemviri primoribus non placebant. Plebeii tamen primoribus videbantur talem condicionem meriti esse. Primores auxilium ferre nolebant hominibus, qui libertatem avide petentes in servitutem inciderant. Credebant iniurias a decemviris illatas <a deis> etiam cumulari, ut plebs
10 rerum praesentium taedio afficeretur et iterum consules duos et statum pristinum rerum desideraret. Pars maior anni praeteriit. Ad decem legum tabulas priore anno factas duae novae sunt additae. Dummodo hae novae leges centuriatis comitiis perferrentur, nulla causa mansura erat, cur in civitate decemviratus
15 conservaretur. Cupiebant homines videre quam cito comitia nuntiarentur ad consules novos creandos.

---

2 **recipero, are** (1) – recover   10 **taedium, i** n. – weariness, loathing
3 **status, us** m. – condition

III, 37 TEXT: *Citizens of all classes are alienated...*

Circumspectare tum patriciorum vultus plebeii et inde libertatis captare auram, unde servitutem timendo in eum statum rem
publicam adduxerant. Primores patrum odisse decemviros,
odisse plebem; nec probare quae fierent, et credere haud indig-
nis accidere; avide ruendo ad libertatem in servitutem elapsos   5
iuvare nolle; cumulari quoque iniurias, ut taedio praesentium
consules duo tandem et status pristinus rerum in desiderium
veniant. Iam et processerat pars maior anni et duae tabulae legum ad prioris anni decem tabulas erant adiectae, nec quicquam
iam supererat, si eae quoque leges centuriatis comitiis perlatae   10
essent, cur eo magistratu rei publicae opus esset. Exspectabant
quam mox consulibus creandis comitia edicerentur.

---

1 **circumspecto, are** (1) – look about
   with attention

12 **edico, ere, dixi, dictum** (3) – make
    known a decree

---

1 **inde...unde** – 'from the same source...
   whence...'
6 **iniurias** – i. e., 'they believed that
   injustices were being heaped up (by
   fate or by the gods), so that...'
7 **desiderium** – we understand <*plebis*>
   as a subjective genitive, so that the

meaning is *ut plebs iterum desideraret...*
9 **nec quicquam iam supererat** – 'there
   was no remaining reason'.
12 **quam mox...edicerentur** – *exspectare*
    may often be completed by an indi-
    rect question.

The plebeians contemplate how the power of the tribunate might be restored. Meanwhile the decemvirs, through their henchmen, oppress the plebeians with violence, confiscations, and death

Homines plebeii considerabant quo modo tribuniciam potestatem—quae erat intermissa—repararent. De hoc solo remedio cogitabant plebeii; nam in tribunis munimentum libertati
20 exstare videbatur. Interea nemo comitiorum mentionem fecit.
Antea decemviri tribunicios homines secum habuerant et cum
his comitibus se plebi ostentaverant, putantes hoc esse indicium
se populo favere. Postea autem eorum satellites erant iuvenes
patricii. Hi homines tribunalia minaciter cingebant. Plebem
25 premebant plebisque res et bona occupabant, quia, ubicumque
rem quandam cupiverant, fortuna potentioribus favebat. Ne a
tergis quidem plebeiorum abstinebant imperantes ut alii virgis
caederentur, alii securi percuterentur. Et volebant praemium
crudelitatis exstare. Itaque bona interfectorum dabantur inter-
30 fectoribus. Iuvenes nobiles his praemiis corrumpebantur nec
has iniurias impedire conabantur. Aperte malebant licentiam
suam quam omnium libertatem habere.

18 **intermitto, ere, misi, missum** (3)
– leave off, intermit
reparo, are (1) – repair
24 **cingo, ere, cinxi, cinctum** (3) – surround

29 **interfector, oris** m. – murderer
31 **licentia, ae** f. – unrestrained liberty,
licentiousness

The plebeians contemplate...

Id modo plebes agitabat quonam modo tribuniciam potestatem, munimentum libertati, rem intermissam, repararent; cum interim mentio comitiorum nulla fieri. Et decemviri, qui primo tribunicios homines, quia id populare habebatur, circum se ostentaverant plebi, patriciis iuvenibus saepserant latera. Eorum catervae tribunalia obsederant; hi ferre agere plebem plebisque res, cum fortuna, qua quidquid cupitum foret, potentioris esset. Et iam ne tergo quidem abstinebatur; virgis caedi, alii securi subici; et, ne gratuita crudelitas esset, bonorum donatio sequi domini supplicium. Hac mercede iuventus nobilis corrupta non modo non ire obviam iniuriae, sed propalam licentiam suam malle quam omnium libertatem.

15

20

---

14 **interim** (adv.) – meanwhile
16 **circum** (preposition + acc.) – around
18 **caterva, ae** f. – crowd

21 **subicio, ere, ieci, iectum** (3) – bring under
    donatio, onis f. – donation

---

13 **id** – an apposition to the following indirect interrogative clause that begins with *quonam modo*.

14 **munimentum libertati** – the tribunes were magistrates originally created to protect the people. Hence they had the right of *intercessio* or veto to stop the action of any other magistrate. Their persons were also inviolable. Originally they had to be of plebeian birth. Later, however, patricians managed to be adopted into plebeian families so they too could hold this office.

    rem intermissam... – because of the appointment of the decemvirs.

19 **res** – they harassed the people and plundered their goods.

    qua quidquid cupitum foret – the text here has been much disputed. If we accept *qua*, found in many manuscripts, we may understand this as a relative adverb, meaning 'wherever anything whatever was sought'.

20 **abstinebatur** – impersonal verbal use. We understand *a decemviris*.

21 **gratuita** – 'without reward'. Compare p. 165, note on l. 15.

    bonorum donatio sequi domini supplicium – the one who killed someone marked out by the tyrants would be given the dead person's property.

23 **licentiam suam...omnium libertatem** – this chiastic word-order emphasizes the contrast and opposition between the arbitrary greed of a few and the freedom of everyone.

III, 38 PARAPHRASIS: *The decemvirs remain in power, even when their term has expired*

Idus Maiae venerunt. Nulli magistratus sunt electi. Decemviri iam erant homines privati. Imperii exercendi non minus erant cupidi quam antea, et prodibant una cum iisdem insignibus ad speciem magistratus ostentandam. Pro certo habebant omnes
5   hoc esse regnum. Putabant libertatem esse in perpetuum amissam. Nullus libertatis vindex exstitit nec futurus esse videbatur. Romani non solum ipsi spem deponebant, sed populi finitimi eos contemnere coeperunt. Finitimi enim aegre ferebant ibi exstare imperium, ubi non esset libertas. Sabinorum magnus ex-
10   ercitus in agros Romanorum incursionem fecit. Decemviri, qui iam propter patrum et plebis odium erant destituti, deliberabant quid esset faciendum. Nova quoque res accidit, ob quam etiam magis timebant. Ex alia parte Aequi castra in Algido locant et inde excursionibus depopulantur Tusculanum agrum. Pavore
15   perculsi decemviri senatum consulere constituerunt. Nam urbs duobus bellis premebatur.

---

2   **exerceo, ere, ercui, ercitum** (2) – exercise

6   **vindex, icis** m. – avenger, one who lays claim to

14   **depopulor, ari** (1) – devastate

III, 38 TEXT: *The decemvirs remain in power...*

Idus Maiae venere. Nullis subrogatis magistratibus, privati pro decemviris, neque animis ad imperium inhibendum imminutis neque ad speciem honoris insignibus prodeunt. Id vero regnum haud dubie videri. Deploratur in perpetuum libertas, nec vindex quisquam exsistit aut futurus videtur. Nec ipsi solum   5 desponderant animos, sed contemni coepti erant a finitimis populis: imperiumque ibi esse ubi non esset libertas indignabantur. Sabini magna manu incursionem in agrum Romanum fecere... Decemviri consultant quid opus facto sit, destituti inter patrum et plebis odia. Addidit terrorem insuper alium fortuna.   10 Aequi alia ex parte castra in Algido locant depopulanturque inde excursionibus Tusculanum agrum... Is pavor perculit decemviros ut senatum, simul duobus circumstantibus urbem bellis, consulerent...

---

1   **subrogo, are** (1) – cause to be chosen in the place of another

2   **inhibeo, ere, hibui, hibitum** (2) – lay hold of a thing, set in operation

4   **dubie** (adv.) – doubtfully

6   **despondeo, ere, spondi, sponsum** (2) – give up

10   **insuper** (adv.) – moreover

12   **excursio, onis** f. – attack

---

1   **subrogatis magistratibus** – *subrogare* means 'to elect to replace another'. No new magistrates were chosen to replace the decemvirs.

   pro – 'instead of'. The decemvirs were now legally private citizens instead of being decemvirs.

2   **animis** – the *animi* are, of course, of the decemvirs.

   inhibendum – *inhibere*, as here, sometimes means about the same as *exercere* or *adhibere*.

4   **deploratur** – i. e., <*ab omnibus*>.

5   **ipsi** – the Romans.

7   **indignabantur** – the subject here has changed from the first part of the sentence – an untypically harsh shift – to *finitimi populi*.

9   **facto** – the ablative of a neuter perfect participle is often used to complete the meaning of *opus est*.

10   **odia** – i.e., deserted and hated by both orders of citizens.

11   **Algido** – *Algidus* is a mountain southeast of Rome.

The decemvirs, pressed by two external enemies, decide to call the senate, a practice that had fallen into disuse

Vox praeconis patres in curiam ad decemviros vocantis est in foro audita. Haec res videbatur nova. Nam decemviri consue-tudinem senatus consulendi pridem deposuerunt. Praeco igi-
20   tur, cum senatores vocaret, animos plebeiorum ad se convertit. Mirabantur plebeii scire cupientes qua de causa decemviri rem tam diu desuetam in usum revocarent. Sentiebant se erga hostes et bellum gratos esse, quod vel una res iam fieret, quae in libera civitate esset solita. Homines fori partes omnes circumspecta-
25   bant ut senatorem viderent. Vix ullos senatores usquam nosci-tabant. Tunc curiam videbant et solitudinem circa decemviros. Decemviri senatores non convenire putabant, quia omnes im-perium decemvirale odissent. Plebs autem credebat senatores non venisse, quod privatis hominibus (videlicet decemviris)
30   iam non esset ius vocandi senatum. Itaque initium libertatis reciperandae fieri iam posse arbitrabatur plebs, si ipsi plebeii cum senatoribus essent coniuncti: eodem modo, quo senatores vocati in senatum non venissent, plebeios homines posse recu-sare ne militarent. Talia minabantur plebeii.

---

17   **curia, ae** f. – the Senate
19   **pridem** (adv.) – a long time ago
22   **desuesco, ere, suevi, suetum** (3) – disuse

25   **noscito, are** (1) – recognize
28   **decemviralis, e** – of or belonging to the decemvirs

The decemvirs, pressed by two external enemies...

Postquam audita vox in foro est praeconis patres in curiam ad   15
decemviros vocantis, velut nova res, quia intermiserant iam
diu morem consulendi senatus, mirabundam plebem convertit
quidnam incidisset cur ex tanto intervallo rem desuetam usur-
parent; hostibus belloque gratiam habendam quod solitum
quicquam liberae civitati fieret. Circumspectare omnibus fori   20
partibus senatorem, raroque usquam noscitare; curiam inde ac
solitudinem circa decemviros intueri, cum et ipsi suum invi-
sum consensu imperium, et plebs, quia privatis ius non esset
vocandi senatum, non convenire patres interpretarentur; iam
caput fieri libertatem repetentium, si se plebs comitem senatui   25
det et quemadmodum patres vocati non coeant in senatum, sic
plebs abnuat dilectum. Haec fremunt plebes.

---

16   **velut** (conj.) – as, like
18   **quisnam, quaenam, quidnam**
     – who pray
21   **raro** (adv.) – rarely

27   **dilectus, us** m. – recruiting
     fremo, ere, fremui, fremitum (3)
     – grumble

---

16   **intermiserant** – the subject is *decem-viri*.
17   **mirabundam** – on the verbal idea inherent in this adjective depends the following indirect question.
18   **quidnam incidisset** – 'what cause had arisen'.
     usurparent – i.e., <*decemviri*>.
20   **civitati** – dative with *solitum*.
     circumspectare – the understood subject is *cives Romani*.
21   **noscitare** – the implied object is *senatorem*.

22   **intueri** – the understood subject is still *cives Romani* or *homines*.
     ipsi – i.e., <*decemviri*>.
23   **privatis** – the decemvirs were now technically *privati*.
24   **interpretarentur** – the subject is both *decemviri* and *plebs*.
25   **caput** – i.e., *initium*. The rest of this sentence from *iam* to the end, is the thought of the *plebs* only, and not the decemvirs.

The senators, at first recalcitrant, finally obey the command

35 Vix ulli senatores in foro aut in urbe erant. Indignatione pleni in agros suos cesserant, reque publica amissa, rebus suis se totos dabant. Putabant se eodem intervallo ab iniuria abesse, quo se removissent a praesentia et propinquitate dominorum crude-lium et effrenatorum. Postquam senatores vocati non veniebant,
40 lictores ad eorum domicilia sunt missi ad pignora capienda et ad rogandum num consulto senatores recusavissent ne venirent. Lictores, cum ad decemviros revenissent, dixerunt senatum in agris esse. Talem nuntium non tam aegre ferebant decemviri, quam tulissent, si e lictoribus didicissent senatum in urbe esse
45 et imperium decemvirorum respuere. Imperaverunt ut senatores omnes advocarentur, et ut senatus die postero haberetur. Etiam plures senatores dicto audientes venerunt, quam ipsi decemviri speraverant. Quam ob rem plebs libertatem a patribus proditam esse putavit. Senatus enim obtemperaverat hominibus, qui iam
50 a magistratu abiverant. Decemviri iam erant privati—praeter-quam quod vi quadam utebantur; nihilominus senatus ita de-cemviris paruerat, ac si decemviri ius etiam tum haberent.

---

38 **praesentia, ae** f. – presence
   propinquitas, atis f. – vicinity
39 **effrenatus, a, um** – unbridled

46 **posterus, a, um** – coming after
51 **nihilominus** (adv.) – nevertheless

The senators, at first recalcitrant, finally obey...

Patrum haud fere quisquam in foro, in urbe rari erant. Indignitate rerum cesserant in agros, suarumque rerum erant, amissa
publica, tantum ab iniuria se abesse rati quantum a coetu con-   30
gressuque impotentium dominorum se amovissent. Postquam
citati non conveniebant, dimissi circa domos apparitores simul
ad pignera capienda sciscitandumque num consulto detractar-
ent referunt senatum in agris esse. Laetius id decemviris accidit
quam si praesentes detractare imperium referrent. Iubent acciri   35
omnes, senatumque in diem posterum edicunt; qui aliquanto
spe ipsorum frequentior convenit. Quo facto proditam a patribus plebs libertatem rata, quod iis qui iam magistratu abissent
privatisque si vis abesset, tamquam iure cogentibus, senatus
paruisset.   40

*The decemvirs continue their hold on the city, until the plebeians, provoked
beyond tolerance by the oppressions of Appius and his colleagues, withdraw
to the Aventine hill. Finally the plebs forces the decemvirs to abdicate. All are
driven into exile. Appius and one colleague are imprisoned.*

30 **tantum...quantum...** – so much...
  as...
  congressus, us m. – social assembly

33 **detracto, are** (1) – decline
34 **laete** (adv.) – joyfully
36 **aliquanto** (adv.) – somewhat

28 **indignitate** – causal ablative. See
Gildersleeve/Lodge, p. 263.
29 **rerum** – they were totally consumed
in their own affairs. See p. 171, note
on l. 27.
30 **publica** – i.e., <re> *publica*.
33 **pignera** – a *pignus* was the property
of the person summoned, seized by
the apparitors. If the person sum-

moned did not come, the property
would be confiscated.
34 **referunt** – the subject is *apparitores*.
laetius id decemviris accidit – the
decemvirs received this information
more willingly than if the senatores
had been in the city and refused the
summons.
38 **rata** – i.e., *rata <est>*.

LIBER QUARTUS

Priestess of Cybele. Roman relief. Antiquarium del Palatino, Rome, Italy. Scala / Art Resource, NY

This book begins with an account of conflicts between the patricians and plebeians.

IV, 8 TEXT: *How the office of censor was created*

Hunc annum, seu tribunos modo seu tribunis suffectos consules quoque habuit, sequitur annus haud dubiis consulibus, M. Geganio Macerino iterum T. Quinctio Capitolino quintum. Idem hic annus censurae initium fuit, rei a parva origine ortae, quae
5   deinde tanto incremento aucta est, ut morum disciplinaeque Romanae penes eam regimen, senatui equitumque centuriis

---

1 **sufficio, ere, feci, fectum** (3) – suffice, substitute in place of
3 **quintum** (adv.) – for the fifth time

4 **censura, ae** f. – censorship
5 **incrementum,** i n. – addition, gain
  disciplina, ae f. – discipline

---

1 **modo** – adverb meaning 'only'.
  seu...seu – Livy refers to a variation in his sources, which were apparently not unanimous about the magistrates elected in this year (442 B.C., or 311 A.U.C.).
  suffectos – *sufficere* means 'to elect in place of'. A *suffectus* consul was a consul elected after the regular time for elections, and appointed to succeed those who had held office during the early months of the year.

2 **haud dubiis consulibus** – consuls about whom there is no doubt.
4 **rei...ortae** – a phrase in apposition to *censurae.*
5 **incremento** – ablative of measure, or degree of difference. See Gildersleeve/Lodge, pp.259–60.
6 **eam** – refers to *censuram.*
  regimen – take it with *morum disciplinaeque.*

LIVY'S LANGUAGE
PARENTHETICAL VERBS

Livy often uses *credo* as a parenthetical verb, which has no effect on the construction of the sentence, to introduce his own conjecture. Both *opinor* and *puto* may be used the same way.

"Et patres quamquam rem parvam, tamen quo plures patricii magistratus in re publica essent, laeti accepere, id, quod evenit, futurum, *credo,* etiam rati, ut mox opes eorum qui praeessent ipsi honori ius maiestatemque adicerent..."
(IV, 8)

decoris dedecorisque discrimen sub dicione eius magistratus, ius publicorum privatorumque locorum, vectigalia populi Romani sub nutu atque arbitrio eius essent. Ortum autem initium est rei, quod in populo per multos annos incenso neque differri census poterat neque consulibus, cum tot populorum bella imminerent, operae erat id negotium agere. Mentio inlata apud senatum est rem operosam ac minime consularem suo proprio magistratu egere, cui scribarum ministerium custodiaeque tabularum cura, cui arbitrium formulae censendi subiceretur. Et patres quamquam rem parvam, tamen quo plures patricii magistratus in re publica essent, laeti accepere, id, quod evenit, futurum, credo, etiam rati, ut mox opes eorum qui praeessent

10

15

---

8 **vectigal, galis** n. – tax
9 **nutus, us** m. – nodding, command

13 **operosus, a, um** – taking great pains
15 **formula, ae** f. – formula

---

7 **discrimen** – 'determination'.

8 **ius publicorum privatorumque locorum** – jurisdiction over boundary disputes between private and public property.

9 **nutu** – literally 'nod'. Here 'command' or 'will'.

eius – i.e., *eius <magistratus>*.

10 **rei** – i.e., *huius magistratus*.

incenso – i.e., *non censo*.

11 **cum** – has both circumstantial and causal meaning. It defines the circumstances of the sentence on which the *cum*-sentence depends (*neque consulibus…operae erat id negotium agere*): 'The consuls did not have time for assessing the population, since there were imminent wars with many external nations.'

12 **operae** – take it with *consulibus*. The phrase *operae mihi est* means 'I have time for', and is often completed by the infinitive.

mentio inlata…est – this phrase here takes the accusative and infinitive of indirect speech to complete the meaning of *mentio*.

13 **minime consularem** – i.e., not appropriate for a consul.

suo proprio – the phrase *suus proprius* or *suus et proprius* means 'his/

her/its very own'; it has an emphatic meaning and may refer to the closest substantive idea, and not necessarily to the main subject of the sentence.

14 **magistratu** – ablative of separation or lack with *egere*. See Gildersleeve/Lodge, pp. 261–62.

cui – added to this relative is a final sense, or notion of purpose: 'under the jurisdiction of which should be placed…'.

15 **arbitrium formulae censendi** – 'the management of the form of the census'.

16 **quamquam** – modifies the adjective without an intervening verb.

quo – in many writers is used instead of *ut* to introduce a purpose clause that contains a comparative.

patricii magistratus – magistracies for which only candidates of patrician birth would be eligible.

17 **accepere** – i.e., *acceperunt*.

18 **futurum** – i.e., *futurum <esse>*.

credo – a parenthetical verb.

ut – introduces a clause that completes the meaning of *id…futurum <esse>*.

qui praeessent – 'those who would hold the office'.

ipsi honori ius maiestatemque adicerent, et tribuni, id quod tunc
20 erat, magis necessarii quam speciosi ministerii procurationem
intuentes, ne in parvis quoque rebus incommode adversarentur, haud sane tetendere. Cum a primoribus civitatis spretus
honor esset, Papirium Semproniumque, quorum de consulatu
dubitatur, ut eo magistratu parum solidum consulatum ex-
25 plerent, censui agendo populus suffragiis praefecit. Censores
ab re appellati sunt.

The Volsci are subdued. There is famine in Rome.

IV, 13 TEXT: *Aspiring to royal power, Spurius Maelius distributes free grain among the hungry*

Tum Sp. Maelius ex equestri ordine, ut illis temporibus praedives, rem utilem pessimo exemplo, peiore consilio est adgressus.

---

20 **procuratio, onis** f. – management
21 **incommode** (adv.) – inconveniently
24 **solidus, a, um** – firm, compact
25 **census, us** m. – registering and
rating of Roman citizens, their

property etc., census
suffragium, i n. – vote
censor, oris m. – censor

1   **praedives, itis** – very rich

---

19 **id quod tunc erat** – 'as was in fact the case at that time'.
21 **ne...adversarentur** – a purpose clause. With *adversarentur* we may understanding something like *patriciis*. The tribunes in this situation did not want to present themselves as stubborn opponents even in small matters, because they had so often put up opposition earlier, and obviously wanted to be more effective opponents in the future, should another serious issue arise.
22 **tetendere** – i.e., *tetenderunt*. They did not make resistance.
23 **quorum de consulatu dubitatur** – the evidence for their consulship was uncertain in the sources available to Livy.
24 **eo magistratu** – ablative of means or instrument.
parum solidum consulatum – 'incomplete term of office'.

25 **censui agendo populus suffragiis praefecit** – take *Papirium Semproniumque* as the object, and *censui agendo* as the indirect object. The verb *praeficere* commonly takes the accusative and dative when it has this meaning.
26 **ab re** – 'from the nature of their job'.

1   **ex equestri ordine** – *equites*, the order of Knights, held a middle position between the patricians and the plebeians. This order gathered considerable influence at the end of the Republic.
ut – the sense here is restrictive, meaning about the same as 'by the standards of those days'.
praedives – the prefix *prae-* is intensifying: *valde dives*.

Frumento namque ex Etruria privata pecunia per hospitum cli-
entiumque ministeria coempto, quae, credo, ipsa res ad levan-
dam publica cura annonam impedimento fuerat, largitiones   5
frumenti facere instituit; plebemque hoc munere delenitam,
quacumque incederet, conspectus elatusque supra modum hominis privati, secum trahere, haud dubium consulatum favore
ac spe despondentem. Ipse, ut est humanus animus insatiabilis
eo quod fortuna spondet, ad altiora et non concessa tendere et,   10
quoniam consulatus quoque eripiendus invitis patribus esset,
de regno agitare: id unum dignum tanto apparatu consiliorum
et certamine, quod ingens exsudandum esset, praemium fore.

---

4   **coemo, ere, emi, emptum** (3) – buy
     up
    levo, are (1) – lessen
5   **annona, ae** f. – price of grain
    largitio, onis f. – giving freely

9   **insatiabilis, e** – insatiable
10 **spondeo, ere, spopondi, sponsum**
    (2) – promise solemnly
13 **exsudo, are** (1) – sweat out, toil
    through

---

3   **frumento...coempto** – an ablative
absolute.

    **per hospitum clientiumque minis-
teria** – favors and arrangements of
Sp. Maelius's Etruscan clients and his
friends in Rome.

4   **credo** – a parenthetical verb that has
no effect on the construction. See p.
184.

    ipsa res – i.e., the purchase of grain
from Etruria.

    ad levandam...annonam – gerun-
dive construction with final (purpose) sense: 'so that the price of grain
would be reduced'.

5   **publica cura** – an instrumental ablative. *Publica cura*, i.e., the public
expenses, is opposed to above-men-
tioned *privata pecunia*, the funds of
Spurius Maelius.

    impedimento – final dative, or dative
of purpose. See p. 43, note on l. 19.

    largitiones – 'free distribution'.

6   **munere** – i.e., *dono*.

7   **quacumque** – *via* is implied.

    incederet – i.e., *iret*. The subjunctive
indicates a repetitive action.

    elatusque – *elatus* is almost equiva-
lent to *superbus*.

8   **trahere** – a historical infinitive; has
plebem as a direct object.

9   **despondentem** – i.e., *promittentem*.
Refers to *plebem*. We understand *plebs
Spurio Maelio et favore suo consulatum
destinabat, et spe augurabatur.*

    ut – 'as'.

10 **eo** – an instrumental ablative with *insatiabilis.*

    tendere...agitare – historical infini-
tives. *Agitare*, i.e., *vehementer adipisci
conari.*

11 **quoniam...esset** – a causal clause
with the subjunctive indicating that
the cause is subjectively perceived.

    invitis patribus – an ablative abso-
lute. The patricians would certainly
not accept as a consul a man of equestrian rank.

12 **id unum dignum...fore** – indirect
speech depending on an imaginary
cogitabat. These are the contents of his
thought: *Id*, i.e., *regnum, unum praemium
dignum erit tanto apparatu consiliorum et
tanto certamine (scilicet de consulatu adip-
iscendo), quod certamen ingens non nisi
sudore magno erit suscipiendum.*

13 **ingens** – the meaning is 'immoderate' or 'epic <struggle>'. *Ingens* agrees
with the relative, whose antecedent is
certamine.

    exsudandum esset – this phrase re-
fers to *certamen*. It means 'to be fought
out with much sweat and effort'.

15

Iam comitia consularia instabant; quae res eum necdum compositis maturisve satis consiliis oppressit.

Spurius Maelius's plot is revealed

20

25

Consul sextum creatus T. Quinctius Capitolinus, minime opportunus vir novanti res; collega additur ei Agrippa Menenius cui Lanato erat cognomen; et L. Minucius praefectus annonae seu refectus seu, quoad res posceret, in incertum creatus; nihil enim constat, nisi in libros linteos utroque anno relatum inter magistratus praefecti nomen. Hic Minucius eandem publice curationem agens quam Maelius privatim agendam susceperat, cum in utraque domo genus idem hominum versaretur, rem compertam ad senatum defert: tela in domum Maeli conferri, eumque contiones domi habere, ac non dubia regni consilia esse. Tempus agendae rei nondum stare; cetera iam convenisse: et tribunos mercede emptos ad prodendam libertatem et partita

---

14   **necdum** (conj.) – and not yet
16   **sextum** (adv.) – for the sixth time
17   **novo, are** (1) – innovate, overthrow the government
20   **linteus, a, um** – made of linen
21   **curatio, onis** f. – administration

22   **privatim** (adv.) – privately
24   **comperio, ire, perui, pertum** (4) – discover
27   **prodo, ere, didi, ditum** (3) – betray, hand over, give forth
     partio, ire (4) – distribute

---

14   **comitia consularia** – 'consular elections'.
     necdum compositis maturisve satis consiliis – an ablative absolute.
15   **maturisve** – i.e., *vel maturis*.
17   **novanti** – for a man making a revolution, or overthrowing the government, i.e., Sp. Maelius.
18   **Lanato** – dative of name, cf. *Mihi nomen est Marco*.
     praefectus annonae – a superintendent of the grain market.
19   **in incertum** – as long as the difficulties in the grain market required.
20   **libros linteos** – ancient chronicles of Roman people, written on linen.

21   **curationem** – i.e., the management of the grain market.
23   **cum...versaretur** – a circumstantial clause, which indicates both time and cause.
     genus idem hominum – the same kind of people, i.e., people who wanted to obtain grain at lower prices.
24   **defert** – after this verb starts a passage in indirect speech.
     tela – refers to weapons in general.
26   **agendae rei** – i.e., the overthrowing of the government.
     convenisse – i.e., everthing else was already prepared and decided.
27   **ad prodendam libertatem** – i.e., *ut libertatem populi Romani proderent*.

ducibus multitudinis ministeria esse. Serius se paene, quam tutum fuerit, ne cuius incerti vanique auctor esset, ea deferre.

A dictator is appointed in order to deal with Spurius Maelius's plot

Quae postquam sunt audita, cum undique primores patrum   30
et prioris anni consules increparent quod eas largitiones coetusque plebis in privata domo passi essent fieri, et novos consules quod exspectassent donec a praefecto annonae tanta res
ad senatum deferretur, quae consulem non auctorem solum
desideraret sed etiam vindicem, tum Quinctius consules im-   35
merito increpari ait, qui constricti legibus de provocatione ad
dissolvendum imperium latis, nequaquam tantum virium in
magistratu ad eam rem pro atrocitate vindicandam quantum

---

28 **sero** (adv.) – late
29 **vanus, a, um** – groundless
35 **immerito** (adv.) – undeservedly
36 **constringo, ere, strinxi, strictum** (3)
    – restrain

37 **dissolvo, ere, solvi, solutum** (3)
    – dissolve, destroy
38 **atrocitas, tatis** f. – horribleness

---

28 **ministeria** – the various duties in the coup d'état.

quam...fuerit – a comparative clause. A potential sense is implied in its subjunctive, i.e., 'than would be safe'.

29 **ne...esset** – a negative purpose clause.

vanique – with this word we understand *rumoris*.

ea deferre – the whole main clause is *Serius se...ea deferre*.

30 **cum...increparent** – circumstantial *cum*, indicating mainly contemporaneous action, but also cause.

primores patrum – the leaders of the senate.

31 **quod...passi essent** – causal clause, explaining the reason for *increparent*. The subjunctive is due the fact that the cause is from the viewpoint of the leaders of the senate.

coetusque plebis – the secret meetings of the plebs.

32 **passi essent** – on this phrase depends

the accusative with infinitive *largitiones coetusque plebis...fieri*.

33 **quod exspectassent** – a causal clause, explaining the reason for *increparent*. The subjunctive is due the fact that the cause is from the viewpoint of the leaders of the senate.

donec...deferretur – a temporal clause indicating expected limit of time. See Gildersleeve/Lodge, p. 367.

34 **quae...desideraret** – 'such matter would require not only the report of the consul but his action in suppressing it.'; the subject of *desideraret* is *tanta res*.

36 **ait** – the verb of the main clause.

qui...haberent – a relative clause with a causal nuance; its implied subject is *consules*.

legibus...latis – an instrumental ablative with *constricti*.

37 **imperium** – the consular power and authority.

virium – partitive genitive, depends on *tantum*.

40   animi haberent. Opus esse non forti solum viro sed etiam libero exsolutoque legum vinclis. Itaque se dictatorem L. Quinctium dicturum; ibi animum parem tantae potestati esse. Adprobantibus cunctis, primo Quinctius abnuere et quid sibi vellent rogitare qui se aetate exacta tantae dimicationi obicerent. Dein cum undique plus in illo senili animo non consilii modo sed
45   etiam virtutis esse quam in omnibus aliis dicerent laudibusque haud immeritis onerarent, et consul nihil remitteret, precatus tandem deos immortales Cincinnatus ne senectus sua in tam trepidis rebus damno dedecorive rei publicae esset, dictator a consule dicitur. Ipse deinde C. Servilium Ahalam magistrum
50   equitum dicit.

IV, 14 TEXT: *Summoned by the dictator, Spurius Maelius tries to run away and is killed*

Postero die, dispositis praesidiis, cum in forum descendisset conversaque in eum plebs novitate rei ac miraculo esset, et

---

40   **exsolvo, ere, solvi, solutum** (3) – unbind

  vinclum, i n. = **vinculum**

42   **cunctus, a, um** – all together

44   **senilis, e** – senile

46   **immeritus, a, um** – undeserved

1   **descendo, ere, scendi, scensum** (3) – come down

2   **novitas, tatis** f. – novelty

---

39   **animi** – partitive genitive; depends on *quantum*.

42   **abnuere...rogitare** – historical infinitives.

  quid sibi vellent – an indirect question: 'What they had in mind...'

43   **qui...obicerent** – the implied subject is *cuncti*, the people who have approved Cincinnatus's appointment as dictator. This is the same Cincinnatus, who was appointed dictator to defeat the Aequi (see Book III, chapters 26–29). This appointment might be fictitious.

  aetate exacta – 'almost at the end of life'.

  dimicationi – refers to fighting the plot of Sp. Maelius.

44   **cum...dicerent...onerarent...remitteret** – circumstantial *cum*-clauses with temporal and causal sense.

  dicerent – on this verb depends the accusative with infinitive *plus non consilii modo sed etiam virtutis esse*.

46   **nihil remitteret** – i. e., the consul did not change his decision.

  precatus – perfect passive participle of a deponent verb. Its meaning is active and it takes the accusative *deos immortales*.

47   **ne...esset** – this *ne*-clause functions as a direct object to *precatus*.

48   **damno dedecorive** – datives of purpose. See p. 43, note on l. 19.

49   **Ahalam** – this is a cognomen indicating a body part. Its old form was *Axilla*, 'an armpit'.

  magistrum equitum – the chief of the cavalry.

1   **cum descendisset...conversa...esset ...cernerent...rogitarent** – temporal *cum*-clauses. The first two of them indicate prior time, the second two the same time as the main clause.

2   **novitate rei ac miraculo** – the appointment of a dictator was *novitas* and *miraculum*.

Maeliani atque ipse dux eorum in se intentam vim tanti imperii cernerent, expertes consiliorum regni qui tumultus, quod
bellum repens aut dictatoriam maiestatem aut Quinctium post   5
octogesimum annum rectorem rei publicae quaesisset rogitarent, missus ab dictatore Servilius magister equitum ad Maelium "Vocat te" inquit, "dictator". Cum pavidus ille quid vellet
quaereret, Serviliusque causam dicendam esse proponeret cri-
menque a Minucio delatum ad senatum diluendum, tunc Mae-   10
lius recipere se in catervam suorum, et primum circumspectans
tergiversari, postremo cum apparitor iussu magistri equitum
duceret, ereptus a circumstantibus fugiensque fidem plebis Romanae implorare, et opprimi se consensu patrum dicere, quod
plebi benigne fecisset; orare ut opem sibi ultimo in discrimine   15
ferrent neve ante oculos suos trucidari sinerent. Haec eum vo-
ciferantem adsecutus Ahala Servilius obtruncat, respersusque

---

5 **repens, ntis** – sudden
dictatorius, a, um – of or belonging to a dictator
6 **rector, oris** m. – ruler
10 **diluo, ere, lui, lutum** (3) – wash away, remove

12 **tergiversor, ari** (1) – turn one's back, seek evasion
16 **vociferor, ari** (1) – cry aloud
17 **adsequor/assequor, i, secutus** (3) – reach by pursuing
respergo, ere, spersi, spersum (3) – besprinkle

---

3 **Maeliani** – Maelius's followers.
imperii – the authority of the dictator.
4 **expertes consiliorum regni** – the innocent people who knew nothing of the monarchist plot.
qui tumultus, quod bellum repens...quaesisset – an indirect question depending on *rogitarent*.
7 **missus** – this participle has a temporal connotation and means about the same as *postquam Servilius missus est*.
8 **inquit** – the verb of the main clause.
cum...quaereret...proponeret – temporal *cum*-clause indicating time contemporary with the main clause.
ille – i.e., Maelius.
quid vellet – indirect question depending on *quaereret*.
9 **causam dicendam esse...crimenque ...diluendum <esse>** – accusative with

infinitive constructions depending on *proponeret*. The gerundives *dicendam* and *diluendum* have the connotation of necessity. *Crimen a Minucio delatum ad senatum diluendum* – Maelius had the chance to to clear himself of the charge brought against him by Minucius in the senate.
11 **recipere se...tergiversari...implorare ...dicere...orare** – historical infinitives.
14 **quod...fecisset** – a causal clause. The subjunctive in it expresses the view of the person represented as speaking rather than of the author.
15 **ut...ferrent...neve...sinerent** – a *ut*-clause and a *ne*-clause functioning as a direct object to *orare*.
17 **adsecutus** – perfect passive participle of a deponent verb; its sense is active.

cruore, stipatus caterva patriciorum iuvenum, dictatori renuntiat vocatum ad eum Maelium, repulso apparitore, concitantem
20 multitudinem, poenam meritam habere. Tum dictator "Macte
virtute" inquit, "C. Servili, esto liberata re publica".

---

18 **renuntio, are** (1) – announce
19 **repello, ere, reppuli, pulsum** (3)
   – thrust back

concito, are (1) – stir up

---

19 **vocatum ad eum** – a participial phrase with a temporal meaning; the equivalent of *postquam ad dictatorem est vocatus.*

Maelium...poenam...habere – an accusative with infinitive depending on *renuntiat.*

concitantem – refers to Maelius: 'because he was inciting the populace to riot'.

20 **macte virtute...esto** – an exclamation of congratulation 'Well done!'

21 **liberata re publica** – an ablative absolute.

(a general note) Cicero mentions the killing of Spurius Maelius by Servilius Ahala in his first speech against Catiline, to corroborate his own right as a consul to act against the public enemy (*Cat.* I, 3). Cicero calls this event *res nimis antiqua*, and adds *Fuit, fuit ista quondam in hac re publica virtus, ut viri fortes acrioribus suppliciis civem perniciosum quam acerbissimum hostem coercerent.*

LIBER QUINTUS

Mariano Rossi, Roman General Furio Camillo Breaks Treaty with the Gauls. Created ca. 1774. Fresco from the Villa Borghese, Rome. © Archivo Iconografico, S.A./CORBIS

*For a long time, the Romans are at war with the inhabitants of the city of Veii. After a ten-year siege, the dictator Furius Camillus finally takes Veii. But new emergencies arise. The Gauls decide to attack the city of Rome. The Romans who had fought bravely with the neighboring populations, such as the Veientes, underestimate the danger. The Roman army meets the Gallic troops at the river Allia, not far from Rome, and, partly due to excessive timidity, suffers a defeat. Many of the Romans escape to the hostile city of Veii. From that time on, the day of the battle at Allia was considered **dies ater** or **dies nefastus**.*

V, 39 TEXT: *The Gauls advance toward Rome without any resistence*

Gallos quoque velut obstupefactos miraculum victoriae tam repentinae tenuit, et ipsi pavore defixi primum steterunt, velut ignari quid accidisset; deinde insidias vereri; postremo caesorum spolia legere armorumque cumulos, ut mos eis est,
5   coacervare; tum demum postquam nihil usquam hostile cernebatur viam ingressi, haud multo ante solis occasum ad urbem Romam perveniunt. Ubi cum praegressi equites non portas clausas, non stationem pro portis excubare, non armatos esse in muris rettulissent, aliud priori simile miraculum eos sustinuit;
10 noctemque veriti et ignotae situm urbis, inter Romam atque Anienem consedere, exploratoribus missis circa moenia aliasque portas quaenam hostibus in perdita re consilia essent.

4   **cumulus, i** m. – heap, pile
5   **coacervo, are** (1) – heap up, accumulate
7   **praegredior, i, gressus** (3) – go ahead, in advance

8   **excubo, are, cubui, cubitum** (1) – keep watch, lie outside
11 **explorator, oris** m. – scout, spy

*   **dies nefastus** – the day was July 18.
1   **quoque** – marks a transition from the description of Romans' to the description of the Gauls' state of mind. As a matter of fact, the Romans were really confused, while the Gauls were surprised by their easy victory.
5   **coacervare** – the pupose was to erect trophies.
9   **miraculum** – a double miracle: the weak fight of Romans at Allia, and their apparent abandonment of Rome.
10 **Anienem** – *Anio, Anienis,* m. – a tributary stream of the Tiber, rising from the Apennines, passing along the southern Sabine country and dividing it from Latium.
12 **perdita re** – the Gauls obviously realized that at that point Romans' chances for victory were almost nonexistent.

The Romans are in despair about the defense of their city

Romani, cum pars maior ex acie Veios petisset quam Romam, nemo superesse quemquam praeter eos qui Romam refugerant crederet, complorati omnes pariter vivi mortuique totam prope urbem lamentis impleverunt. Privatos deinde luctus stupefecit publicus pavor, postquam hostes adesse nuntiatum est; mox ululatus cantusque dissonos vagantibus circa moenia turmatim barbaris audiebant. Omne inde tempus suspensos ita tenuit animos usque ad lucem alteram ut identidem iam in urbem futurus videretur impetus; primo adventu, quia accesserant ad urbem,—mansuros enim ad Alliam fuisse nisi hoc consilii

15

20

---

14 **refugio, ere, refugi, refugiturus** (3) – flee back

15 **comploro, are** (1) – lament over

16 **lamentum, i** n. – lament

stupefacio, ere, feci, factum (3) – stun, benumb, deaden

18 **ululatus, us** m. – wailing

cantus, us m. – chant, song

dissonus, a , um – dissonant

turmatim (adv.) – in troops, in bands

19 **barbarus, i** m. – barbarian

---

13 **Romani...impleverunt.** – The subordinate clauses in this sentence are *cum pars maior... petisset* and *cum nemo crederet.* According to R. M. Ogilvie (*A Commentary on Livy. Books 1–5,* Oxford, 1965, p. 721), "there is an anacoluthon between *Romani* who must be the surviving inhabitants of Rome and *complorati omnes* who are the missing casualties and, since the scene is set at Rome, the anacoluthon can scarcely be justified." If, however, we read the text in a more rhetorical way, we may suppose that Livy wants his readers to transport themselves back to the scene and see it from the viewpoint of the surviving inhabitants of Rome, who after the defeat at the Allia, considered themselves doomed and death certain. Though not yet dead they are already *complorati.* In this way we can understand the juxtaposition of *complorati* with *pariter vivi mortuique.* Written in another way the sense is:

*Romani omnes iam complorati, vivi non minus quam mortui...*The *vivi* in their expectation of their own doom and virtually certain death *urbem lamentis implent;* and, of course, the *mortui* also do this, but in another way, because of the general mourning for them as already dead and lost.

cum...Romam – this happened after the defeat at Allia, and the people that went to Veii were counted as dead.

20 **identidem** – refers to the various times when the Gauls' assault was expected: 1. *primo adventu,* immediately after Gauls' arrival at Rome, since there would not have been any other reason for approaching Rome; 2. *sub occasum solis,* just before sunset, because a little of daylight was remaining; 3. *in noctem....,* in the beginning of the night, in order to create greater terror; 4. *lux appropinquans,* the next morning, as it really happened, when the Romans were exhausted by fear and dreadful expectation.

foret,—deinde sub occasum solis, quia haud multum diei supererat,—ante noctem enim invasuros;—tum in noctem dila-
25   tum consilium esse, quo plus pavoris inferrent. Postremo lux
appropinquans exanimare, timorique perpetuo ipsum malum
continens fuit cum signa infesta portis sunt inlata. Nequaquam
tamen ea nocte neque insequenti die similis illi quae ad Alliam
tam pavide fugerat civitas fuit.

Few Romans remain to defend the citadel

30   Nam cum defendi urbem posse tam parva relicta manu spes
nulla esset, placuit cum coniugibus ac liberis iuventutem mili-
tarem senatusque robur in arcem Capitoliumque concedere,
armisque et frumento conlato, ex loco inde munito deos homin-
esque et Romanum nomen defendere; flaminem sacerdotesque
35   Vestales sacra publica a caede, ab incendiis procul auferre, nec
ante deseri cultum eorum quam non superessent qui colerent. Si
arx Capitoliumque, sedes deorum, si senatus, caput publici consilii, si militaris iuventus superfuerit imminenti ruinae urbis,

---

26 **exanimo, are** (1) – deprive of spirit,
    terrify, deprive of life
28 **insequens, ntis** – following

34 **flamen, inis** m. – a priest of a par-
    ticular diety
38 **ruina, ae** f. – fall, collapse

---

24 **ante noctem enim invasuros** – this
part of the text is uncertain. In particular the passage that reads here
ante noctem enim invasuros seems to be
corrupt in the manuscript tradition.
But the general sense of the passage,
in which we have indirect discourse
reflecting the thoughts of the Romans
awaiting attack, is as follows: *quia
Galli accesserant ad urbem, Romani putabant eos primo adventu impetum fac-
turos—mansuros enim Gallos ad Alliam
fuisse nisi hoc consilii foret,—deinde sub
occasum solis impetum Gallorum exspectabant, quia haud multum diei supererat
—ante noctem enim putabant eos invasuros. Tum putabant in noctem dilatum
impetus faciendi consilium esse, quo plus
pavoris Galli inferrent.*
26 **exanimare** – a historical infinitive.
    **timorique perpetuo ipsum malum
    continens** – the disaster had been
    long expected and came as a continu-
    ation and culmination of the fear that

had anticipated it.
29 **civitas** – stands for *cives*, meaning the
Romans that acted uncourageously at
Allia, and the Romans in Rome, who
are ready to exhibit an example of
real Roman virtue.
31 **placuit** – an impersonal verb echoing
the language of a decree; it is completed by a passage with accusatives
and infinitives.
33 **deos** – stands for *templa et sacra deorum.*
34 **flaminem** – probably *flamen Quirinalis,* traditionally considered the priest
of Romulus.
    sacerdotesque Vestales – the Vestals
themselves. *Sacerdos* could be both
masculine and feminine.
36 **Si...turbae.** – this sentence is still in
indirect discourse, continuing the
thought of those who made the decree.

facilem iacturam esse seniorum relictae in urbe utique peritu-
rae turbae. Et quo id aequiore animo de plebe multitudo ferret, *40*
senes triumphales consularesque simul se cum illis palam dicere obituros, nec his corporibus, quibus non arma ferre, non
tueri patriam possent, oneraturos inopiam armatorum.

V, 40 TEXT: *Many Romans are forced to leave their city*

Haec inter seniores morti destinatos iactata solacia. Versae inde
adhortationes ad agmen iuvenum quos in Capitolium atque in
arcem prosequebantur, commendantes virtuti eorum iuventae-
que urbis per trecentos sexaginta annos omnibus bellis victricis
quaecumque reliqua esset fortuna. Digredientibus qui spem *5*
omnem atque opem secum ferebant ab iis qui captae urbis non
superesse statuerant exitio, cum ipsa res speciesque miserabilis
erat, tum muliebris fletus et concursatio incerta nunc hos, nunc
illos sequentium rogitantiumque viros natosque cui se fato darent nihil quod humani superesset mali relinquebant. Magna *10*

---

39 **iactura, ae** f. – loss
utique (adv.) – in any case, certainly
41 **palam** (adv.) – openly
43 **tueor, eri, tuitus** (2) – protect, look at
onero, are (1) – burden

3 **prosequor, i, secutus** (3) – follow,
accompany

4 **sexaginta** (indecl.) – sixty
victrix, icis f. – victress
5 **digredior, i, gressus** (3) – depart, go
apart, diverge
7 **miserabilis, e** – miserable, exciting
pity
8 **concursatio, onis** f. – running to and
fro

---

41 **senes triumphales consularesque**
– men who had had the honors of the
triumph, and the ex-consuls. These
people of former higher authority
decided to remain in Rome with the
plebeians, because they were not able
to contribute to the defending of the
citadel.

3 **commendantes** – *commendo* is the
verb used for a dying person who
leaves children, parents etc. to the
care of others.

4 **per trecentos sexaginta annos** – this
probably happened in 389 B.C. Livy's
calculation may not be exact.

5 **spem omnem** – the hope that they
might defend Rome against the Gauls
successfully.

8 **tum muliebris fletus...cui se fato
darent** – the situation of the women
was particularly miserable: following
their older husbands would expose
them to a possible massacre; joining
the sons going to the citadel would
diminish the number of combatants
that could defend Rome.

10 **nihil...relinquebant** – Livy makes
a general statement about human
wretchedness.

pars tamen earum in arcem suos persecutae sunt, nec prohi-
bente ullo nec vocante, quia quod utile obsessis ad minuendam
imbellem multitudinem, id parum humanum erat. Alia maxime
plebis turba, quam nec capere tam exiguus collis nec alere in
15   tanta inopia frumenti poterat, ex urbe effusa velut agmine iam
uno petiit Ianiculum. Inde pars per agros dilapsi, pars urbes
petunt finitimas, sine ullo duce aut consensu, suam quisque
spem, sua consilia, communibus deploratis exsequentes.

The priests try to preserve the sacred objects

Flamen interim Quirinalis virginesque Vestales, omissa rerum
20   suarum cura, quae sacrorum secum ferenda, quae, quia vires
ad omnia ferenda deerant, relinquenda essent consultantes,
quisve ea locus fideli adservaturus custodia esset, optimum du-
cunt condita in doliolis sacello proximo aedibus flaminis Quirinalis, ubi nunc despui religio est, defodere; cetera inter se, onere
25   partito, ferunt via quae sublicio ponte ducit ad Ianiculum. In eo
clivo eas cum L. Albinius de plebe Romana homo conspexis-
set plaustro coniugem et liberos vehens inter ceteram turbam
quae inutilis bello urbe excedebat, salvo etiam tum discrimine
divinarum humanarumque rerum, religiosum ratus sacerdotes
30   publicas sacraque populi Romani pedibus ire ferrique, se ac
suos in vehiculo conspici, descendere uxorem ac pueros iussit,

---

13   **imbellis, e** – unwarlike
16   **dilabor, i, lapsus** (3) – slip away
21   **consulto, are** (1) – take counsel
22   **adservo, are** (1) – preserve
23   **doliolum, i** n. – small cask
24   **despuo, ere** (3) – spit
26   **clivus, i** m. – hill

27   **plaustrum, i** n. – wagon
     veho, ere, vexi, vectum (3) – trans-
       port, carry / **vehens, ntis** – riding
28   **inutilis, e** – useless
29   **religiosus, a, um** – religious
31   **vehiculum, i** n. – vehicle

---

13   **id parum humanum erat** – Livy
     seems to consider preventing women
     from joining the fighters who would
     take refuge in the citadel, thus de-
     fending it, an inhuman act.
16   **Ianiculum** – one of the Roman hills.
18   **communibus deploratis** – the hope
     for public safety has faded away. An
     ablative absolute.
23   **in doliolis** – *doliolum* is a jar, a dimin-
     utive form of *dolium*, which is a very

large jar of globular form with a wide
mouth.
24   **religio** – later it became a taboo to
     spit on the place where the sacred ob-
     jects were buried.
25   **sublicio ponte** – a wooden pile-
     bridge built by Ancus Marcius.
29   **religiosum** – prohibited by religious
     scruples.

virgines sacraque in plaustrum imposuit et Caere quo iter sacerdotibus erat pervexit.

V, 41 TEXT: *Former high Roman officials, waiting at the entrance of their homes, are slain by Gauls*

Romae interim satis iam omnibus, ut in tali re, ad tuendam arcem compositis, turba seniorum domos regressi adventum hostium obstinato ad mortem animo exspectabant. Qui eorum curules gesserant magistratus, ut in fortunae pristinae honorumque aut virtutis insignibus morerentur, quae augustissima vestis est tensas ducentibus triumphantibusve, ea vestiti medio aedium eburneis sellis sedere. Sunt qui, M. Folio pontifice maximo praefante carmen, devovisse eos se pro patria Quiritibusque Romanis tradant. Galli et quia interposita nocte a contentione pugnae remiserant animos et quod nec in acie ancipiti usquam certaverant proelio nec tum impetu aut vi capiebant urbem, sine ira, sine ardore animorum ingressi postero die urbem patente Collina porta in forum perveniunt, circumferentes oculos ad templa deum arcemque solam belli speciem

5

10

33	**perveho, ere, vexi, vectum** (3) – transport all the way to		**devoveo, ere, vovi, votum** (2) – vow, devote, offer oneself (usually in battle) as a sacrifice to the gods
2	**regredior, i, gressus** (3) – go back	9	**interpono, ere, posui, positum** (3) – interpose, place between
4	**pristinus, a, um** – original, primitive		
6	**tensa, ae** f. – a type of chariot	12	**ardor, oris** m. – heat, zeal, enthusiasm
7	**eburneus, a, um** – made of ivory	13	**pateo, ere, ui** (2) – be open
8	**praefor, ari** (1) – say in advance		

---

32 **Caere** – *Caere*, f, indeclinable – a very ancient town in Etruria.

2 **regressi** – plural participle in apposition with a collective singular noun.

4 **curules...magistratus** – higher magistrates, like consuls, were transported by *currus*, sitting on an ivory chair, the *sella curulis*. Thus, their magistrates were called *magistratus curules*. See p. 25, note on l. 9.

ut...morerentur – a purpose clause.

5 **augustissima vestis** – i.e., *toga picta*, worn by the victors in their triumphs, a purple, golden-embroidered toga.

6 **tensas** – chariots on which images of gods were carried to public spectacles,

escorted by processions.

7 **pontifice maximo** – the chief of the higher priests.

8 **carmen** – a formula with which the senators proclaimed that they would die for Rome.

Quiritibusque – *Quirites* are the Roman citizens.

11 **certaverant** – the Gauls had not really met any serious resistance until then.

13 **Collina porta** – a gate of Rome near the Quirinal Hill.

14 **arcemque solam belli speciem tenentem** – the citadel, on the Capitoline Hill, where all men able to carry weapons were gathered.

15 tenentem. Inde, modico relicto praesidio ne quis in dissipatos
ex arce aut Capitolio impetus fieret, dilapsi ad praedam vacuis
occursu hominum viis, pars in proxima quaeque tectorum agmine ruunt, pars ultima, velut ea demum intacta et referta praeda, petunt; inde rursus ipsa solitudine absterriti, ne qua fraus
20 hostilis vagos exciperet, in forum ac propinqua foro loca con-
globati redibant; ubi eos, plebis aedificiis obseratis, patentibus
atriis principum, maior prope cunctatio tenebat aperta quam
clausa invadendi; adeo haud secus quam venerabundi intue-
bantur in aedium vestibulis sedentes viros, praeter ornatum
25 habitumque humano augustiorem, maiestate etiam, quam vultus gravitasque oris prae se ferebat, simillimos dis. Ad eos velut
simulacra versi cum starent, M. Papirius, unus ex iis, dicitur
Gallo barbam suam, ut tum omnibus promissa erat, permul-
centi scipione eburneo in caput incusso iram movisse, atque ab
30 eo initium caedis ortum, ceteros in sedibus suis trucidatos. Post
principum caedem nulli deinde mortalium parci, diripi tecta,
exhaustis inici ignes.

---

15 **modicus, a, um** – moderate, modest
  dissipo, are (1) – disperse, scatter
17 **occursus, us** m. – meeting, making
  contact
19 **absterreo, ere, terrui, territum** (2)
  – frighten away, deter
  fraus, fraudis f. – deceit, fraud
20 **vagus, a, um** – wandering, roaming
  conglobo, are (1) – gather into a
  mass

21 **obsero, are** (1) – shut fast, close up
22 **cunctatio, onis** f. – hesitation
23 **secus** (adv.) – otherwise
  venerabundus, a, um – reverent
27 **simulacrum, i** n. – image, statue
28 **promissus, a, um** – long
29 **scipio, onis** m. – staff
31 **diripio, ere, ripui, reptum** (3) – tear
  asunder, ravage, struggle

---

16 **ex arce aut Capitolio** – on one summit
of the Capitoline Hill was the *Capitolium*, where stood the great temple
of Jupiter. On another summit of the
same hill, to the North East, was the
arx, or the citadel.
  vacuis...viis – there was nobody to
meet on the streets.
18 **ultima** – i.e., *tecta*. *Ultima* means 'the
more distant houses'.
22 **maior...invadendi** – the Gauls feared
the lacking signs of resistance more
than anything else.
24 **vestibulis** – *vestibulum* is the en-
closed space between the entrance of

the house and the street, a fore-court;
atrium (just mentioned above) is the
entrance-room.
  sedentes...dis – i.e., *Galli quadam ven-
eratione inspiciebant viros qui in vestibulis sedebant. Nam ii viri non tantum ornatum et habitum augustiorem habebant,
sed quandam maiestatem. Illa maiestas
ex vultu et ex oris gravitate proveniebat.
Ergo deis simillimi videbantur. Simillimos deis* is an apposition to *viros*.
29 **scipione eburneo** – the ivory staff indicating the high official station of M.
Papirius.
31 **parci...diripi...inici** – historical infinitives.

V, 42 TEXT: *The Gauls devastate Rome before the eyes of the defenders holding the citadel*

Ceterum, seu non omnibus delendi urbem libido erat, seu ita
placuerat principibus Gallorum et ostentari quaedam incendia
terroris causa, si compelli ad deditionem caritate sedum suarum
obsessi possent, et non omnia concremari tecta ut quodcumque
superesset urbis, id pignus ad flectendos hostium animos ha-   5
berent, nequaquam perinde atque in capta urbe primo die aut
passim aut late vagatus est ignis. Romani ex arce plenam hostium urbem cernentes vagosque per vias omnes cursus, cum
alia atque alia parte nova aliqua clades oreretur, non mentibus
solum concipere sed ne auribus quidem atque oculis satis con-   10
stare poterant. Quocumque clamor hostium, mulierum puero-
rumque ploratus, sonitus flammae et fragor ruentium tectorum
avertisset, paventes ad omnia animos oraque et oculos flecte-
bant, velut ad spectaculum a fortuna positi occidentis patriae
nec ullius rerum suarum relicti praeterquam corporum vindi-   15
ces, tanto ante alios miserandi magis qui unquam obsessi sunt
quod interclusi a patria obsidebantur, omnia sua cernentes in
hostium potestate. Nec tranquillior nox diem tam foede actum
excepit; lux deinde noctem inquieta insecuta est, nec ullum

---

1   **ceterum** (adv.) – besides, otherwise, yet
     deleo, ere, delevi, deletum (2) – destroy

2   **incendium, i** n. – conflagration

3   **deditio, onis** f. – surrender

4   **concremo, are** (1) – burn up

6   **perinde** (adv.) ... **atque/ac** – just.... as

7   **passim** (adv.) – everywhere
     late (adv.) – widely

10   **concipio, ere, cepi, ceptum** (3) – conceive
     consto, are, stiti (1) – stand firm

12   **sonitus, us** m. – sound

13   **paveo, ere, pavi** (2) – tremble, fear

17   **intercludo, ere, clusi, clusum** (3) – shut off

18   **tranquillus, a, um** – calm

19   **inquietus, a, um** – disturbed

---

1   **omnibus** – i.e., *Gallis.*

3   **caritate** – the desire to save their own homes.

5   **pignus...haberent** – if some parts of Rome remained unharmed, maybe the Romans would be prone to accept different solutions in order to have their homes back.

9   **non mentibus...poterant** – there is a contrast between the mental grasp (*mentibus concipere*) and the physical ability to hear and see (*auribus atque oculis constare*). The meaning here is *non mentibus solum <non> concipere...* In sentences where *non solum (modo) non* is followed by *sed... ne... quidem...*, and the two negative clauses have a common verb (here *poterant*), the second *non* is typically omitted and left to be understood.

15   **vindices** – for the moment, the spectators from the citadel are able at least to own their lives.

20 erat tempus quod a novae semper cladis alicuius spectaculo
cessaret. Nihil tamen tot onerati atque obruti malis flexerunt
animos, quin, etsi omnia flammis ac ruinis aequata vidissent,
quamvis inopem parvumque quem tenebant collem libertati
relictum virtute defenderent; et iam, cum eadem cottidie ac-
25 ciderent, velut adsueti malis abalienaverant ab sensu rerum
suarum animos, arma tantum ferrumque in dextris velut solas
reliquias spei suae intuentes.

V, 43 TEXT: *The Gauls attack the citadel without success*

Galli quoque per aliquot dies in tecta modo urbis nequiquam
bello gesto cum inter incendia ac ruinas captae urbis nihil superesse praeter armatos hostes viderent, nec quicquam tot cladibus
territos nec flexuros ad deditionem animos ni vis adhiberetur,
5 experiri ultima et impetum facere in arcem statuunt. Prima luce
signo dato multitudo omnis in foro instruitur; inde clamore
sublato ac testudine facta subeunt. Adversus quos Romani nihil temere nec trepide; ad omnes aditus stationibus firmatis,
qua signa ferri videbant, ea, robore virorum opposito, scandere
10 hostem sinunt, quo successerit magis in arduum, eo pelli posse
per proclive facilius rati. Medio fere clivo restitere; atque inde

---

21 **cesso, are** (1) – cease from
23 **inops, inopis** – small, weak, helpless
25 **adsuetus/assuetus, a, um** – accustomed
abalieno, are (1) – alienate
27 **reliquiae, arum** f. – remnants

7 **testudo, inis** f. – tortoise, vault of roof, covering (like a tortoise shell) for besiegers
9 **scando, ere, scandi** (3) – climb, mount
10 **arduus, a, um** – steep
11 **proclivis, e** – downward sloping, inclined

---

21 **nihil** – here it is the equivalent of a strong negative adverb, such as *nequaquam.*
22 **quin...defenderent** – a negative result clause. See Gildersleeve/Lodge, pp. 351–52.
aequata – i.e., *et inter se, et cum solo.*
23 **quamvis** – does not introduce a concessive clause here, but is only related to the adjectives *inopem parvumque.*
25 **rerum suarum** – the dreadful circumstances around them.

1 **nequiquam** – in vain, as far as the final victory is concerned.

3 **quicquam** – accusative of the internal object with *territos* – 'in no respect', 'not at all'.
4 **territos nec flexuros** – i.e., *territos <esse>* and *flexuros <esse>.*
9 **qua** – with this word and with the following *ea* we understand *via.*
10 **quo successerit...rati** – on the participle *rati* depends the accusative with infinitive *eo <hostem> pelli posse*; on this accusative with infinitive depends the comparative clause *quo successerit magis in arduum*: 'the steeper the slope the enemy ascended...'

ex loco superiore qui prope sua sponte in hostem inferebat impetu facto, strage ac ruina fudere Gallos; ut nunquam postea
nec pars nec universi temptaverint tale pugnae genus. Omissa
itaque spe per vim atque arma subeundi, obsidionem parant,   15
cuius ad id tempus immemores et quod in urbe fuerat frumentum incendiis urbis absumpserant, et ex agris per eos ipsos dies
raptum omne Veios erat. Igitur exercitu diviso partim per finitimos populos praedari placuit, partim obsideri arcem, ut obsid-
entibus frumentum populatores agrorum praeberent.   20

Camillus follows Roman events from his exile in Ardea

Proficiscentes Gallos ab urbe ad Romanam experiendam virtutem fortuna ipsa Ardeam ubi Camillus exsulabat duxit; qui
maestior ibi fortuna publica quam sua, cum dis hominibusque
accusandis senesceret, indignando mirandoque ubi illi viri essent qui secum Veios Faleriosque cepissent, qui alia bella for-   25
tius semper quam felicius gessissent, repente audit Gallorum
exercitum adventare atque de eo pavidos Ardeates consultare.
Nec secus quam divino spiritu tactus cum se in mediam contionem intulisset, abstinere suetus ante talibus conciliis;

---

13 **strages, is** f. – destruction, slaughter
17 **absumo, ere, sumpsi, sumptum** (3)
    – use up, consume
18 **partim** (adv.) – partly

24 **senesco, ere, senui** (3) – grow old
26 **repente** (adv.) – suddenly
27 **advento, are** (1) – approach
29 **suetus, a, um** – accustomed

---

12 **inferebat** – the verb has a direct ob-
    ject the implied *Romanos*.
16 **quod** – a relative which refers to *fru-
    mentum*. The sense is *obsidionis ad id
    tempus immemores et frumentum illud,
    quod in urbe fuerat, incendiis urbis ab-
    sumpserant, et per illos dies omne <fru-
    mentum> ex agris raptum erat Veios.*
17 **ex agris per eos ipsos dies raptum
    omne Veios erat** – this had been done
    by the Romans who had fled to Veii.
22 **Ardeam** – a city south of Rome.
    Camillus – M. Furius Camillus was
    the conqueror of Veii; he is the man
    who will free Rome from the Gauls.

23 **cum dis hominibusque accusandis
    senesceret** – the sense is: 'while he
    was wasting away in bitter accusa-
    tions aginst the gods and men'.
25 **Faleriosque** – *Falerii, orum*, m. pl. – a
    city in Etruria.
    fortius...felicius – i.e., their valor
    had been even greater than their suc-
    cesses (though their successes had
    also been considerable).
27 **Ardeates** – *Ardeates, ium*, m. pl. – the
    inhabitants of Ardea.
29 **suetus** – there is a concessive nuance
    in this participle.

V, 44 TEXT: *Camillus tries to persuade the inhabitants of Ardea to save Rome*

"Ardeates" inquit, "veteres amici, novi etiam cives mei, quando
et vestrum beneficium ita tulit et fortuna hoc eguit mea, nemo
vestrum condicionis meae oblitum me huc processisse putet;
sed res ac periculum commune cogit quod quisque possit in
5　　re trepida praesidii in medium conferre. Et quando ego vobis
pro tantis vestris in me meritis gratiam referam, si nunc ces-
savero? Aut ubi usus erit mei vobis, si in bello non fuerit? Hac
arte in patria steti et invictus bello, in pace ab ingratis civibus
pulsus sum. Vobis autem, Ardeates, fortuna oblata est et pro
10　　tantis populi Romani pristinis beneficiis, quanta ipsi meministis—nec enim exprobranda ea apud memores sunt—gratiae
referendae et huic urbi decus ingens belli ex hoste communi
pariendi. Qui effuso agmine adventant gens est cui natura corpora animosque magna magis quam firma dederit; eo in cer-
15　　tamen omne plus terroris quam virium ferunt. Argumento sit
clades Romana. Patentem cepere urbem: ex arce Capitolioque

8　　**invictus, a, um** – unconquered
　　ingratus, a, um – ungrateful
9　　**pello, ere, pepuli, pulsum** (3) – im-
　　pel, drive, drive out
11　　**exprobro, are** (1) – reproach about,

make a fuss about
memor, oris – mindful, remembering
gratias refero – return the favor
14　　**eo** (adv.) – therefore

1　　**cives mei** – i.e., *concives*. Camillus has
become a citizen of Ardea after his
expulsion from Rome.

quando et vestrum...eguit mea
– 'Seeing that your kindness has
brought this about, and my fortune
has demanded this (i.e., that I became
your fellow cirtizen).'

3　　**condicionis meae** – Camillus is still
exsul Romanus.

4　　**periculum commune** – the Gauls are
a common danger for Romans and
Ardeans.

periculum...conferre – the sense is:
*periculum commune cogit unum quemque
in tanto discrimine conferre in medium illud auxilium quod dare possit.*

6　　**tantis...meritis** – the acceptance and

granting of the citizenship.

8　　**ingratis civibus** – alludes to the Romans. After the conquest of Veii,
Camillus was exiled from Rome on
the charges of misusing some of the
booty gathered at Veii.

9　　**fortuna** – here it means 'opportunity'
and is to be taken with the genitive
gerundive *referendae* and the gerund
pariendi.

**pro tantis populi Romani pristinis
beneficiis** – Ardea was a colony of
Rome and at various times there had
been close ties between the two com-
munities.

11　　**nec...sunt** – i. e., *non necesse est ea
memorare apud homines illorum benefi-
ciorum memores.*

iis exigua resistitur manu: iam obsidionis taedio victi absce-
dunt vagique per agros palantur. Cibo vinoque raptim hausto
repleti, ubi nox adpetit, prope rivos aquarum sine munimento,
sine stationibus ac custodiis passim ferarum ritu sternuntur,   20
nunc ab secundis rebus magis etiam solito incauti. Si vobis in
animo est tueri moenia vestra nec pati haec omnia Galliam fieri,
prima vigilia capite arma frequentes, me sequimini ad caedem,
non ad pugnam. Nisi vinctos somno velut pecudes trucidandos
tradidero, non recuso eundem Ardeae rerum mearum exitum   25
quem Romae habui".

V, 45 TEXT: *Camillus attacks the Gauls while sleeping and slaughters them*

Aequis iniquisque persuasum erat tantum bello virum neminem
usquam ea tempestate esse. Contione dimissa, corpora curant,
intenti quam mox signum daretur. Quo dato, primae silentio
noctis ad portas Camillo praesto fuere. Egressi haud procul
urbe, sicut praedictum erat, castra Gallorum intuta neglectaque   5
ab omni parte nacti cum ingenti clamore invadunt. Nusquam
proelium, omnibus locis caedes est; nuda corpora et soluta somno trucidantur. Extremos tamen pavor cubilibus suis excitos,

---

17   **abscedo, ere, cessi, cessum** (3) – de-
        part, withdraw
18   **palor, ari** (1) – wander, straggle
        raptim (adv.) – hastily
19   **rivus, i** m. – stream
20   **ritu** (adverbial abl.) – in the manner
        of
        sterno, ere, stravi, stratum (3)
        – spread out, cover, throw down

21   **incautus, a, um** – careless, reckless
24   **pecus, udis** f. – a head of cattle
25   **exitus, us** m. – outcome

5   **intutus, a, um** – unsafe
6   **nanciscor, i, nactus** (3) – obtain, get
8   **cubile, is** n. – sleeping place, couch
        excio, ire, civi/ii, citum (4) – call out,
        rouse

---

17   **iam obsidionis...palantur** – the Gauls
        were forced to leave Rome in order
        to look for provisions, as mentioned
        above in chapter 43.
18   **Cibo...incauti.** – the denigration of
        the Gauls is a commonplace in an-
        cient literature, when talking about
        the barbarians.
21   **ab** – here this preposition is equiva-
        lent to *post*.

22   **Galliam** – i.e., *nec pati hanc patriam fi-
        eri Galliae partem.*
1   **aequis iniquisque** – i.e., *amicis et in-
        imicis.*
6   **Nusquam...trucidantur.** – in chapter
        44 the Gauls were portrayed as barbar-
        ians lacking military organization (*sine
        stationibus et custodiis*), but in chapter 45
        the opposite party seems to be acting
        like barbarians.

10 quae aut unde vis esset ignaros in fugam et quosdam in hostem
ipsum improvidos tulit. Magna pars in agrum Antiatem delati
incursione ab oppidanis in palatos facta circumveniuntur.

The Etruscans attack the Romans, while Rome is beset by misfortune, but are overcome

Similis in agro Veienti Tuscorum facta strages est, qui urbis iam
prope quadringentesimum annum vicinae, oppressae ab hoste
invisitato, inaudito, adeo nihil miseriti sunt ut in agrum Roma-
15 num eo tempore incursiones facerent, plenique praedae Veios
etiam praesidiumque, spem ultimam Romani nominis, in animo habuerint oppugnare. Viderant eos milites Romani vagantes
per agros et congregato agmine praedam prae se agentes, et castra cernebant haud procul Veiis posita. Inde primum miseratio
20 sui, deinde indignitas atque ex ea ira animos cepit: Etruscisne
etiam, a quibus bellum Gallicum in se avertissent, ludibrio esse
clades suas? Vix temperavere animis quin extemplo impetum
facerent; compressi a Q. Caedicio centurione quem sibimet ipsi
praefecerant, rem in noctem sustinuere. Tantum par Camillo
25 defuit auctor: cetera eodem ordine eodemque fortunae eventu
gesta. Quin etiam, ducibus captivis qui caedi nocturnae superfuerant, ad aliam manum Tuscorum ad salinas profecti, nocte

11 **circumvenio, ire, veni, ventum** (4) – surround
13 **quadringentensimus, a, um** – four hundredth
14 **invisitatus, a, um** – unseen, unkown
misereor, eri, itus (2) – have pity on
19 **miseratio, onis** f. – pity
22 **tempero, are** (1) – give restraint to

10 **in agrum Antiatem** – the vicinity of the town of *Antium*.
12 **in agro Veienti** – the vicinity of the town *Veii* in Etruria.
Tuscorum – Etruscans were killed near Veii.
15 **pleni...oppugnare** – the Etruscans were long-term enemy of the Romans and seized this opportunity to attack when the Romans were already oppressed by a worse enemy.
18 **castra** – i.e., *Tuscorum.*
23 **a Q. Caedicio centurione** – he was the chief of the expedition against the Etruscans. *Centurio* is a commander of a division occupying a station below *tribunus.*
26 **superfuerant** – some survivors of the night-time massacre acted as guides for the Romans.
27 **salinas** – the salt-works at Ostia near Rome.
profecti – i. e., *Romani.*

insequenti ex improviso maiorem caedem edidere, duplicique
victoria ovantes Veios redeunt.

*The Gauls nearly climb to the summit of the Capitolium by a back route, when
they are betrayed by the sound of geese and repelled. Finally the Romans are
forced to buy off the Gauls with gold, in order to gain relief from siege. In the
meantime, Camillus is made dictator and comes to free Rome from the Gauls.*

29   **ovo, are** (1) – exult, celebrate

LIBER SEXTUS

Temple of Vesta, Rome. Vanni / Art Resource, NY

The Romans win victories in wars against neighboring peoples. M. Manlius, who had defended the citadel against the Gauls, attempts to gain relief for citizens burdened by debt. He is condemned on a charge of aspiring to restore monarchy, and hurled from the Tarpeian Rock.

VI, 35 TEXT: *Many plebeians are oppressed by debt. The tribunes C. Licinius and L. Sextius take measures on behalf of the lower classes*

Occasio videbatur rerum novandarum propter ingentem vim aeris alieni, cuius levamen mali plebes nisi suis in summo imperio locatis nullum speraret: accingendum ad eam cogitationem esse; conando agendoque iam eo gradum fecisse plebeios
5 unde, si porro adnitantur, pervenire ad summa et patribus aequari tam honore quam virtute possent. In praesentia tribunos plebis fieri placuit, quo in magistratu sibimet ipsi viam ad ceteros honores aperirent; creatique tribuni C. Licinius et L. Sextius promulgavere leges omnes adversus opes patriciorum et pro
10 commodis plebis: unam de aere alieno, ut deducto eo de capite quod usuris pernumeratum esset id quod superesset triennio aequis portionibus persolveretur; alteram de modo agrorum, ne quis plus quingenta iugera agri possideret; tertiam, ne tribunorum militum comitia fierent consulumque utique alter ex

---

2 **aes alienum** n. – debt
  levamen, inis n. – relief
5 **porro** (adv.) – further
6 **in praesentia** – for the present
9 **promulgo, are** (1) – promulgate
10 **commodus, a, um** – convenient

11 **usura, ae** f. – interest
  pernumero, are (1) – count out
  triennium, i n. – a space of three years
12 **persolvo, ere, solvi, solutum** (3) – pay off

---

1 **rerum novandarum** – *res novae* can mean 'sedition' or 'revolution'.
2 **suis** – i.e., *suis <hominibus>*.
3 **accingendum** – the construction is impersonal, and the metaphor is that of a soldier girding for battle.
  ad eam cogitationem – i. e., *ad cogitandum suos homines esse in summo imperio locandos.*
4 **eo gradum fecisse** – i.e., *usque ad eum locum progressos esse.*
10 **caput** – here it means the 'capital' or the original sum lent.

11 **pernumeratum esset** – the interest was to be deducted from the original sum.
  triennio – ablative expressing time within which something happens. See Gildersleeve/Lodge, pp. 252–54.
13 **ne quis...possideret** – the law was intended to regulate public lands, and make the land available to a larger number of poorer citizens. The Roman *iugerum* was slightly more than half the size of an English acre.

plebe crearetur; cuncta ingentia et quae sine certamine maximo   15
obtineri non possent.

Although the senatorial order attempts to take measures against the tribunes, the tribunes are re-elected and block the appointment of curule magistrates

Omnium igitur simul rerum, quarum immodica cupido inter
mortales est, agri, pecuniae, honorum discrimine proposito
conterriti patres, cum trepidassent publicis privatisque consiliis, nullo remedio alio praeter expertam multis iam ante cer-   20
taminibus intercessionem invento collegas adversus tribunicias
rogationes comparaverunt. Qui ubi tribus ad suffragium ineundum citari a Licinio Sextioque viderunt, stipati patrum praesidiis nec recitari rogationes nec sollemne quicquam aliud ad
sciscendum plebi fieri passi sunt. Iamque frustra saepe concilio   25
advocato, cum pro antiquatis rogationes essent, "Bene habet"
inquit Sextius; "quando quidem tantum intercessionem pollere
placet, isto ipso telo tutabimur plebem. Agitedum comitia in-
dicite, patres, tribunis militum creandis; faxo ne iuvet vox ista
'veto', qua nunc concinentes collegas nostros tam laeti auditis."   30
Haud inritae cecidere minae: comitia praeter aedilium tribu-
norumque plebis nulla sunt habita. Licinius Sextiusque tribuni

---

17 **immodicus, a, um** – immoderate
19 **trepido, are** (1) – fear, feel alarm
22 **rogatio, onis** f. – bill, proposal for a
  law, regulation or policy
  tribus, us f. – tribe
24 **recito, are** (1) – read out, recite
25 **scisco, ere, scivi, scitum** (3) – inquire, enact, pass a resolution

26 **antiquo, are** (1) – render invalid, reject
28 **tutor, ari** (1) – guard, protect
  agedum/agitedum – come now!
30 **concino, ere** (3) – chant together,
  harmonize, agree
31 **inritus, a, um** – vain, useless
  aedilis, is m. – aedile (a civil magistrate)

---

15 **cuncta** – 'all of these issues...'
20 **expertam** – the verb *experiri* is a deponent, but the perfect participle in
  some contexts, as here, can have a
  passive meaning.
21 **intercessionem** – *intercessio* is the
  right of a magistrate (especially asso-
  ciated with the tribunes) to block or
  veto the acts of the senate, or another
  magistrate.
24 **ad sciscendum plebi** – 'for passing a
  resolution of the plebeians...'

26 **pro antiquatis** – '...as though rejected...'
28 **isto ipso telo** – here *intercessio* is meta-
  phorically conceived of as a *telum*.
29 **faxo** – archaic future perfect, first
  person singular, of *facere*.
30 **veto** – a tribune who wished to protest a proposal of the senate or of the
  magistrates would exclaim "Veto!"
31 **cecidere** – means about the same as
  evenerunt.

plebis refecti nullos curules magistratus creari passi sunt; eaque solitudo magistratuum et plebe reficiente duos tribunos et iis
35   comitia tribunorum militum tollentibus per quinquennium urbem tenuit.

---

35   **quinquennium, i** n. – space of five
         years

---

33   **refecti** – i.e., *iterum facti*.
     curules magistratus – those offices whose holders could use the *sella curulis*, a folding chair of honor made of ivory. The magistrates given this

right were consuls, praetors, curule aediles, censors, the *flamen dialis*, the dictator and his master of horse. See p. 25, note on l. 9.
34   **iis** – the two tribunes.

LIVY'S LANGUAGE
ARCHAIC FORMS, FORMULAE AND DICTION

Livy was a great admirer of Rome's earliest period, and he calls this period to life, not merely by recounting the exploits and virtues of early Roman heroes, but also by deliberately, on occasions, giving his language an archaic color. Sometimes this takes the form of a narrative of legal procedures or religious ceremonies in which archaizing formulae appear, such as the trial of the surviving Horatius for the death of his sister in Book I, in which we note the following formula, for example, with its distinctive future imperatives.

> "Duumviri perduellionem iudicent; si a duumviris provocarit, provocatione *certato*; si vincent, caput *obnubito*; infelici arbori reste *suspendito*; *verberato* vel intra pomerium vel extra pomerium." (I, 26)

Or, for example, the archaic future perfect may be employed in a speech in which other archaisms are not consistently employed in a way that nevertheless brings to mind the environment of the early Roman state.

> "Agitedum comitia indicite, patres, tribunis militum creandis; *faxo* ne iuvet vox ista 'veto', qua nunc concinentes collegas nostros tam laeti auditis." (VI, 35)

VI, 36 TEXT: *Though beset by internal difficulties, the Romans become involved in new military conflicts with neighbors*

Alia bella opportune quievere: Veliterni coloni gestientes otio
quod nullus exercitus Romanus esset, et agrum Romanum ali-
quotiens incursavere et Tusculum oppugnare adorti sunt; eaque
res, Tusculanis, veteribus sociis, novis civibus, opem orantibus,
verecundia maxime non patres modo sed etiam plebem movit.   5
Remittentibus tribunis plebis comitia per interregem sunt habita; creatique tribuni militum L. Furius A. Manlius Ser. Sulpicius
Ser. Cornelius P. et C. Valerii. Haudquaquam tam oboedientem
in dilectu quam in comitiis plebem habuere; ingentique contentione exercitu scripto profecti non ab Tusculo modo summovere   10
hostem sed intra suamet ipsum moenia compulere; obsideban-
turque haud paulo vi maiore Velitrae quam Tusculum obsessum
fuerat. Nec tamen ab eis, a quibus obsideri coeptae erant, expug-
nari potuere; ante novi creati sunt tribuni militum, Q. Servilius
C. Veturius A. et M. Cornelii Q. Quinctius M. Fabius. Nihil ne ab   15
his quidem tribunis ad Velitras memorabile factum.

In Rome, Sextius and Licinius continue their agitation on behalf of the lower orders

In maiore discrimine domi res vertebantur. Nam praeter Sextium Liciniumque latores legum, iam octavum tribunos plebis
refectos, Fabius quoque tribunus militum, Stolonis socer,
quarum legum auctor fuerat, earum suasorem se haud dubium   20

---

1   **quiesco, ere, quievi** (3) – grow quiet,
    abate
3   **incurso, are** (1) – make incursions
    into
10   **summoveo, ere, movi, motum** (2)

    – drive away, move away
16   **memorabilis, e** – memorable
18   **lator, oris** m. – proposer of a law
    octavum (adv.) – for the eighth time
20   **suasor, oris** m. – advocate, defender

---

1   **Veliterni** – the inhabitants of *Velitrae,
    arum,* f. pl. – a town in Latium.
3   **Tusculum** – a very ancient town in
    Latium.
5   **verecundia** - an ablative which de-
    scribes how *ea res patres et plebem mo-
    vit.*
6   **remittentibus** – for the time being the
    tribunes dropped their opposition.

per interregem – the name *interrex*
was a relic of the era of the kings.
During the early republic an *interrex*
would be appointed to hold elections
in a period when chief magistrates
were lacking.
9   **dilectu** – *dilectus,* sometimes spelled
delectus, is the conscription of soldiers.

ferebat; et cum octo ex collegio tribunorum plebis primo intercessores legum fuissent, quinque soli erant, et, ut ferme solent qui a suis desciscunt, capti et stupentes animi vocibus alienis id modo quod domi praeceptum erat intercessioni suae praetendebant: Velitris in exercitu plebis magnam partem abesse; in adventum militum comitia differri debere, ut universa plebes de suis commodis suffragium ferret. Sextius Liciniusque cum parte collegarum et uno ex tribunis militum Fabio, artifices iam tot annorum usu tractandi animos plebis, primores patrum productos interrogando de singulis, quae ferebantur ad populum, fatigabant: auderentne postulare ut, cum bina iugera agri plebi dividerentur, ipsis plus quingenta iugera habere liceret ut singuli prope trecentorum civium possiderent agros, plebeio

21 **octo** (indecl.) – eight
intercessor, oris m. – one who intercedes
23 **descisco, ere, descivi** (3) – revolt from, defect, depart from, desert
24 **praecipio, ere, cepi, ceptum** (3) – prescribe
praetendo, ere, tendi, tentum (3) – use as a cover or pretext for
28 **artifex, icis** m. – artist, craftsman, artisan
31 **fatigo, are** (1) – weary, wear out
32 **quingenti, ae, a** – five hundred

23 **stupentes animi** – in Livy the genitive is used instead of the ablative to complete the meaning of certain adjectives.
vocibus alienis – these men gave the reasons for their intercessions *vocibus alienis,* because they said what they had been told by others to say.
33 **singuli** – we understand *singuli* of the upper classes.

LIVY'S LANGUAGE

GENITIVE WITH ADJECTIVES AND PARTICIPLES

In poetry and the prose of the silver age, beginning with Livy (and sometimes Sallust), the genitive is used with an extended range of meanings, which are expressed by other cases, such as the ablative, in classical prose, to complete the sense of certain adjectives and participles.

> "consolantur *aegram animi* avertendo noxam ab coacta in auctorem delicti" (I, 58)

> "capti et *stupentes animi*" (VI, 36)

homini vix ad tectum necessarium aut locum sepulturae suus
pateret ager? An placeret fenore circumventam plebem, potius   35
quam sortem solvat, corpus in nervum ac supplicia dare et gregatim cottidie de foro addictos duci et repleri vinctis nobiles domus
et, ubicumque patricius habitet, ibi carcerem privatum esse?

VI, 37 TEXT: *Licinius and Sextius want a law to be passed that would require at least one of the consuls to be of plebeian birth*

Haec indigna miserandaque auditu cum apud timentes sibimet
ipsos maiore audientium indignatione quam sua increpuis-
sent, atqui nec agros occupandi modum nec fenore trucidandi
plebem alium patribus unquam fore adfirmabant, nisi alterum
ex plebe consulem, custodem suae libertatis, fecissent. Contem-   5
ni iam tribunos plebis, quippe quae potestas iam suam ipsa vim
frangat intercedendo. Non posse aequo iure agi ubi imperium
penes illos, penes se auxilium tantum sit; nisi imperio com-
municato, nunquam plebem in parte pari rei publicae fore. Nec
esse quod quisquam satis putet, si plebeiorum ratio comitiis   10
consularibus habeatur; nisi alterum consulem utique ex plebe
fieri necesse sit, neminem fore. An iam memoria exisse, cum tribunos militum idcirco potius quam consules creari placuisset
ut et plebeiis pateret summus honos, quattuor et quadraginta
annis neminem ex plebe tribunum militum creatum esse? Qui   15
crederent duobus nunc in locis sua voluntate impertituros plebi

---

35 **fenus, oris** n. – interest
36 **gregatim** (adv.) – in groups

1 **indignus, a, um** – unworthy
   miserandus, a, um – pitiful

8 **communico, are** (1) – communicate, share
13 **idcirco** (adv.) – therefore
16 **impertio, ire** (4) – give a share in, impart to

---

36 **sortem** – here *sors* means capital or principal sum loaned.
   in nervum – in archaic Latin and popular speech, *nervus* means fet-ter, and with a transferred meaning it may denote 'imprisonment'. The entire passage here has been much debated by editors.
37 **addictos** – those who could not pay their debts, might be *addicti* or hand-ed over as bonded servants to their creditors.

3 **trucidandi** – of course this word has a metaphorical and not literal mean-ing here.
8 **penes illos** – *illos* means the patri-cians. The tribunes of the people had no *imperium*.
10 **si plebeiorum ratio...habeatur** – this would imply the allowing of candi-dates in consular elections who were of plebeian origin.

honorem, qui octona loca tribunis militum creandis occupare
soliti sint, et ad consulatum viam fieri passuros, qui tribunatum saeptum tam diu habuerint? Lege obtinendum esse quod
20 comitiis per gratiam nequeat, et seponendum extra certamen
alterum consulatum ad quem plebi sit aditus, quoniam in certamine relictus praemium semper potentioris futurus sit. Nec
iam posse dici id quod antea iactare soliti sint, non esse in plebeiis idoneos viros ad curules magistratus. Numquid enim so-
25 cordius aut segnius rem publicam administrari post P. Licini
Calvi tribunatum, qui primus ex plebe creatus sit, quam per
eos annos gesta sit quibus praeter patricios nemo tribunus militum fuerit? Quin contra patricios aliquot damnatos post tribunatum, neminem plebeium. Quaestores quoque, sicut tribunos
30 militum, paucis ante annis ex plebe coeptos creari nec ullius
eorum populum Romanum paenituisse.

The tribunes argue that opening the consulship to plebeians will help ensure freedom from monarchy

Consulatum superesse plebeiis; eam esse arcem libertatis, id
columen. Si eo perventum sit, tum populum Romanum vere
exactos ex urbe reges et stabilem libertatem suam existimatu-
35 rum; quippe ex illa die in plebem ventura omnia quibus patricii excellant, imperium atque honorem, gloriam belli, genus,
nobilitatem, magna ipsis fruenda, maiora liberis relinquenda.
Huius generis orationes ubi accipi videre, novam rogationem
promulgant, ut pro duumviris sacris faciundis decemviri creen-
40 tur ita ut pars ex plebe, pars ex patribus fiat; omniumque earum
rogationum comitia in adventum eius exercitus differunt qui
Velitras obsidebat.

---

17 **octoni, ae, a** – eight each
24 **numquid** (interrogative adverb) –
  is it the case that?
  socors, ordis – lazy, inert

33 **columen/culmen, inis** n. – peak, summit
34 **existimo, are** (1) – think, deem, estimate

---

17 **occupare soliti sint** – the patricians had been used to occupying eight offices in the case of military tribunes. In the case of just two available positions they would hardly, of their own free will, give a place to the plebeians.
19 **saeptum** – i.e., blocked to plebeians.

VI, 38 TEXT: *The patricians, who fear the tribunes and their plans, bring about the election of M. Furius Camillus as dictator*

Prius circumactus est annus quam a Velitris reducerentur legiones; ita suspensa de legibus res ad novos tribunos militum dilata; nam plebis tribunos eosdem, duos utique quia legum latores erant, plebes reficiebat. Tribuni militum creati T. Quinctius Ser. Cornelius Ser. Sulpicius Sp. Servilius L. Papirius L. Veturius. Principio statim anni ad ultimam dimicationem de legibus ventum; et cum tribus vocarentur nec intercessio collegarum latoribus obstaret, trepidi patres ad duo ultima auxilia, summum imperium summumque ad civem decurrunt. Dictatorem dici placet; dicitur M. Furius Camillus, qui magistrum equitum L. Aemilium cooptat. Legum quoque latores adversus tantum apparatum adversariorum et ipsi causam plebis ingentibus animis armant, concilioque plebis indicto, tribus ad suffragium vocant...

Camillus warns the tribunes to desist from the course of action

Adversus ea cum contemptim tribuni plebis rem nihilo segnius peragerent, tum percitus ira Camillus lictores qui de medio plebem emoverent misit et addidit minas, si pergerent, sacramento omnes iuniores adacturum exercitumque extemplo ex

---

1 **circumago, ere, egi, actum** (3) – bring around, (pass.) be completed

12 **adversarius, i** m. – opponent

16 **percitus, a, um** – instigated, impelled

17 **emoveo, ere, movi, motum** (2) – remove

sacramento aliquem adigo – make someone take the military oath

---

7 **cum tribus vocarentur** – the Roman people assembled by tribes in the *comitia tributa* had legislative and some judicial powers.

10 **M. Furius Camillus** – Camillus was renowned as one of the greatest Roman statesmen of the early fourth century B.C. After the conquest of Veii, he was exiled on charges of misusing some of the booty from that city. He was recalled, however, and drove the Gauls out of Rome, and afterwards conquered the Volsci and Aequi. He reformed the Roman military sysrtem, and he was made dictator five times in his life. See also p. 203, note on l. 22, and p. 204, note on l. 8.

12 **ingentibus animis** – 'with great fervor' or 'zeal'.

15 **ea** – i. e., the warnings of Camillus.

17 **sacramento omnes iuniores adacturum** – he threatened to make the *iuniores*, those of military age, take the military oath.

urbe educturum. Terrorem ingentem incusserat plebi: ducibus
20   plebis accendit magis certamine animos quam minuit. Sed re
neutro inclinata magistratu se abdicavit, seu quia vitio creatus
erat, ut scripsere quidam, seu quia tribuni plebis tulerunt ad
plebem idque plebs scivit, ut, si M. Furius pro dictatore quid
egisset, quingentum milium ei multa esset; sed auspiciis ma-
25   gis quam novi exempli rogatione deterritum ut potius credam,
cum ipsius viri facit ingenium, tum quod ei suffectus est extemplo P. Manlius dictator—quem quid creari attinebat ad id certamen quo M. Furius victus esset?—et quod eundem M. Furium
dictatorem insequens annus habuit, haud sine pudore certe
30   fractum priore anno in se imperium repetiturum; simul quod
eo tempore quo promulgatum de multa eius traditur aut et huic
rogationi, qua se in ordinem cogi videbat, obsistere potuit aut
ne illas quidem propter quas et haec lata erat impedire; et quod
usque ad memoriam nostram tribuniciis consularibusque cer-
35   tatum viribus est, dictaturae semper altius fastigium fuit.

---

19   **educo, ere, duxi, ductum** (3) – lead
     out, lead away
24   **multa, ae** f. – fine

25   **deterreo, ere, terrui, territum** (2)
     – frighten away, deter
29   **insequor, i, secutus** (3) – follow,
     come next

---

21   **neutro** – an adverb meaning: 'in nei-
     ther direction'.
     vitio – refers to an error in formal or
     legal procedure.
23   **ut, si M. Furius...multa esset** – these
     words reflect the language of a decree
     of the plebs.
     pro dictatore – 'in his function as a
     dictator'.
24   **sed auspiciis...dictator** – the sense
     is: *duae res efficiunt ut potius credam
     eum auspiciis magis quam novi exempli
     rogatione deterritum esse: primum, ip-
     sius viri ingenium; deinde illud, quod ei
     suffectus est extemplo P. Manlius dicta-
     tor.* Very often, as here, *cum... tum...* is

almost equivalent to *et... et...* or *non
solum... sed etiam...* .
25   **novi exempli** – indicates something
     that has no precedent.
30   **repetiturum** – the participle here has
     a counterfactual meaning; i. e., 'he
     would hardly without shame seek
     again an imperium that had been
     nullified the previous year while he
     was holding it (*in se*)'.
32   **cogi** – i.e., that he was reduced to his
     ordinary condition – in other words,
     deprived of dictatorial office.
35   **fastigium** – i.e., the eminence of the
     dictatorship was always above such
     conflicts.

VI, 39 TEXT: *Licinius and Sextius continue to incite the plebeians*

Inter priorem dictaturam abdicatam novamque a Manlio ini-
tam ab tribunis velut per interregnum concilio plebis habito
apparuit quae ex promulgatis plebi, quae latoribus gratiora essent. Nam de fenore atque agro rogationes iubebant, de plebeio
consule antiquabant; et perfecta utraque res esset, ni tribuni se   5
in omnia simul consulere plebem dixissent. P. Manlius deinde
dictator rem in causam plebis inclinavit C. Licinio, qui tribunus militum fuerat, magistro equitum de plebe dicto. Id aegre
patres passos accipio: dictatorem propinqua cognatione Licini
se apud patres excusare solitum, simul negantem magistri equi-   10
tum maius quam tribuni consularis imperium esse. Licinius
Sextiusque, cum tribunorum plebis creandorum indicta comitia essent, ita se gerere ut negando iam sibi velle continuari
honorem acerrime accenderent ad id quod dissimulando petebant plebem: nonum se annum iam velut in acie adversus op-   15
timates maximo privatim periculo, nullo publice emolumento
stare. Consenuisse iam secum et rogationes promulgatas et vim
omnem tribuniciae potestatis. Primo intercessione collegarum
in leges suas pugnatum esse, deinde ablegatione iuventutis ad
Veliternum bellum; postremo dictatorium fulmen in se inten-   20
tatum. Iam nec collegas nec bellum nec dictatorem obstare,
quippe qui etiam omen plebeio consuli magistro equitum ex
plebe dicendo dederit: se ipsam plebem et commoda morari
sua. Liberam urbem ac forum a creditoribus, liberos agros ab
iniustis possessoribus extemplo, si velit, habere posse. Quae   25

---

6   **consulo, ere, sului, sultum** (3)
    – consult (+ acc.), take thought for
    (+ dat.)
9   **cognatio, onis** f. – relationship
10   **excuso, are** (1) – excuse
16   **emolumentum, i** n. – gain, benefit

17   **consenesco, ere, consenui** (3) – grow
    old together with
19   **ablegatio, onis** f. – sending away
20   **fulmen, inis** n. – thunderbolt
    intento, are (1) – brandish at, aim at

---

2   **per interregnum** – see p. 213, note on
    l. 6. An *interregnum* was a period be-
    tween the departure of the previous
    consuls and the assumption of office
    by the new consuls. In this case, the
    tribunes called a council of the plebs,
    acting as though there was an *inter-
    regnum.*
6   **in omnia** – means 'with a view to all

these measures'.
8   **de plebe** – 'a man of plebeian back-
    ground'.
9   **cognatione** – the ablative expresses the
    reason by which he excused himself.
23   **commoda morari sua** – the meaning
    here is: *plebem et sibi et suis ipsius com-
    modis moram afferre.*

munera quando tandem satis grato animo aestimaturos, si
inter accipiendas de suis commodis rogationes spem honoris
latoribus earum incidant? Non esse modestiae populi Romani
id postulare ut ipse fenore levetur et in agrum iniuria posses-
30   sum a potentibus inducatur; per quos ea consecutus sit senes
tribunicios non sine honore tantum sed etiam sine spe honoris
relinquat. Proinde ipsi primum statuerent apud animos quid
vellent; deinde comitiis tribuniciis declararent voluntatem. Si
coniuncte ferre ab se promulgatas rogationes vellent, esse quod
35   eosdem reficerent tribunos plebis; perlaturos enim quae pro-
mulgaverint: sin quod cuique privatim opus sit id modo accipi
velint, opus esse nihil invidiosa continuatione honoris; nec se
tribunatum nec illos ea quae promulgata sint habituros.

VI, 40 TEXT: *Appius Claudius Crassus opposes Sextius and Licinius*

Adversus tam obstinatam orationem tribunorum cum prae indignitate rerum stupor silentiumque inde ceteros patrum defix-
isset, Ap. Claudius Crassus, nepos decemviri, dicitur odio magis
iraque quam spe ad dissuadendum processisse et locutus in hanc
5   fere sententiam esse: "Neque novum neque inopinatum mihi sit,
Quirites, si, quod unum familiae nostrae semper obiectum est ab
seditiosis tribunis, id nunc ego quoque audiam, Claudiae genti

---

26 **aestimo, are** (1) – estimate, evaluate
28 **incido, ere, cidi, cisum** (3) – cut off, cut into
    modestia, ae f. – moderation, modesty
29 **iniuria** (adverbial abl.) – wrongly
30 **induco, ere, duxi, ductum** (3) – lead in
34 **coniuncte** (adv.) – jointly
37 **invidiosus, a, um** – giving rise to bad feeling

38 **tribunatus, us** m. – tribunate

1 **prae** (preposition + abl.) – in front of, because of, compared with
2 **stupor, oris** m. – astonishment, numbness
3 **nepos, otis** m. – grandson
4 **dissuadeo, ere, suasi, suasum** (2) – dissuade
6 **Quirites, ium** m. pl. – Roman citizens

---

26 **aestimaturos** – the accusative and infinitive is used for rhetorical questions in indirect speech.
30 **per quos** – here the antecedent of the relative is *senes tribunicios*. An emphatic relative may sometimes precede the word to which it refers.

34 **ab se** – i.e., the speakers, the two tribunes.
    esse quod – 'there was reason to'.
37 **nihil** – in this phrase it is merely an emphatic negative, equivalent to *non*. See also p. 202, note on l. 21.

iam inde ab initio nihil antiquius in re publica patrum maiestate fuisse, semper plebis commodis adversatos esse. Quorum
alterum neque nego neque infitias eo—nos, ex quo adsciti sumus   10
simul in civitatem et patres, enixe operam dedisse ut per nos aucta potius quam imminuta maiestas earum gentium inter quas
nos esse voluistis dici vere posset: illud alterum pro me maiori-
busque meis contendere ausim, Quirites, nisi, quae pro universa
re publica fiant, ea plebi tamquam aliam incolenti urbem adversa   15
quis putet, nihil nos neque privatos neque in magistratibus quod
incommodum plebi esset scientes fecisse nec ullum factum dic-
tumve nostrum contra utilitatem vestram, etsi quaedam contra
voluntatem fuerint, vere referri posse. An hoc, si Claudiae familiae non sim nec ex patricio sanguine ortus sed unus Quiritium   20
quilibet, qui modo me duobus ingenuis ortum et vivere in libera
civitate sciam, reticere possim L. illum Sextium et C. Licinium,
perpetuos, si dis placet, tribunos, tantum licentiae novem annis
quibus regnant sumpsisse, ut vobis negent potestatem liberam
suffragii non in comitiis, non in legibus iubendis se permissuros   25
esse? 'Sub condicione' inquit, 'nos reficietis decimum tribunos.'
Quid est aliud dicere 'Quod petunt alii, nos adeo fastidimus ut
sine mercede magna non accipiamus'? Sed quae tandem ista
merces est qua vos semper tribunos plebis habeamus? 'Ut rogationes' inquit, 'nostras, seu placent seu displicent, seu utiles seu   30

8   **nihil antiquius est** – nothing is
    more important
10 **infitias eo** – deny
    adscisco/ascisco, ere, scivi, scitum
    (3) – summon, call to, admit
11 **enixe** (adv.) – vigorously, intensely
    operam do – strive, give attention to

14 **ausim** – I would dare, I would venture
15 **incolo, ere, ui** (3) – inhabit
21 **ingenuus, a, um** – free-born, native
22 **reticeo, ere, ticui** (2) – be silent about
26 **decimum** (adv.) – for the tenth time
27 **fastidio, ire** (4) – be averse to, be
    disgusted at

9   **adversatos esse** – i.e., <*Claudios*> *ad-*
    versatos esse.
14 **quae** – it has as an antecedent *ea*. On
    the emphatic position of the relative,
    see p. 220, note on l. 30.
25 **non** – this negative and the one that
    follows merely add rhetorical force to
    the negative implicit in *negent*. In most

cases two negatives amount to a strong
affirmation.
26 **inquit** – here (and in the following pas-
    sage) this verb introduces imaginary
    objections from one of the tribunes.
27 **quid est aliud dicere** – i. e., 'What would
    be the difference if you said....' There
    follows another hypothetical sentence.

inutiles sunt, omnes coniunctim accipiatis.' Obsecro vos, Tarquinii tribuni plebis, putate me ex media contione unum civem suc-
clamare 'bona venia vestra liceat ex his rogationibus legere quas
salubres nobis censemus esse, antiquare alias.' 'Non' inquit, 'lice-
35 bit tu de fenore atque agris quod ad vos omnes pertinet iubeas et
hoc portenti non fiat in urbe Romana uti L. Sextium atque hunc
C. Licinium consules, quod indignaris, quod abominaris, videas;
aut omnia accipe, aut nihil fero'; ut si quis ei quem urgeat fames
venenum ponat cum cibo et aut abstinere eo quod vitale sit iubeat
40 aut mortiferum vitali admisceat. Ergo si esset libera haec civitas,
non tibi frequentes succlamassent 'Abi hinc cum tribunatibus
ac rogationibus tuis'? Quid? Si tu non tuleris quod commodum
est populo accipere, nemo erit qui ferat? Illud si quis patricius,
si quis, quod illi volunt invidiosius esse, Claudius diceret 'aut
45 omnia accipite, aut nihil fero', quis vestrum, Quirites, ferret?...
   'Consules' inquit, 'rogo ne vobis quos velitis facere liceat.' An
aliter rogat qui utique alterum ex plebe fieri consulem iubet nec
duos patricios creandi potestatem vobis permittit?....
   Et alterum ex plebe creari necesse sit, utrumque ex patribus
50 praeterire liceat? Quaenam ista societas, quaenam consortio est?...
   'Timeo' inquit, 'ne, si duos licebit creari patricios, neminem
creetis plebeium.' Quid est dicere aliud 'quia indignos vestra voluntate creaturi non estis, necessitatem vobis creandi quos non
vultis imponam'? Quid sequitur, nisi ut ne beneficium quidem
55 debeat populo, si cum duobus patriciis unus petierit plebeius et
lege se non suffragio creatum dicat?..."

---

31 **obsecro, are** (1) – beg, plea
32 **succlamo, are** (1) – shout out
34 **salubris, e** – healthy, salutary
37 **abominor, ari** (1) – loathe, abominate
38 **fames, is** f. – hunger
39 **venenum, i** n. – poison
   vitalis, e – life-giving

40 **mortifer, a, um** – deadly
   admisceo, ere, miscui, mixtum (2) – mix with, join to
50 **consortio, onis** f. – association
54 **impono, ere, posui, positum** (3) – impose

---

31 **Tarquinii tribuni plebis** – the tribunes are implied to behave here like the Tarquins, the last of the kings.
35 **et hoc portenti non fiat** – i. e., 'without also this portent taking place in the city.' The *non* in this phrase taken with the negative before *licebit* amounts to an affirmation.

44 **invidiosius** – because, as implied earlier by the speaker, the Claudian family was held to be particularly hostile to plebeian interests.
55 **debeat** – the subject is *plebeius.*
56 **non suffragio** – i. e., 'not by vote <of the people>'. If such a candidate were not elected by the people, he would owe nothing to the people.

VI, 41 TEXT: *The speech of Appius Claudius continues*

"...auspiciis hanc urbem conditam esse, auspiciis bello ac pace domi militiaeque omnia geri, quis est qui ignoret? Penes quos igitur sunt auspicia more maiorum? Nempe penes patres; nam plebeius quidem magistratus nullus auspicato creatur; nobis adeo propria sunt auspicia, ut non solum quos populus creat   5
patricios magistratus non aliter quam auspicato creet, sed nos quoque ipsi sine suffragio populi auspicato interregem proda-mus et privatim auspicia habeamus, quae isti ne in magistra-tibus quidem habent. Quid igitur aliud quam tollit ex civitate auspicia qui plebeios consules creando a patribus, qui soli ea   10
habere possunt, aufert? Eludant nunc licet religiones: 'Quid enim est, si pulli non pascentur, si ex cavea tardius exierint, si occecinerit avis?' Parva sunt haec; sed parva ista non contem-nendo maiores vestri maximam hanc rem fecerunt; nunc nos, tamquam iam nihil pace deorum opus sit, omnes caerimonias   15
polluimus. Vulgo ergo pontifices, augures, sacrificuli reges creentur; cuilibet apicem Dialem, dummodo homo sit, impona-mus; tradamus ancilia, penetralia, deos deorumque curam,

---

1 **auspicia, orum** n. – auspices
4 **auspicato** – after taking the auspices
7 **interrex, regis** m. – temporary chief magistrate
11 **eludo, ere, lusi, lusum** (3) – make mockery of
12 **pullus, i** m. – young chicken, young of any animal
pasco, ere (3) – feed
cavea, ae f. – cage

tardus, a, um – slow
13 **occino, ere, cinui/cecini** (3) – chirp, sing
16 **polluo, ere, ui** (3) – pollute
pontifex, icis m. – chief priest
sacrificulus, a, um – in charge of, or connected with sacrifices
17 **apex, icis** m. – peak, tall cap
18 **penetralia, ium** n. pl. – the sacred inner parts of shrines

---

4 **auspicato** – no plebeian magistrate could be elected with the consecra-tion of the auspices.
6 **sed nos...habeamus** – the patricians, without the vote of the people, had the right of nominating an *interrex* after taking auspices, and could take the auspices as private citizens.
11 **aufert** – it has as an object *ea*.
12 **si pulli non pascentur...si occecine-rit avis** – omens connected with birds are described here. If chickens (kept for auspices) came out of their cage and took food eagerly, the omen for a military operation was good. In this case the augur watched how thickly

the crumbs fell from the beaks of the birds and bounced on the ground. Other signs involved the flight or cry of birds.
14 **rem** – i.e., *rem <publicam>*.
17 **apicem Dialem** – the *apex Dialis* is the tall cap worn by the *flamen Dialis*, or priest of Jupiter.
18 **ancilia** – sacred shields kept in the temple of Mars by the *Salii* and car-ried around the city in a procession that took place every March. When war was declared, a Roman general would move the shields and call upon Mars to awake.

20 quibus nefas est; non leges auspicato ferantur, non magistratus
creentur; nec centuriatis nec curiatis comitiis patres auctores
fiant; Sextius et Licinius tamquam Romulus ac Tatius in urbe
Romana regnent, quia pecunias alienas, quia agros dono dant.
Tanta dulcedo est ex alienis fortunis praedandi, nec in mentem
venit altera lege solitudines vastas in agris fieri pellendo finibus
25 dominos, altera fidem abrogari cum qua omnis humana societas tollitur? Omnium rerum causa vobis antiquandas censeo
istas rogationes. Quod faxitis deos velim fortunare."

VI, 42 TEXT: *After the speech of Appius a temporary compromise is reached between the orders*

Oratio Appi ad id modo valuit ut tempus rogationum iubenda-
rum proferretur. Refecti decumum iidem tribuni, Sextius et Licinius, de decemviris sacrorum ex parte de plebe creandis legem
pertulere. Creati quinque patrum, quinque plebis; graduque eo
5 iam via facta ad consulatum videbatur. Hac victoria contenta
plebes cessit patribus ut in praesentia, consulum mentione omissa, tribuni militum crearentur. Creati A. et M. Cornelii iterum
M. Geganius P. Manlius L. Veturius P. Valerius sextum...

The Romans wage war with the Gauls and, under the leadership of Camillus, defeat the enemy.

L. Sextius is made the first consul from plebeian family

Vixdum perfunctum eum bello atrocior domi seditio excepit, et
10 per ingentia certamina dictator senatusque victus, ut rogationes tribuniciae acciperentur; et comitia consulum adversa nobilitate habita, quibus L. Sextius de plebe primus consul factus.

---

20 **comitia curiata** – elections in which votes were made in 30 divisions called 'curiae'
23 **dulcedo, inis** f. – sweetness, delight

4 **perfero, ferre, tuli, latum** – bring forth, propose, complete
quinque (indecl.) – five
9 **seditio, onis** f. – sedition
11 **nobilitas, tatis** f. – nobility

---

19 **quibus** – i. e., <iis> *quibus nefas est.*
20 **nec centuriatis nec curiatis comitiis patres auctores fiant** – the senators legitimized the centuriate and curiate assemblies.
23 **tanta** – i. e., *tanta<ne>?.*

27 **faxitis** – see p. 211, note on l. 29.

9 **eum** – i.e., *Camillum.*
11 **adversa nobilitate** – the meaning is 'against the will of the patricians'.

Et ne is quidem finis certaminum fuit. Quia patricii se auctores futuros negabant, prope secessionem plebis res terribilesque alias minas civilium certaminum venit cum tandem per dicta- 15 torem condicionibus sedatae discordiae sunt concessumque ab nobilitate plebi de consule plebeio, a plebe nobilitati de praetore uno qui ius in urbe diceret ex patribus creando....

16   **sedo, are** (1) – sedate

13   **se auctores futuros negabant** – they denied they would sanction the election; normally it was necessary to have the senators as *auctores* for the elections.

APPENDIX I: ORIGINAL LIVY TEXT

LIBER PRIMUS:

I, 4.

Sed debebatur, ut opinor, fatis tantae origo urbis maximique secundum deorum opes imperii principium. Vi compressa Vestalis cum geminum partum edidisset, seu ita rata seu quia deus auctor culpae honestior erat, Martem incertae stirpis patrem nuncupat. Sed nec di nec homines aut ipsam aut stirpem a crudelitate regia vindicant: sacerdos vincta in custodiam datur, pueros in profluentem aquam mitti iubet. Forte quadam divinitus super ripas Tiberis effusus lenibus stagnis nec adiri usquam ad iusti cursum poterat amnis et posse quamvis languida mergi aqua infantes spem ferentibus dabat. Ita velut defuncti regis imperio in proxima alluvie ubi nunc ficus Ruminalis est—Romularem vocatam ferunt—pueros exponunt. Vastae tum in his locis solitudines erant. Tenet fama cum fluitantem alveum, quo expositi erant pueri, tenuis in sicco aqua destituisset, lupam sitientem ex montibus qui circa sunt ad puerilem vagitum cursum flexisse; eam submissas infantibus adeo mitem praebuisse mammas ut lingua lambentem pueros magister regii pecoris invenerit—Faustulo fuisse nomen ferunt; ab eo ad stabula Larentiae uxori educandos datos. Sunt qui Larentiam vulgato corpore lupam inter pastores vocatam putent; inde locum fabulae ac miraculo datum. Ita geniti itaque educati, cum primum adolevit aetas, nec in stabulis nec ad pecora segnes venando peragrare saltus. Hinc robore corporibus animisque sumpto iam non feras tantum subsistere sed in latrones praeda onustos impetus facere pastoribusque rapta dividere et cum his crescente in dies grege iuvenum seria ac iocos celebrare.

I, 5.

Iam tum in Palatio monte Lupercal hoc fuisse ludicrum ferunt, et a
Pallanteo, urbe Arcadica, Pallantium, dein Palatium montem appellatum; ibi Euandrum, qui ex eo genere Arcadum multis ante tempestatibus tenuerit loca, sollemne allatum ex Arcadia instituisse ut
nudi iuvenes Lycaeum Pana venerantes per lusum atque lasciviam
currerent, quem Romani deinde vocarunt Inuum. Huic deditis ludicro cum sollemne notum esset insidiatos ob iram praedae amissae
latrones, cum Romulus vi se defendisset, Remum cepisse, captum
regi Amulio tradidisse, ultro accusantes. Crimini maxime dabant in
Numitoris agros ab iis impetum fieri; inde eos collecta iuvenum manu
hostilem in modum praedas agere. Sic Numitori ad supplicium Remus
deditur. Iam inde ab initio Faustulo spes fuerat regiam stirpem apud
se educari; nam et expositos iussu regis infantes sciebat et tempus quo
ipse eos sustulisset ad id ipsum congruere; sed rem immaturam nisi
aut per occasionem aut per necessitatem aperiri noluerat. Necessitas
prior venit: ita metu subactus Romulo rem aperit. Forte et Numitori
cum in custodia Remum haberet audissetque geminos esse fratres,
comparando et aetatem eorum et ipsam minime servilem indolem,
tetigerat animum memoria nepotum; sciscitandoque eodem pervenit
ut haud procul esset quin Remum agnosceret. Ita undique regi dolus
nectitur. Romulus non cum globo iuvenum—nec enim erat ad vim
apertam par—sed aliis alio itinere iussis certo tempore ad regiam venire pastoribus ad regem impetum facit; et a domo Numitoris alia
comparata manu adiuvat Remus. Ita regem obtruncat.

I, 6.

Numitor inter primum tumultum, hostes invasisse urbem atque
adortos regiam dictitans, cum pubem Albanam in arcem praesidio
armisque obtinendam avocasset, postquam iuvenes perpetrata caede
pergere ad se gratulantes vidit, extemplo advocato concilio scelera in
se fratris, originem nepotum, ut geniti, ut educati, ut cogniti essent,
caedem deinceps tyranni seque eius auctorem ostendit. Iuvenes per
mediam contionem agmine ingressi cum avum regem salutassent, se-
cuta ex omni multitudine consentiens vox ratum nomen imperiumque
regi efficit. Ita Numitori Albana re permissa Romulum Remumque
cupido cepit in iis locis ubi expositi ubique educati erant urbis con-
dendae. Et supererat multitudo Albanorum Latinorumque; ad id

pastores quoque accesserant, qui omnes facile spem facerent parvam Albam, parvum Lavinium prae ea urbe quae conderetur fore. Intervenit deinde his cogitationibus avitum malum, regni cupido, atque inde foedum certamen coortum a satis miti principio. Quoniam gemini essent nec aetatis verecundia discrimen facere posset, ut di quorum tutelae ea loca essent auguriis legerent qui nomen novae urbi daret, qui conditam imperio regeret, Palatium Romulus, Remus Aventinum ad inaugurandum templa capiunt.

I, 7.

Priori Remo augurium venisse fertur, sex vultures; iamque nuntiato augurio cum duplex numerus Romulo se ostendisset, utrumque regem sua multitudo consalutaverat: tempore illi praecepto, at hi numero avium regnum trahebant. Inde cum altercatione congressi certamine irarum ad caedem vertuntur; ibi in turba ictus Remus cecidit. Vulgatior fama est ludibrio fratris Remum novos transiluisse muros; inde ab irato Romulo, cum verbis quoque increpitans adiecisset, "Sic deinde, quicumque alius transiliet moenia mea," interfectum. Ita solus potitus imperio Romulus; condita urbs conditoris nomine appellata.

I, 8.

Rebus divinis rite perpetratis vocataque ad concilium multitudine quae coalescere in populi unius corpus nulla re praeterquam legibus poterat, iura dedit; quae ita sancta generi hominum agresti fore ratus, si se ipse venerabilem insignibus imperii fecisset, cum cetero habitu se augustiorem, tum maxime lictoribus duodecim sumptis fecit. Alii ab numero avium quae augurio regnum portenderant eum secutum numerum putant. Me haud paenitet eorum sententiae esse quibus et apparitores hoc genus ab Etruscis finitimis, unde sella curulis, unde toga praetexta sumpta est, et numerum quoque ipsum ductum placet, et ita habuisse Etruscos quod ex duodecim populis communiter creato rege singulos singuli populi lictores dederint. Crescebat interim urbs munitionibus alia atque alia appetendo loca, cum in spem magis futurae multitudinis quam ad id quod tum hominum erat munirent..... Cum iam virium haud paeniteret consilium deinde viribus parat. Centum creat senatores, sive quia is numerus satis erat, sive quia soli centum erant qui creari patres possent. Patres certe ab honore patriciique progenies eorum appellati.

I, 9.

Iam res Romana adeo erat valida ut cuilibet finitimarum civitatum bello par esset; sed penuria mulierum hominis aetatem duratura magnitudo erat, quippe quibus nec domi spes prolis nec cum finitimis conubia essent. Tum ex consilio patrum Romulus legatos circa vicinas gentes misit qui societatem conubiumque novo populo peterent: urbes quoque, ut cetera, ex infimo nasci; dein, quas sua virtus ac di iuvent, magnas opes sibi magnumque nomen facere; satis scire, origini Romanae et deos adfuisse et non defuturam virtutem; proinde ne gravarentur homines cum hominibus sanguinem ac genus miscere. Nusquam benigne legatio audita est: adeo simul spernebant, simul tantam in medio crescentem molem sibi ac posteris suis metuebant. Ac plerisque rogitantibus dimissi ecquod feminis quoque asylum aperuissent; id enim demum compar conubium fore. Aegre id Romana pubes passa et haud dubie ad vim spectare res coepit. Cui tempus locumque aptum ut daret Romulus aegritudinem animi dissimulans ludos ex industria parat Neptuno equestri sollemnes; Consualia vocat. Indici deinde finitimis spectaculum iubet; quantoque apparatu tum sciebant aut poterant, concelebrant ut rem claram exspectatamque facerent. Multi mortales convenere, studio etiam videndae novae urbis, maxime proximi quique, Caeninenses, Crustumini, Antemnates; iam Sabinorum omnis multitudo cum liberis ac coniugibus venit. Invitati hospitaliter per domos, cum situm moeniaque et frequentem tectis urbem vidissent, mirantur tam brevi rem Romanam crevisse. Ubi spectaculi tempus venit deditaeque eo mentes cum oculis erant, tum ex composito orta vis signoque dato iuventus Romana ad rapiendas virgines discurrit. Magna pars forte in quem quaeque inciderat raptae: quasdam forma excellentes, primoribus patrum destinatas, ex plebe homines quibus datum negotium erat domos deferebant. Unam longe ante alias specie ac pulchritudine insignem a globo Thalassi cuiusdam raptam ferunt multisque sciscitantibus cuinam eam ferrent, identidem, ne quis violaret, Thalassio ferri clamitatum; inde nuptialem hanc vocem factam. Turbato per metum ludicro maesti parentes virginum profugiunt, incusantes violati hospitii foedus deumque invocantes cuius ad sollemne ludosque per fas ac fidem decepti venissent. Nec raptis aut spes de se melior aut indignatio est minor. Sed ipse Romulus circumibat docebatque patrum id superbia factum qui conubium finitimis negassent; illas tamen in matrimonio, in societate fortunarum omnium civitatisque et quo nihil carius humano generi sit liberum fore; mollirent modo iras et, quibus fors corpora dedisset, darent animos; saepe ex iniuria postmodum gratiam ortam; eoque melioribus usuras viris quod adnisurus pro se quisque sit ut, cum suam vicem functus officio sit, parentium etiam patriaeque expleat desiderium. Accedebant blanditiae virorum, factum purgantium cupiditate atque amore, quae maxime ad muliebre ingenium efficaces preces sunt.

I, 24.

Forte in duobus tum exercitibus erant trigemini fratres, nec aetate nec viribus dispares. Horatios Curiatiosque fuisse satis constat, nec ferme res antiqua alia est nobilior; tamen in re tam clara nominum error manet, utrius populi Horatii, utrius Curiatii fuerint. Auctores utroque trahunt; plures tamen invenio qui Romanos Horatios vocent; hos ut sequar inclinat animus. Cum trigeminis agunt reges ut pro sua quisque patria dimicent ferro; ibi imperium fore unde victoria fuerit. Nihil recusatur; tempus et locus convenit. Priusquam dimicarent foedus ictum inter Romanos et Albanos est his legibus ut cuiusque populi cives eo certamine vicissent, is alteri populo cum bona pace imperitaret...

I, 25.

Foedere icto trigemini, sicut convenerat, arma capiunt. Cum sui utrosque adhortarentur, deos patrios, patriam ac parentes, quidquid civium domi, quidquid in exercitu sit, illorum tunc arma, illorum intueri manus, feroces et suopte ingenio et pleni adhortantium vocibus in medium inter duas acies procedunt. Consederant utrimque pro castris duo exercitus, periculi magis praesentis quam curae expertes; quippe imperium agebatur in tam paucorum virtute atque fortuna positum. Itaque ergo erecti suspensique in minime gratum spectaculum animo incenduntur. Datur signum infestisque armis velut acies terni iuvenes magnorum exercituum animos gerentes concurrunt. Nec his nec illis periculum suum, publicum imperium servitiumque obversatur animo futuraque ea deinde patriae fortuna quam ipsi fecissent. Ut primo statim concursu increpuere arma micantesque fulsere gladii, horror ingens spectantes perstringit et neutro inclinata spe torpebat vox spiritusque. Consertis deinde manibus cum iam non motus tantum corporum agitatioque anceps telorum armorumque sed vulnera quoque et sanguis spectaculo essent, duo Romani super alium alius, vulneratis tribus Albanis, exspirantes corruerunt. Ad quorum casum cum conclamasset gaudio Albanus exercitus, Romanas legiones iam spes tota, nondum tamen cura deseruerat, exanimes vice unius quem tres Curiatii circumsteterant. Forte is integer fuit, ut universis solus nequaquam par, sic adversus singulos ferox. Ergo ut segregaret pugnam eorum capessit fugam, ita ratus secuturos ut quemque vulnere adfectum corpus sineret. Iam aliquantum spatii ex eo loco ubi pugnatum est aufugerat, cum respiciens videt magnis intervallis sequentes, unum haud procul ab sese abesse. In eum magno impetu rediit; et dum Albanus exercitus inclamat Curiatiis uti opem ferant fratri, iam Horatius caeso hoste victor secundam pugnam petebat. Tunc clamore qualis ex insperato faventium solet Romani adiuvant militem suum; et ille defungi proelio festinat. Prius itaque quam alter—nec procul aberat—consequi posset, et alterum Curiatium conficit; iamque aequato Marte singuli supererant, sed nec spe nec viribus pares. Alterum intactum ferro corpus et geminata victoria ferocem in certamen tertium dabat: alter fessum vulnere, fessum cursu trahens corpus victusque fratrum ante se strage victori obicitur hosti. Nec illud proelium fuit. Romanus exsultans "Duos" inquit, "fratrum manibus dedi; tertium causae belli huiusce, ut Romanus Albano imperet, dabo." Male sustinenti arma gladium superne iugulo defigit, iacentem spoliat. Romani ovantes ac gratulantes Horatium accipiunt, eo maiore cum gaudio, quo prope metum res fuerat. Ad sepulturam inde suorum nequaquam paribus animis vertuntur, quippe imperio alteri aucti, alteri dicionis alienae facti. Sepulcra exstant quo quisque loco cecidit, duo Romana uno loco propius Albam, tria Albana Romam versus sed distantia locis ut et pugnatum est.

I, 26.

... Princeps Horatius ibat, trigemina spolia prae se gerens; cui soror virgo, quae desponsa uni ex Curiatiis fuerat, obvia ante portam Capenam fuit, cognitoque super umeros fratris paludamento sponsi quod ipsa confecerat, solvit crines et flebiliter nomine sponsum mortuum appellat. Movet feroci iuveni animum comploratio sororis in victoria sua tantoque gaudio publico. Stricto itaque gladio simul verbis increpans transfigit puellam. "Abi hinc cum immaturo amore ad sponsum," inquit, "oblita fratrum mortuorum vivique, oblita patriae. Sic eat quaecumque Romana lugebit hostem." Atrox visum id facinus patribus plebique, sed recens meritum facto obstabat. Tamen raptus in ius ad regem. Rex ne ipse tam tristis ingratique ad vulgus iudicii ac secundum iudicium supplicii auctor esset, concilio populi advocato "Duumviros" inquit, "qui Horatio perduellionem iudicent, secundum legem facio." Lex horrendi carminis erat: "Duumviri perduellionem iudicent; si a duumviris provocarit, provocatione certato; si vincent, caput obnubito; infelici arbori reste suspendito; verberato vel intra pomerium vel extra pomerium." Hac lege duumviri creati, qui se absolvere non rebantur ea lege ne innoxium quidem posse, cum condemnassent, tum alter ex iis "Publi Horati, tibi perduellionem iudico" inquit. "I, lictor, colliga manus." Accesserat lictor iniciebatque laqueum. Tum Horatius auctore Tullo, clemente legis interprete, "Provoco" inquit. Itaque provocatione certatum ad populum est. Moti homines sunt in eo iudicio maxime P. Horatio patre proclamante se filiam iure caesam iudicare; ni ita esset, patrio iure in filium animadversurum fuisse. Orabat deinde ne se quem paulo ante cum egregia stirpe conspexissent orbum liberis facerent. Inter haec senex iuvenem amplexus, spolia Curiatiorum fixa eo loco qui nunc Pila Horatia appellatur ostentans, "Huncine" aiebat, "quem modo decoratum ovantemque victoria incedentem vidistis, Quirites, eum sub furca vinctum inter verbera et cruciatus videre potestis? Quod vix Albanorum oculi tam deforme spectaculum ferre possent. I, lictor, colliga manus, quae paulo ante armatae imperium populo Romano pepererunt. I, caput obnube liberatoris urbis huius; arbore infelici suspende; verbera vel intra pomerium, modo inter illa pila et spolia hostium, vel extra pomerium, modo inter sepulcra Curiatiorum; quo enim ducere hunc iuvenem potestis ubi non sua decora eum a tanta foeditate supplicii vindicent?" Non tulit populus nec patris lacrimas nec ipsius parem in omni periculo animum, absolveruntque admiratione magis virtutis quam iure causae. Itaque ut caedes manifesta aliquo tamen piaculo lueretur, imperatum patri ut filium expiaret pecunia publica. Is quibusdam piacularibus sacrificiis factis quae deinde genti Horatiae tradita sunt, transmisso per viam tigillo, capite adoperto velut sub iugum misit iuvenem. Id hodie quoque publice semper refectum manet; sororium tigillum vocant. Horatiae sepulcrum, quo loco corruerat icta, constructum est saxo quadrato.

I, 55.

...Tarquinius pacem cum Aequorum gente fecit, foedus cum Tuscis renovavit. Inde ad negotia urbana animum convertit; quorum erat primum ut Iovis templum in monte Tarpeio monumentum regni sui nominisque relinqueret: Tarquinios reges ambos patrem vovisse, filium perfecisse. Et ut libera a ceteris religionibus area esset tota Iovis templique eius quod inaedificaretur, exaugurare fana sacellaque statuit, quae aliquot ibi a Tatio rege primum in ipso discrimine adversus Romulum pugnae vota, consecrata inaugurataque postea fuerant....

I, 56.

Intentus perficiendo templo, fabris undique ex Etruria accitis, non pecunia solum ad id publica est usus sed operis etiam ex plebe. Qui cum haud parvus et ipse militiae adderetur labor, minus tamen plebs gravabatur se templa deum exaedificare manibus suis quam postquam et ad alia, ut specie minora, sic laboris aliquanto maioris traducebantur opera; foros in circo faciendos cloacamque maximam, receptaculum omnium purgamentorum urbis, sub terra agendam; quibus duobus operibus vix nova haec magnificentia quicquam adaequare potuit.... Haec agenti portentum terribile visum: anguis ex columna lignea elapsus cum terrorem fugamque in regia fecisset, ipsius regis non tam subito pavore perculit pectus quam anxiis implevit curis. Itaque cum ad publica prodigia Etrusci tantum vates adhiberentur, hoc velut domestico exterritus visu Delphos ad maxime inclitum in terris oraculum mittere statuit. Neque responsa sortium ulli alii committere ausus, duos filios per ignotas ea tempestate terras, ignotiora maria in Graeciam misit. Titus et Arruns profecti; comes iis additus L. Iunius Brutus, Tarquinia, sorore regis, natus, iuvenis longe alius ingenii quam cuius simulationem induerat. Is cum primores civitatis, in quibus fratrem suum, ab avunculo interfectum audisset, neque in animo suo quicquam regi timendum neque in fortuna concupiscendum relinquere statuit contemptuque tutus esse ubi in iure parum praesidii esset. Ergo ex industria factus ad imitationem stultitiae, cum se suaque praedae esse regi sineret, Bruti quoque haud abnuit cognomen ut sub eius obtentu cognominis liberator ille populi Romani animus latens opperiretur tempora sua. Is tum ab Tarquiniis ductus Delphos, ludibrium verius quam comes, aureum baculum inclusum corneo cavato ad id baculo tulisse donum Apollini dicitur, per ambages effigiem ingenii sui. Quo postquam ventum est, perfectis patris mandatis cupido incessit animos iuvenum sciscitandi ad quem eorum regnum Romanum esset venturum. Ex infimo specu vocem redditam ferunt: "Imperium summum Romae habebit qui vestrum primus, o iuvenes, osculum matri tulerit." Tarquinii, ut Sextus, qui Romae relictus fuerat, ignarus responsi expersque imperii esset, rem summa ope taceri iubent; ipsi inter se uter prior, cum Romam redisset, matri osculum daret, sorti permittunt. Brutus alio ratus spectare Pythicam vocem, velut si prolapsus cecidisset, terram osculo contigit, scilicet quod ea communis mater omnium mortalium esset. Reditum inde Romam, ubi adversus Rutulos bellum summa vi parabatur.

I, 57.

Ardeam Rutuli habebant, gens, ut in ea regione atque in ea aetate, divitiis praepollens; eaque ipsa causa belli fuit, quod rex Romanus cum ipse ditari, exhaustus magnificentia publicorum operum, tum praeda delenire popularium animos studebat, praeter aliam superbiam regno infestos etiam, quod se in fabrorum ministeriis ac servili tam diu habitos opere ab rege indignabantur. Temptata res est, si primo impetu capi Ardea posset: ubi id parum processit, obsidione munitionibusque coepti premi hostes. In his stativis, ut fit longo magis quam acri bello, satis liberi commeatus erant, primoribus tamen magis quam militibus; regii quidem iuvenes interdum otium conviviis comissationibusque inter se terebant. Forte potantibus his apud Sex. Tarquinium, ubi et Collatinus cenabat Tarquinius, Egeri filius, incidit de uxoribus mentio. Suam quisque laudare miris modis; inde certamine accenso Collatinus negat verbis opus esse; paucis id quidem horis posse sciri quantum ceteris praestet Lucretia sua. "Quin, si vigor iuventae inest, conscendimus equos invisimusque praesentes nostrarum ingenia? Id cuique spectatissimum sit quod necopinato viri adventu occurrerit oculis." Incaluerant uino; "Age sane" omnes; citatis equis avolant Romam. Quo cum primis se intendentibus tenebris pervenissent, pergunt inde Collatiam, ubi Lucretiam, haudquaquam ut regias nurus, quas in convivio luxuque cum aequalibus viderant tempus terentes, sed nocte sera deditam lanae inter lucubrantes ancillas in medio aedium sedentem inveniunt. Muliebris certaminis laus penes Lucretiam fuit. Adveniens vir Tarquiniique excepti benigne; victor maritus comiter invitat regios iuvenes. Ibi Sex. Tarquinium mala libido Lucretiae per vim stuprandae capit; cum forma tum spectata castitas incitat. Et tum quidem ab nocturno iuvenali ludo in castra redeunt.

I, 58.

Paucis interiectis diebus Sex. Tarquinius inscio Collatino cum comite uno Collatiam venit. Ubi exceptus benigne ab ignaris consilii cum post cenam in hospitale cubiculum deductus esset, amore ardens, postquam satis tuta circa sopitique omnes videbantur, stricto gladio ad dormientem Lucretiam venit sinistraque manu mulieris pectore oppresso "Tace, Lucretia" inquit; "Sex. Tarquinius sum; ferrum in manu est; moriere, si emiseris vocem." Cum pavida ex somno mulier nullam opem, prope mortem imminentem videret, tum Tarquinius fateri amorem, orare, miscere precibus minas, versare in omnes partes muliebrem animum. Ubi obstinatam videbat et ne mortis quidem metu inclinari, addit ad metum dedecus: cum mortua iugulatum servum nudum positurum ait, ut in sordido adulterio necata dicatur. Quo terrore cum vicisset obstinatam pudicitiam velut victrix libido, profectusque inde Tarquinius ferox expugnato decore muliebri esset, Lucretia maesta tanto malo nuntium Romam eundem ad patrem Ardeamque ad virum mittit, ut cum singulis fidelibus amicis veniant; ita facto maturatoque opus esse; rem atrocem incidisse. Sp. Lucretius cum P. Valerio Volesi filio, Collatinus cum L. Iunio Bruto venit... Lucretiam sedentem maestam in cubiculo inveniunt. Adventu suorum lacrimae obortae, quaerentique viro "Satin salvae?" "Minime" inquit; "quid enim salvi est mulieri, amissa pudicitia? Vestigia viri alieni, Collatine, in lecto sunt tuo; ceterum corpus est tantum violatum, animus insons; mors testis erit. Sed date dexteras fidemque haud impune adultero fore. Sex. est Tarquinius qui hostis pro hospite priore nocte vi armatus mihi sibique, si vos viri estis, pestiferum hinc abstulit gaudium." Dant ordine omnes fidem; consolantur aegram animi avertendo noxam ab coacta in auctorem delicti: mentem peccare, non corpus, et unde consilium afuerit culpam abesse. "Vos" inquit "videritis quid illi debeatur: ego me etsi peccato absolvo, supplicio non libero; nec ulla deinde impudica Lucretiae exemplo vivet." Cultrum, quem sub veste abditum habebat, eum in corde defigit, prolapsaque in vulnus moribunda cecidit...

I, 59.

Brutus, illis luctu occupatis, cultrum ex vulnere Lucretiae extractum, manantem cruore prae se tenens, "Per hunc" inquit "castissimum ante regiam iniuriam sanguinem iuro, vosque, di, testes facio me L. Tarquinium Superbum cum scelerata coniuge et omni liberorum stirpe ferro igni quacumque denique vi possim exsecuturum, nec illos nec alium quemquam regnare Romae passurum." Cultrum deinde Collatino tradit, inde Lucretio ac Valerio, stupentibus miraculo rei, unde novum in Bruti pectore ingenium. Ut praeceptum erat iurant; totique ab luctu versi in iram, Brutum iam inde ad expugnandum regnum vocantem sequuntur ducem...

LIBER SECUNDUS:

II, 10.

Cum hostes adessent, pro se quisque in urbem ex agris demigrant; urbem ipsam saepiunt praesidiis. Alia muris, alia Tiberi obiecto videbantur tuta: pons sublicius iter paene hostibus dedit, ni unus vir fuisset, Horatius Cocles; id munimentum illo die fortuna urbis Romanae habuit. Qui positus forte in statione pontis cum captum repentino impetu Ianiculum atque inde citatos decurrere hostes vidisset trepidamque turbam suorum arma ordinesque relinquere, reprehensans singulos, obsistens obtestansque deum et hominum fidem testabatur nequiquam deserto praesidio eos fugere; si transitum pontem a tergo reliquissent, iam plus hostium in Palatio Capitolioque quam in Ianiculo fore. Itaque monere, praedicere ut pontem ferro, igni, quacumque vi possint, interrumpant: se impetum hostium, quantum corpore uno posset obsisti, excepturum. Vadit inde in primum aditum pontis, insignisque inter conspecta cedentium pugna terga obversis comminus ad ineundum proelium armis, ipso miraculo audaciae obstupefecit hostes. Duos tamen cum eo pudor tenuit, Sp. Larcium ac T. Herminium, ambos claros genere factisque. Cum his primam periculi procellam et quod tumultuosissimum pugnae erat parumper sustinuit; deinde eos quoque ipsos exigua parte pontis relicta revocantibus qui rescindebant cedere in tutum coegit. Circumferens inde truces minaciter oculos ad proceres Etruscorum nunc singulos provocare, nunc increpare omnes: servitia regum superborum, suae libertatis immemores alienam oppugnatum venire. Cunctati aliquamdiu sunt, dum alius alium, ut proelium incipiant, circumspectant; pudor deinde commovit aciem, et clamore sublato undique in unum hostem tela coniciunt. Quae cum in obiecto cuncta scuto haesissent, neque ille minus obstinatus ingenti pontem obtineret gradu, iam impetu conabantur detrudere virum, cum simul fragor rupti pontis, simul clamor Romanorum, alacritate perfecti operis sublatus, pavore subito impetum sustinuit. Tum Cocles "Tiberine pater" inquit, "te sancte precor, haec arma et hunc militem propitio flumine accipias." Ita sic armatus in Tiberim desiluit multisque superincidentibus telis incolumis ad suos tranavit, rem ausus plus famae habituram ad posteros quam fidei. Grata erga tantam virtutem civitas fuit; statua in comitio posita; agri quantum uno die circumaravit, datum. Privata quoque inter publicos honores studia eminebant; nam in magna inopia pro domesticis copiis unusquisque ei aliquid, fraudans se ipse victu suo, contulit.

II, 12.

Obsidio erat nihilo minus et frumenti cum summa caritate inopia, sedendoque expugnaturum se urbem spem Porsenna habebat, cum C. Mucius, adulescens nobilis, cui indignum videbatur populum Romanum servientem cum sub regibus esset nullo bello nec ab hostibus ullis obsessum esse, liberum eundem populum ab iisdem Etruscis obsideri quorum saepe exercitus fuderit,—itaque magno audacique aliquo facinore eam indignitatem vindicandam ratus, primo sua sponte penetrare in hostium castra constituit; dein metuens ne si consulum iniussu et ignaris omnibus iret, forte deprehensus a custodibus Romanis retraheretur ut transfuga, fortuna tum urbis crimen adfirmante, senatum adit. "Transire Tiberim" inquit, "patres, et intrare, si possim, castra hostium volo, non praedo nec populationum in vicem ultor; maius si di iuvant in animo est facinus." Adprobant patres; abdito intra vestem ferro proficiscitur. Ubi eo venit, in confertissima turba prope regium tribunal constitit. Ibi cum stipendium militibus forte daretur et scriba cum rege sedens pari fere ornatu multa ageret eumque milites vulgo adirent, timens sciscitari uter Porsenna esset, ne ignorando regem semet ipse aperiret quis esset, quo temere traxit fortuna facinus, scribam pro rege obtruncat. Vadentem inde qua per trepidam turbam cruento mucrone sibi ipse fecerat viam, cum concursu ad clamorem facto comprehensum regii satellites retraxissent, ante tribunal regis destitutus, tum quoque inter tantas fortunae minas metuendus magis quam metuens, "Romanus sum" inquit, "civis; C. Mucium vocant. Hostis hostem occidere volui, nec ad mortem minus animi est, quam fuit ad caedem; et facere et pati fortia Romanum est. Nec unus in te ego hos animos gessi; longus post me ordo est idem petentium decus. Proinde in hoc discrimen, si iuvat, accingere, ut in singulas horas capite dimices tuo, ferrum hostemque in vestibulo habeas regiae. Hoc tibi iuventus Romana indicimus bellum. Nullam aciem, nullum proelium timueris; uni tibi et cum singulis res erit." Cum rex simul ira infensus periculoque conterritus circumdari ignes minitabundus iuberet nisi expromeret propere quas insidiarum sibi minas per ambages iaceret, "En tibi" inquit, "ut sentias quam vile corpus sit iis qui magnam gloriam vident"; dextramque accenso ad sacrificium foculo inicit. Quam cum velut alienato ab sensu torreret animo, prope attonitus miraculo rex cum ab sede sua prosiluisset amoverique ab altaribus iuvenem iussisset, "Tu vero abi" inquit, "in te magis quam in me hostilia ausus. Iuberem macte virtute esse, si pro mea patria ista virtus staret; nunc iure belli liberum te, intactum inviolatumque hinc dimitto." Tunc Mucius, quasi remunerans meritum, "Quando quidem" inquit, "est apud te virtuti honos, ut beneficio tuleris a me quod minis nequisti, trecenti coniuravimus principes iuventutis Romanae ut in te hac via grassaremur. Mea prima sors fuit; ceteri ut cuiusque ceciderit primi quoad te opportunum fortuna dederit, suo quisque tempore aderunt."

II, 13.

Mucium dimissum, cui postea Scaevolae a clade dextrae manus cognomen inditum, legati a Porsenna Romam secuti sunt; adeo moverat eum et primi periculi casus, a quo nihil se praeter errorem insidiatoris texisset, et subeunda dimicatio totiens quot coniurati superessent, ut pacis condiciones ultro ferret Romanis. Iactatum in condicionibus nequiquam de Tarquiniis in regnum restituendis, magis quia id negare ipse nequiverat Tarquiniis quam quod negatum iri sibi ab Romanis ignoraret. De agro Veientibus restituendo impetratum, expressaque necessitas obsides dandi Romanis, si Ianiculo praesidium deduci vellent. His condicionibus composita pace, exercitum ab Ianiculo deduxit Porsenna et agro Romano excessit. Patres C. Mucio virtutis causa trans Tiberim agrum dono dedere, quae postea sunt Mucia prata appellata. Ergo ita honorata virtute, feminae quoque ad publica decora excitatae, et Cloelia virgo una ex obsidibus, cum castra Etruscorum forte haud procul ripa Tiberis locata essent, frustrata custodes, dux agminis virginum inter tela hostium Tiberim tranavit, sospitesque omnes Romam ad propinquos restituit. Quod ubi regi nuntiatum est, primo incensus ira oratores Romam misit ad Cloeliam obsidem deposcendam: alias haud magni facere. Deinde in admirationem versus, supra Coclites Muciosque dicere id facinus esse, et prae se ferre quemadmodum si non dedatur obses, pro rupto foedus se habiturum, sic deditam intactam inviolatamque ad suos remissurum. Utrimque constitit fides; et

Romani pignus pacis ex foedere restituerunt, et apud regem Etruscum non tuta solum sed honorata etiam virtus fuit, laudatamque virginem parte obsidum se donare dixit; ipsa quos vellet legeret. Productis omnibus elegisse impubes dicitur; quod et virginitati decorum et consensu obsidum ipsorum probabile erat eam aetatem potissimum liberari ab hoste quae maxime opportuna iniuriae esset. Pace redintegrata Romani novam in femina virtutem novo genere honoris, statua equestri, donavere; in summa Sacra via fuit posita virgo insidens equo.

II, 33.

.... Per secessionem plebis Sp. Cassius et Postumius Cominius consulatum inierunt. Iis consulibus cum Latinis populis ictum foedus. Ad id feriendum consul alter Romae mansit: alter ad Volscum bellum missus Antiates Volscos fundit fugatque; compulsos in oppidum Longulam persecutus moenibus potitur. Inde protinus Poluscam, item Volscorum, cepit; tum magna vi adortus est Coriolos. Erat tum in castris inter primores iuvenum Cn. Marcius, adulescens et consilio et manu promptus, cui cognomen postea Coriolano fuit. Cum subito exercitum Romanum Coriolos obsidentem atque in oppidanos, quos intus clausos habebat, intentum, sine ullo metu extrinsecus imminentis belli, Volscae legiones profectae ab Antio invasissent, eodemque tempore ex oppido erupissent hostes, forte in statione Marcius fuit. Is cum delecta militum manu non modo impetum erumpentium rettudit, sed per patentem portam ferox inrupit in proxima urbis, caedeque facta ignem temere arreptum imminentibus muro aedificiis iniecit. Clamor inde oppidanorum mixtus muliebri puerilique ploratu ad terrorem, ut solet, primum orto et Romanis auxit animum et turbavit Volscos utpote capta urbe cui ad ferendam opem venerant. Ita fusi Volsci Antiates, Corioli oppidum captum; tantumque sua laude obstitit famae consulis Marcius ut, nisi foedus cum Latinis in columna aenea insculptum monumento esset ab Sp. Cassio uno, quia collega afuerat, ictum, Postumum Cominium bellum gessisse cum Volscis memoria cessisset. ...

II, 35.

.... Contemptim primo Marcius audiebat minas tribunicias: auxilii, non poenae ius datum illi potestati, plebisque, non patrum tribunos esse. Sed adeo infensa erat coorta plebs ut unius poena defungendum esset patribus. Restiterunt tamen adversa invidia, usique sunt qua suis quisque, qua totius ordinis viribus. Ac primo temptata res est si dispositis clientibus absterrendo singulos a coitionibus conciliisque disicere rem possent. Universi deinde processere—quidquid erat patrum, reos diceres—precibus plebem exposcentes, unum sibi civem, unum senatorem, si innocentem absolvere nollent, pro nocente donarent. Ipse cum die dicta non adesset, perseveratum in ira est. Damnatus absens in Volscos exsulatum abiit, minitans patriae hostilesque iam tum spiritus gerens. Venientem Volsci benigne excepere, benigniusque in dies colebant, quo maior ira in suos eminebat crebraeque nunc querellae, nunc minae percipiebantur. Hospitio utebatur Atti Tulli. Longe is tum princeps Volsci nominis erat Romanisque semper infestus. Ita cum alterum vetus odium, alterum ira recens stimularet, consilia conferunt de Romano bello. Haud facile credebant plebem suam impelli posse, ut totiens infeliciter temptata arma caperent: multis saepe bellis, pestilentia postremo amissa iuventute fractos spiritus esse; arte agendum in exoleto iam vetustate odio, ut recenti aliqua ira exacerbarentur animi.

II, 37.

Ad eos ludos auctore Attio Tullio vis magna Volscorum venit. Priusquam committerentur ludi, Tullius, ut domi compositum cum Marcio fuerat, ad consules venit; dicit esse quae secreto agere de re publica velit. Arbitris remotis, "Invitus" inquit, "quod sequius sit, de meis civibus loquor. Non tamen admissum quicquam ab iis criminatum venio, sed cautum ne admittant. Nimio plus quam velim, nostrorum ingenia sunt mobilia. Multis id cladibus sensimus, quippe qui non nostro merito sed vestra patientia incolumes simus. Magna hic nunc Volscorum multitudo est; ludi sunt; spectaculo intenta civitas erit. Memini quid per eandem occasionem ab Sabinorum iuventute in hac urbe commissum sit; horret animus, ne quid inconsulte ac temere fiat. Haec nostra vestraque causa prius dicenda vobis, consules, ratus sum. Quod ad me attinet, extemplo hinc domum abire in animo est, ne cuius facti dictive contagione praesens violer." Haec locutus abiit. Consules cum ad patres rem dubiam sub auctore certo detulissent, auctor magis, ut fit, quam res ad praecavendum vel ex supervacuo movit, factoque senatus consulto ut urbe excederent Volsci, praecones dimittuntur qui omnes eos proficisci ante noctem iuberent. Ingens pavor primo discurrentes ad suas res tollendas in hospitia perculit;

proficiscentibus deinde indignatio oborta, se ut consceleratos contaminatosque ab ludis, festis diebus, coetu quodam modo hominum deorumque abactos esse.

II, 39.

Imperatores ad id bellum de omnium populorum sententia lecti Attius Tullius et Cn. Marcius, exsul Romanus, in quo aliquanto plus spei repositum. Quam spem nequaquam fefellit, ut facile appareret ducibus validiorem quam exercitu rem Romanam esse. Circeios profectus primum colonos inde Romanos expulit liberamque eam urbem Volscis tradidit; Satricum, Longulam, Poluscam, Coriolos, novella haec Romanis oppida ademit; inde Lavinium recepit; inde in Latinam viam transversis tramitibus transgressus, tunc deinceps Corbionem, Veteliam, Trebium, Labicos, Pedum cepit. Postremum ad urbem a Pedo ducit, et ad fossas Cluilias quinque ab urbe milia passuum castris positis, populatur inde agrum Romanum, custodibus inter populatores missis qui patriciorum agros intactos servarent, sive infensus plebi magis, sive ut discordia inde inter patres plebemque oreretur. Quae profecto orta esset—adeo tribuni iam ferocem per se plebem criminando in primores civitatis instigabant—; sed externus timor, maximum concordiae vinculum, quamvis suspectos infensosque inter se iungebat animos. Id modo non conveniebat quod senatus consulesque nusquam alibi spem quam in armis ponebant, plebes omnia quam bellum malebat. Sp. Nautius iam et Sex. Furius consules erant. Eos recensentes legiones, praesidia per muros aliaque in quibus stationes vigiliasque esse placuerat loca distribuentes, multitudo ingens pacem poscentium primum seditioso clamore conterruit, deinde vocare senatum, referre de legatis ad Cn. Marcium mittendis coegit. Acceperunt relationem patres, postquam apparuit labare plebis animos; missique de pace ad Marcium oratores atrox responsum rettulerunt: si Volscis ager redderetur, posse agi de pace: si praeda belli per otium frui velint, memorem se et civium iniuriae et hospitum beneficii adnisurum, ut appareat exsilio sibi inritatos, non fractos animos esse. Iterum deinde iidem missi non recipiuntur in castra. Sacerdotes quoque suis insignibus velatos isse supplices ad castra hostium traditum est; nihilo magis quam legatos flexisse animum.

II, 40.

Tum matronae ad Veturiam matrem Coriolani Volumniamque uxorem frequentes coeunt. Id publicum consilium an muliebris timor fuerit, parum invenio: pervicere certe, ut et Veturia, magno natu mulier, et Volumnia duos parvos ex Marcio ferens filios secum in castra hostium irent et, quoniam armis viri defendere urbem non possent, mulieres precibus lacrimisque defenderent. Ubi ad castra ventum est nuntiatumque Coriolano est adesse ingens mulierum agmen, ut qui nec publica maiestate in legatis nec in sacerdotibus tanta offusa oculis animoque religione motus esset, multo obstinatior adversus lacrimas muliebres erat; dein familiarium quidam qui insignem maestitia inter ceteras cognoverat Veturiam, inter nurum nepotesque stantem, "Nisi me frustrantur" inquit, "oculi, mater tibi coniunxque et liberi adsunt." Coriolanus prope ut amens consternatus ab sede sua cum ferret matri obviae complexum, mulier in iram ex precibus versa "Sine, priusquam complexum accipio, sciam" inquit, "ad hostem an ad filium venerim, captiva materne in castris tuis sim. In hoc me longa vita et infelix senecta traxit ut exsulem te deinde hostem viderem? Potuisti populari hanc terram quae te genuit atque aluit? Non tibi, quamvis infesto animo et minaci perveneras, ingredienti fines ira cecidit? Non, cum in conspectu Roma fuit, succurrit: intra illa moenia domus ac Penates mei sunt, mater coniunx liberique? Ergo ego nisi peperissem, Roma non oppugnaretur; nisi filium haberem, libera in libera patria mortua essem. Sed ego mihi miserius nihil iam pati nec tibi turpius usquam possum, nec ut sum miserrima, diu futura sum: de his videris, quos, si pergis, aut immatura mors aut longa servitus manet." Uxor deinde ac liberi amplexi, fletusque ob omni turba mulierum ortus et comploratio sui patriaeque fregere tandem virum. Complexus inde suos dimittit: ipse retro ab urbe castra movit. Abductis deinde legionibus ex agro Romano, invidia rei oppressum perisse tradunt, alii alio leto. Apud Fabium, longe antiquissimum auctorem, usque ad senectutem vixisse eundem invenio; refert certe hanc saepe eum exacta aetate usurpasse vocem multo miserius seni exsilium esse. Non inviderunt laude sua mulieribus viri Romani—adeo sine obtrectatione gloriae alienae vivebatur—; monumento quoque quod esset, templum Fortunae muliebri aedificatum dedicatumque est.

GLOSSARY

A

abalieno, are (1) – alienate

abdico, are (1) (se) – abdicate

abditus, a, um – hidden

abdo, ere, didi, ditum (3) – conceal

abduco, ere, duxi, ductum (3) – lead away

abhorreo, ere, ui (2) – shrink from, avoid

abigo, ere, egi, actum (3) – drive away

ablegatio, onis f. – sending away

ablego, are (1) – send away

abnuo, ere (3) – refuse, reject

abominor, ari (1) – loathe, abominate

abrogo, are (1) – abrogate, annul, cancel

abscedo, ere, cessi, cessum (3) – depart, withdraw

absolvo, ere, solvi, solutum (3) – acquit

abstergeo, ere, tersi, tersum (2) – wipe off

absterreo, ere, terrui, territum (2) – frighten away, deter

abstineo, ere, tinui, tentum (2) – keep off, refrain from

absumo, ere, sumpsi, sumptum (3) – use up, consume

accendo, ere, cendi, censum (3) – ignite, inflame

accensus, i m. – attendant

accingo, ere, cinxi, cinctum (3) – gird to; pass. prepare one's self for

accio, cire, civi, itum (4) – summon, fetch

accumulo, are (1) – pile up

acervo, are (1) – form a heap

adaequo, are (1) – equal

adcelero/accelero, are (1) – accelerate

addo, ere, didi, ditum (3) – add

adeo (adv.) – so much

adfero/affero, ferre, tuli, latum – deliver, import, report, allege

adfirmo/affirmo, are (1) – affirm

adgredior/aggredior, i, gressus (3) – undertake

adhibeo, ere, hibui, hibitum (2) – bring to, employ, use

adhortatio, onis f. – encouragement

adhortor, ari (1) – encourage

adhuc (adv.) – this place, this far

adimo, ere, emi, emptum (3) – take away

aditus, us m. – access, entrance

admiratio, onis f. – wonder

admisceo, ere, miscui, mixtum (2) – mix with, join to

adnitor, niti, nixus/nisus (3) – strive

adolesco, ere, adolevi (3) – grow, mature

adopertus, a, um – covered

adorior, iri, ortus (4) – approach, assault, undertake a difficult action

adoro, are (1) – worship

adscisco/ascisco, ere, scivi, scitum (3) – summon, call to, admit

adsequor/assequor, i, secutus (3) – reach by pursuing

adservo, are (1) – preserve

adsuetus/assuetus, a, um – accustomed

adulter, eri m. – adulterer

adulterium, i n. – adultery

advento, are (1) – approach

adventus, us m. – arrival

adversarius, i m. – opponent

adversor, ari (1) – resist or oppose

advoco, are (1) – summon

advolo, are (1) – fly to

aedes, ium f. pl. – building

aedifico, are (1) – build

aedilis, is m. – aedile (a civil magistrate)

aegre fero – take ill

aegritudo, inis f. – bitterness

aeneus, a, um – made of bronze

aequalis, e – equal

aequato Marte – on equal terms

aequo, are (1) – make one thing equal to another, level

aes alienum n. – debt

aestimo, are (1) – estimate, evaluate

affligo, ere, flixi, flictum (3) – strike down, ruin, discourage

affluo, ere, fluxi, fluxum (3) – flow in abundance

agedum/agitedum – come now!

agitatio, onis f. – agitation, activity

agito, are (1) – put in motion, deliberate upon

agmen, inis n. – motion, line of men (especially soldiers) in motion

agnosco, ere, novi, nitum (3) – recognize, acknowledge

agrestis, e – rustic, wild, uncultivated

alacritas, tatis f. – alacrity, swiftness

alieno, are (1) – alienate

aliquamdiu (adv.) – for some time

aliquanto (adv.) – somewhat

aliquatenus (adv.) – somewhat

aliquot (indecl.) – some

alluvies, ei f. – a pool of water made by overflowing sea or river

altare, is n. – altar

altercatio, onis f. – dispute

altitudo, inis f. – depth

alveus, i m. – hollow vessel

ambages, is f. – roundabout way, circumlocution, ambiguity

ambiguus, a, um – obscure

ambo, ae, o – both

amens, ntis – out of one's senses

amicio, ire, amicui/amixi, amictum (4) – wrap about

amnis, is m. – stream, river

amplector, i, exus (3) – embrace

amplifico, are (1) – amplify, augment

amplus, a, um – large

anceps, cipitis – double, doubtful, ambiguous

ancilla, ae f. – maid

animadverto, ere, verti, versum (3) – notice (+ **in** + acc. – punish)

annona, ae f. – price of grain

annosus, a, um – aged

antecedo, ere, cessi, cessum (3) – precede

antequam (conj.) – before

antiquo, are (1) – render invalid, reject

anxius, a, um – anxious

aperio, ire, perui, pertum (4) – open, reveal

aperte (adv.) – openly

apertus, a, um – open

apex, icis m. – peak, tall cap

appareo, ere, ui (2) – appear; apparet (impers.) – it appears

apparitor, oris m. – attendant

appellatio, onis f. – appeal

appello, are (1) – call, name, appeal

appeto, ere, ivi, itum (3) – attack, strive after, come or approach

arbiter, i m. – witness

arbitrium, i n. – judgment, freewill

arcesso, ere, cessivi, cessitum (3) – send for

arcus, us m. – bow, arch

ardeo, ere, arsi, arsum (2) – burn

ardor, oris m. – heat, zeal, enthusiasm

arduus, a, um – steep

area, ae f. – vacant place, grounds, square

armatus, a, um – armed

armo, are (1) – arm

arripio, ere, ripui, reptum (3) – seize

artifex, icis m. – artist, craftsman, artisan

assentior, iri, sensus (4) – agree

assevero, are (1) – assert, declare

assumo, ere, sumpsi, sumptum (3) – take to oneself

asylum, i n. – sanctuary

atrium, i n. – entrance room

atrocitas, tatis f. – horribleness

atrociter (adv.) – fiercely

atrox, atrocis – frightful, dire

attineo, ere, tinui, tentum (2) – pertain

attono, are, tonui, tonitum (1) – stun

augeo, ere, auxi, auctum (2) – increase

augurium, i n. – augury, omen

augustus, a, um – august, deserving reverence

aura, ae f. – breeze; **aura popularis** – popular favor

ausim – I would dare, I would venture

auspicato – after taking the auspices

auspicia, orum n. – auspices

avide (adv.) – eagerly

avis, is f. – bird

avitus, a, um – coming from a grandfather, ancestral

avolo, are (1) – fly away, hurry off

avunculus, i m. – maternal uncle

avus, i m. – grandfather, ancestor

B

baculum, i n. – staff

barbarus, i m. – barbarian

benigne (adv.) – benevolently

benignitas, atis f. – kindness, goodwill

benignus, a, um – kindly, well-disposed

blandior, iri (4) (+ dat.) – soothe, flatter

blanditia, ae f. – blandishment

bonitas, atis f. – goodness

C

cadaver, eris n. – corpse

caedes, is f. – cutting down, slaughter

caedo, ere, cecidi (3) – cut, cut down, beat

caerimonia, a f. – ritual

callide (adv.) – skilfully

campus, i m. – field

cantus, us m. – chant, song

capesso, ere, ivi, itum (3) – take eagerly

captator, oris m. – one who eagerly reaches after

captivus, a, um – captive

carcer, eris m. – prison

carmen, inis n. – poem, formula

castitas, atis f. – chastity

castra stativa – stationary camp

castra, orum n. pl. – camp

castus, a, um – chaste

caterva, ae f. – crowd

causor, ari (1) – make a pretext of

cavatus, a, um – hollowed out

cavea, ae f. – cage

celeber, ebris, ebre – much frequented, famous

celebro, are (1) – frequent, do something often and/or in great numbers, honor, celebrate or keep (a festival or event)

celo, are (1) – hide

censeo, ere, censui, censum (2) – value, estimate, judge

censor, oris m. – censor

censura, ae f. – censorship

census, us m. – registering and rating of Roman citizens, their property etc., census

centuriatus, a, um – related to centuries (divisons of Roman people)

certamen, inis n. – contest, struggle

certo, are (1) – contend

cesso, are (1) – cease from

ceterum (adv.) – besides, otherwise, yet

cibaria, orum n. pl. – provisions

cibus, i m. – food

cingo, ere, cinxi, cinctum (3) – surround

circa (adv.) – around (also preposition + acc.)

circum (preposition + acc.) – around

circumago, ere, egi, actum (3) – bring around, (pass.) be completed

circumaro, are (1) – plough around

circumdo, are, dedi, datum (1) – place around

circumeo, ire, ivi – go around

circumfero, ferre, tuli, latum – bear round

circumsedeo, ere, sedi, sessum (2) – besiege

circumspecto, are (1) – look about with attention

circumspicio, ere, spexi, spectum (3) – look around

circumsto, are, steti (1) – stand around, encircle

circumvallo, are (1) – surround with a wall

circumvehor, i, vectus (3) – ride around

circumvenio, ire, veni, ventum (4) – surround

cito, are (1) – hasten, incite, call to witness

clades, is f. – calamity, destruction

clam (preposition + acc.) – without the knowledge of

clamo, are (1) – shout

clamor, oris m. – outcry

clemens, ntis – merciful

cliens, clientis m. – client, retainer

clivus, i m. – hill

cloaca, ae f. – sewer

coacervo, are (1) – heap up, accumulate

coalesco, ere (3) – come together, unite

coemo, ere, emi, emptum (3) – buy up

coeo, ire, ivi, itum – gather

coetus, us m. – assembly

cogitatio, onis f. – thought

cognatio, onis f. – relationship

cognomen, inis n. – epithet

coitio, onis f. – meeting

collega, ae m. – colleague

colligo, are (1) – bind

collis, is m. – hill

colloquium, i n. – conversation

colloquor, i, locutus (3) – talk together

colonus, i m. – colonist, tenant farmer

columen/culmen, inis n. – peak, summit

columna, ae f. – column

comburo, ere, bussi, bustum (3) – burn up

comes, itis m. or f. – companion, escort

comissatio, onis f. – revelry

comissor, ari (1) – revel

comitas, tatis f. – courteousness

comiter (adv.) – pleasantly, politely

comitia curiata – elections in which votes were made in 30 divisions called 'curiae'

comitium, i n. – the place for assembly at Rome, assembly

comitor, ari (1) – attend

commeatus, us m. – passage to and fro, leave of absence, provisions

commendo, are (1) – recommend, entrust

commeo, are (1) – go and come

comminus (adv.) – in close contest

commodus, a, um – convenient

commoveo, ere, movi, motum (2) – stir up

communico, are (1) – communicate, share

comparo, are (1) – compare, prepare

compello, ere, puli, pulsum (3) – drive together to a place, compel

compenso, are (1) – make up for, compensate

comperio, ire, perui, pertum (4) – discover

complector, i, plexus (3) – embrace

complexus, us m. – embrace

comploratio, onis f. – lament

comploro, are (1) – lament over

comprimo, ere, pressi, pressum (3) – press, suppress, restrain

concelebro, are (1) – celebrate, frequent in multitudes

concilio, are (1) – win over

concino, ere (3) – chant together, harmonize, agree

concipio, ere, cepi, ceptum (3) – conceive

concito, are (1) – stir up

concivis, is m. – fellow citizen

conclamo, are (1) – make an outcry

concordia, ae f. – agreement together

concremo, are (1) – burn up

concupisco, ere, cupivi/cupii, itum (3) – strive exceedingly after

concursatio, onis f. – running to and fro

concursus, us m. – coming together, concourse, collision

condemno, are (1) – condemn

condicio, onis f. – condition

conditor, oris m. – founder

confertus, a, um – crowded, stuffed

confessio, onis f. – confession

confestim (adv.) – speedily

conficio, ere, feci (3) – complete, make, kill

conflo, are (1) – blow together, bring about

confugio, ere, fugi (3) – have recourse to

conglobo, are (1) – gather into a mass

congredior, i, gressus (3) – come together, meet

congregatio, onis f. – assembly

congressus, us m. – social assembly

congruo, ere, grui (3) – correspond, suit, agree

coniuncte (adv.) – jointly

coniunctim (adv.) – unitedly

coniungo, ere, iunxi, iunctum (3) – join, unite

coniunx, igis m. or f. – spouse

coniuro, are (1) – swear together, form a plot

consacro, are (1) – consecrate, dedicate

consaluto, are (1) – greet

consceleratus, a, um – wicked person

conscendo, ere, scendi (3) – mount

conscribo, ere, scripsi, scriptum (3) – enroll

consenesco, ere, consenui (3)
– grow old together with

consensus, us m. – consent

consentio, ire, sensi, sensum (4)
– agree, consent

consideratus, a, um – maturely
reflected upon

consido, ere, sedi, sessum (3) – take
a seat, settle, take position

consolor, ari (1) – console

consortio, onis f. – association

conspectus, us m. – the range of
reach of sight

conspicio, ere, spexi, spectum (3)
– look at

constans, ntis – constant

constat, are, stitit (1) (impersonal)
– it is established

consternatus, a, um – dismayed

constituo, ere, stitui, stitutum (3)
– place, station, decide, establish

consto, are, stiti (1) – stand firm

constringo, ere, strinxi, strictum (3)
– restrain

construo, ere, struxi, structum (3)
– build

consuetudo, inis f. – custom

consularis, e – consular

consulatus, us m. – consulate

consulo, ere, sului, sultum (3)
– consult (+ acc.), take thought for
(+ dat.)

consulto (adv.) – on purpose

consulto, are (1) – take counsel

consuo, ere (3) – sew

contagio, onis f. – contagion

contaminatus, a, um – impure
person

contemplor, ari (1) – view attentively

contemptim (adv.) – with contempt

contemptus, us m. – contempt

contentio, onis f. – contest, effort

contentus, a, um – content

conterreo, ere, terrui, territum (2)
– terrify greatly

continuo, are (1) – continue

contio, onis f. – assembly, oration in
an assembly

contraho, ere, traxi, tractum (3)
– bring together, cause, make

contristo, are (1) – sadden

contumeliosus, a , um – insulting

conubium, i n. – right of contracting
marriage, wedlock

convenio, ire, veni, ventum (4)
– (with things as subject) be
agreeable to, be decided on

convivium, i n. – party, dinner

coorior, iri, ortus (4) – appear, break
out

coquo, ere, coxi, coctum (3) – cook

corneus, a, um – of horn

corruo, ere, corrui (3) – fall together,
rush headlong

credibilis, e – credible

crimen, inis n. – crime, charge, ac-
cusation

criminor, ari (1) – accuse one of
crime

cruciatus, us m. – torture

crudelitas, atis f. – cruelty

crudeliter (adv.) – cruelly

cruentus, a, um – bloody

crux, crucis f. – cross

cubile, is n. – sleeping place, couch

culter, tri m. – knife

cultus, us m. – cultivation, worship, culture

cumulo, are (1) – heap up, fill with

cumulus, i m. – heap, pile

cunctatio, onis f. – hesitation

cunctus, a, um – all together

curatio, onis f. – administration

curia, ae f. – the Senate

currus, us m. – chariot

curulis, e – curule, official

custodio, ire (4) – guard

D

damnum, i n. – damage

decedo, ere, cessi, cessum (3) – go away

decemviralis, e – of or belonging to the decemvirs

decemviratus, us m. – decemvirate

decemviri, orum m. pl. – college of ten men, decemviri or decemvirs

decimum (adv.) – for the tenth time

decoro, are (1) – embellish, decorate

decurro, ere, curri, cursum (3) – run down

decursus, us m. – running down

decus, oris n. – honor

dedecus, oris n. – shame, dishonor

deditio, onis f. – surrender

dedo, ere, didi, ditum (3) – deliver, apply, dedicate

deduco, ere, duxi, ductum (3) – lead away, subtract

defatigo, are (1) – wear out

defero, ferre, tuli, latum – report, deliver, carry, bring

defigo, ere, fixi, fixum (3) – drive or fasten into

defodio, ere, fodi, fossum (3) – dig up, bury

deformis, e – ugly

defungor, i, functus (+ abl.) – finish, discharge

deicio, ere, ieci, iectum (3) – throw down, drive out

dein (adv.) – thereafter

deinceps (adv.) – next, successively

delenio, ire, ivi, itum (4) – soothe, entice

deleo, ere, delevi, deletum (2) – destroy

delictum, i n. – crime

deligo, are (1) – bind together

deligo, ere, legi, lectum (3) – choose out

demigro, are (1) – migrate from

deminuo, ere, minui, minutum (3) – diminish

demo, ere, dempsi, demptum (3) – take off

demum (adv.) – exactly, only, at last

denuntiatio, onis f. – indication, declaration

depello, ere, puli, pulsum (3) – drive away

deploro, are (1) – weep for bitterly

depopulor, ari (1) – devastate

deposco, ere, depoposci (3) – demand

deprehendo, ere, prehendi, prehensum (3) – seize upon, catch

descendo, ere, scendi, scensum (3) – come down

descisco, ere, descivi (3) – revolt from, defect, depart from, desert

desero, ere, rui, rtum (3) – forsake, desert

desiderium, i n. – desire

desilio, ire, silui, sultum (4) – jump down

despero, are (1) – despair

despondeo, ere, spondi, sponsum (2) – give up

desponsus, a – betrothed

despuo, ere (3) – spit

destino, are (1) – intend, direct for or

destituo, ere, ui, utum (3) – set down, abandon

destruo, ere, struxi, structum (3) – destroy

desuesco, ere, suevi, suetum (3) – disuse

desum, esse, fui – be absent, lacking

deterreo, ere, terrui, territum (2) – frighten away, deter

detracto, are (1) – decline

detrudo, ere, trusi, trusum (3) – drive away

devasto, are (1) – devastate

devenio, ire, veni, ventum (4) – come down

deversorium, i n. – inn

devoveo, ere, vovi, votum (2) – vow, devote, offer oneself (usually in battle) as a sacrifice to the gods

dicio, onis f. – power, domination

dico, are (1) – dedicate

dictatorius, a, um – of or belonging to a dictator

dictito, are (1) – say repeatedly

differo, ferre, tuli, latum – put off, delay

diffundo, ere, fudi, fusum (3) – pour out

digredior, i, gressus (3) – depart, go apart, diverge

dilabor, i, lapsus (3) – slip away

dilectus, us m. – recruiting

dilucide (adv.) – clearly

diluo, ere, lui, lutum (3) – wash away, remove

dimicatio, onis f. – combat

dimico, are (1) – fight

diripio, ere, ripui, reptum (3) – tear asunder, ravage, struggle

disciplina, ae f. – discipline

discordia, ae f. – discord

discrepo, are (1) – differ

discrimen, inis n. – difference, distinction, danger, emergency

discurro, ere (3) – run about

disicio, ere, ieci, iectum (3) – throw asunder

dispar, aris – unequal

dispergo, ere, persi, persum (3) – scatter on all sides

displiceo, ere, ui (2) – displease

dispono, ere, posui, positum (3) – distribute

dissimulo, are (1) – conceal, disguise

dissipo, are (1) – disperse, scatter

dissolvo, ere, solvi, solutum (3) – dissolve, destroy

dissonus, a , um – dissonant

dissuadeo, ere, suasi, suasum (2) – dissuade

distribuo, ere, tribui, tributum (3) – distribute

dito, are (1) – enrich

diuturnus, a, um – of long duration

diversus, a, um – opposite, different

divido, ere, visi, visum (3) – divide

divinitus (adv.) – divinely

divulgo, are (1) – disseminate, prostitute; publish

doliolum, i n. – small cask

dolus, i m. – trick, deception

domicilium, i n. – home

domo, are, domui, domitum (1) – subdue

donatio, onis f. – donation

donec (conj.) – until

dono, are (1) – give as a present

dubie (adv.) – doubtfully

dubius, a, um – doubtful

dulcedo, inis f. – sweetness, delight

duodeni, ae, a – twelve each

duplex, icis – double

duumviri, orum m. pl. – board or committee of two magistrates

E

ebrius, a, um – drunk

eburneus, a, um – made of ivory

edico, ere, dixi, dictum (3) – make known a decree

edictum, i n. – edict

edo, ere, didi, ditum (3) – set forth, produce, beget

educo, are (1) – rear

educo, ere, duxi, ductum (3) – lead out, lead away

effectus, us m. – result, effect

efficax, acis – effective

effigies, ei f. – image, representation

effluo, ere, fluxi (3) – flow out

effrenatus, a, um – unbridled

effundo, ere, fudi, fusum (3) – pour out, spread out

effuse (adv.) – profusely

egestas, atis f. – indigence, extreme poverty

egregius, a, um – excellent, distinguished

eiulatus, us m. – wailing

elabor, i, lapsus (3) – slip out, escape

eligo, ere, elegi, electum (3) – choose, elect

eludo, ere, lusi, lusum (3) – make mockery of

emineo, ere, eminui (2) – stand out

emitto, ere, misi, missum (3) – emit, send forth

emolumentum, i n. – gain, benefit

emoveo, ere, movi, motum (2) – remove

en (interj.) – lo! behold!

enimvero (conj.) – indeed

enixe (adv.) – vigorously, intensely

eo (adv.) – therefore

epulae, arum f. pl. – banquet

epulor, ari (1) – feast

equestris, e – equestrian

erigo, ere, rexi, rectum (3) – erect, rouse

erogo, are (1) – pay out, spend

erumpo, ere, rupi, ruptum (3) – break or burst forth

eruptio, onis f. – breaking out

evado, ere, vasi, vasum (3) – become

ex improviso – unexpectedly

ex industria – on purpose

ex insperato – unexpectedly

ex propinquo – from the vicinity

ex supervacuo – superfluously

exacerbo, are (1) – exasperate

exaedifico, are (1) – finish building

exanimis, e – lifeless

exanimo, are (1) – deprive of spirit, terrify, deprive of life

exardesco, ere, arsi (2) – take fire

exauguro, are (1) – desecrate, render unhallowed

excedo, ere, cessi, cessum (3) – go out

excello, ere, cellui, celsum (3) – be eminent, excel

excio, ire, civi/ii, citum (4) – call out, rouse

excito, are (1) – rouse, stir up

excogito, are (1) – contrive

excrucio, are (1) – torture

excubo, are, cubui, cubitum (1) – keep watch, lie outside

excultus, a, um – advanced, sophisticated

excursio, onis f. – attack

excuso, are (1) – excuse

exerceo, ere, ercui, ercitum (2) – exercise

exhaurio, ire, hausi, haustum (4) – empty out, exhaust

exiguus, a, um – small, trivial

exinde (adv.) – thenceforth

existimo, are (1) – think, deem, estimate

exitus, us m. – outcome

exoletus, a, um – full grown, obsolete

exorior, iri, ortus (4) – arise, appear, begin

expedio, ire (4) – bring forward, make ready, prepare

expeditio, onis f. – expedition

expers, pertis – devoid of, lacking

expio, are (1) – expiate, atone for

expleo, ere, plevi (2) – fulfill, complete

explorator, oris m. – scout, spy

exposco, ere, expoposci (3) – entreat

exprimo, ere, pressi, pressum (1) – express

exprobro, are (1) – reproach about, make a fuss about

expromo, ere, prompsi, promptum (3) – take out

expugno, are (1) – take by assault, violate

exsequor, i, secutus (3) – follow up, carry out

exsolvo, ere, solvi, solutum (3) – unbind

exspectatio, onis f. – expectation

exspiro, are (1) – breathe out, die

exsto, are (1) – appear, exist

exstruo, ere, struxi, structum (3) – build

exsudo, are (1) – sweat out, toil through

exsul, exsulis m. – a banished person, exile

exsulo, are (1) – be in exile

exsulto, are (1) – jump up, rejoice, exult

exsupero, are (1) – surpass

extemplo (adv.) – at once

exterior, ius – outer

exterreo, ere, terrui, territum (2) – thoroughly frighten

extollo, ere (3) – elevate

extraho, ere, traxi, tractum (3) – draw out, extract

extrinsecus (adv.) – on the outside

F

fabella, ae f. – short story, anecdote

faber, bri m. – workman

facinus, oris n. – deed, crime

fallo, ere, fefelli, falsum (3) – deceive

fames, is f. – hunger

familiaris, is m. or f. – a member of the same family

fanum, i n. – sanctuary

fascis, is m. – bundle of wood

fastidio, ire (4) – be averse to, be disgusted at

fastigium, i n. – height

fatigo, are (1) – weary, wear out

faustus, a, um – favorable

faveo, ere, favi, fautum (2) – favor

favor, oris m. – favor

fenus, oris n. – interest

fera, ae f. – wild beast

ferio, ire (4) – strike; make a covenant

ferme (adv.) – almost

ferociter (adv.) – fierecely

ferunt – people say

fessus, a, um – tired

festus, a, um – of or pertaining to a holiday

ficus, i f. – fig tree

fidus, a, um – trustworthy

figo, ere, fixi, fixum (3) – fix, implant

fingo, ere, finxi, fictum (3) – pretend

finitimus, a, um – neighboring

firmiter (adv.) – firmly

flamen, inis m. – a priest of a particular diety

flebiliter (adv.) – tearfully

flecto, ere, flexi, flexum (3) – bend, turn

fleo, ere, flevi, fletum (2) – weep

fletus, us m. – weeping

fluito, are (1) – flow, float

fluvius, i m. – river

foculus, i m. – a little hearth

fodio, ere, fodi, fossum (3) – dig

foeditas, atis f. – ugliness, foulness

foedo, are (1) – pollute

foedus, a, um – loathsome, ugly, horrible

foedus, eris n. – agreement, pact

formosus, a, um – handsome, attractive

formula, ae f. – formula

forte (adv.) – by accident

forus, i m. – gangway, row of seats

fossa, ae f. – ditch

fragor, oris m. – crashing noise

frango, ere, fregi, fractum (3) – break

fraternus, a, um – fraternal

fraudo, are (1) – cheat, defraud

fraus, fraudis f. – deceit, fraud

fremo, ere, fremui, fremitum (3) – grumble

frequens, entis – in great numbers

frequentia, ae f. – multitude

frequento, are (1) – visit or do often, or in great numbers

frumentum, i n. – grain

fruor, i, fructus (+ abl.) – enjoy

frustror, ari (1) – deceive

fulmen, inis n. – thunderbolt

fundamentum, i n. – foundation

fundo, ere, fudi, fusum (3) – pour, overthrow

funestus, a, um – deadly

fungor, i, functus (+ abl.) – perform

furca, ae f. – fork, gallows

G

gemino, are (1) – double

geminus, a, um – twin, double

gestio, ire (4) – exult, be eager to

gigno, ere, genui, genitum (3) – beget, produce

glaeba, ae f. – clod

globus, i m. – ball, throng

gradus, us m. – step

grassor, ari (1) – go about

gratias refero – return the favor

gratificor, ari (1) – oblige

gratuitus, a, um – that is done without pay

gratulatio, onis f. – congratulation

gratulor, ari (1) (+ dat.) – congratulate

gravor, ari (1) – be reluctant to, take ill

gregatim (adv.) – in groups

grex, gregis m. – group, gathering

guttur, uris n. – throat

H

habito, are (1) – dwell

habitus, us m. – appearance, deportment, condition, dress

haereo, ere, haesi, haesum (2) – hang or hold fast

hinc... hinc... – on this side... on that side...

honestus, a, um – honorable, worthy, proper

honoro, are (1) – respect

horrendus, a, um – fearful, dreadful

horreo, ere, horrui (2) – shudder

horriblis, e – horrible

horror, oris m. – trembling, horror, fear

hospitalis, e – pertaining to guests and hospitality

hospitium, i n. – hospitality, a lodging place

hostilis, e – hostile

I

iacto, are (1) – throw, discuss

iactura, ae f. – loss

icio/ico, ere, ici, ictum (3) – strike; make a covenant

idcirco (adv.) – therefore

Idus, uum f. pl. – Ides, the thirteenth or the fifteenth (in March, May, July and October) day of the month

ignominia, ae f. – disgrace

ignoro, are (1) – have no knowledge of

ignotus, a, um – unknown

illic (adv.) – in that place

illinc (adv.) – thence, from that place

imbellis, e – unwarlike

imbuo, ere, bui, butum (3) – moisten, tinge

immature (adv.) – untimely

immaturus, a , um – untimely

immemor, oris – forgetful

immensus, a, um – immense

immerito (adv.) – undeservedly

immeritus, a, um – undeserved

imminuo, ere, minui, minutum (3) – diminish

immoderatus, a, um – immoderate

immodicus, a, um – immoderate

imperito, are (1) – rule continuously, govern

impertio, ire (4) – give a share in, impart to

impetro, are (1) – accomplish, obtain

impetus, us m. – attack

impigre (adv.) – actively

implico, are (1) – involve

imploro, are (1) – implore

impono, ere, posui, positum (3) – impose

impotens, ntis – powerless, unbridled

improbo, are (1) – reproach

impubes, is – below the age of puberty

impugno, are (1) – attack

impune (adv.) – without punishment

in praesentia – for the present

in primis (inprimis, imprimis) (adv.) – especially

inaedifico, are (1) – build in

inauguro, are (1) – inaugurate, consecrate

incalesco, ere, calui (3) – grow warm

incautus, a, um – careless, reckless

incedo, ere, cessi, cessum (3) – march, advance, proceed

incendium, i n. – conflagration

incendo, ere, cendi, censum (3) – ignite, inflame

incesso, ere, cessivi (3) – fall upon, assault

incido, ere, cidi, casum (3) – light upon, fall into

incido, ere, cidi, cisum (3) – cut off, cut into

incito, are (1) – incite

inclamo, are (1) – call out

inclino, are (1) – incline, bend, influence

inclitus, a, um – famous, distinguished

incoho, are (1) – begin

incola, ae m. or f. – inhabitant

incolo, ere, ui (3) – inhabit

incolumis, e – safe and sound

incommode (adv.) – inconveniently

inconsulte (adv.) – inconsiderately

incrementum, i n. – addition, gain

increpito, are (1) – rebuke repeatedly

increpo, are, ui, itum (1) – sound, chide, reprove

incultus, a, um – uncultivated

incumbo, ere, cubui, cubitum (3) – lean upon, press upon, apply oneself to

incursio, onis f. – assault

incurso, are (1) – make incursions into

incuso, are (1) – accuse

incutio, ere, cussi, cussum (3) – strike upon

inde (adv.) – thence, from there (in place or time)

indico, ere, dixi, dictum (3) – proclaim, appoint

indigeo, ere, indigui (2) (+abl.) – need

indignatio, onis f. – indignation

indignitas, tatis f. – indignity

indignor, ari (1) – be indignant

indignus, a, um – unworthy

indoles, is f. – nature, quality, disposition

induco, ere, duxi, ductum (3) – lead in

induo, ere, dui, dutum (3) – put on

inermis, e – unarmed

infamia, ae f. – disgrace

infans, fantis – infant

infantulus, i m. – tiny child

infeliciter (adv.) – unfortunately

infelix, icis – unlucky, fatal

infensus, a, um – hostile

infestus, a, um – hostile

infimus, a, um – lowest

infitias eo – deny

infligo, ere, flixi, flictum (3) – strike a thing on or against

ingenuus, a, um – free-born, native

ingratus, a, um – ungrateful

ingredior, i, gressus (3) – enter, march in

inhibeo, ere, hibui, hibitum (2) – lay hold of a thing, set in operation

initio (adv.) – in the beginning

iniungo, ere, iunxi, iunctum (3) – impose on, charge

iniuria (adverbial abl.) – wrongly

iniussu (adverbial abl.) – without command

inligo/illigo, are (1) – bind on

innitor, i, nisus/nixus (3) – lean or rest upon

innocens, ntis - innocent

innotesco, ere, notui (3) – become known

innoxius, a, um – harmless, innocent

inopia, ae f. – scarcity, indigence

inopinatus, a, um – unexpected

inops, inopis – small, weak, help-less

inquietus, a, um – disturbed

inritus, a, um – vain, useless

inrumpo/irrumpo, ere, rupi, rup-tum (3) – break or burst in

insanus, a, um – insane

insatiabilis, e – insatiable

inscius, a, um – not knowing

insculpo, ere, sculpsi, sculptum (3) – engrave

insectator, oris m. – persecutor

insequens, ntis – following

insequor, i, secutus (3) – follow, come next

insideo, ere, sedi (2) – sit in or upon a thing

insidior, ari (1) – lie in wait for, set an ambush for

insigne, is n. – sign, badge

insignis, e – distinguished, promi-nent

insperatus, a, um – unhoped for

inspicio, ere, spexi, spectum (3) – inspect, examine, scrutinize

instanter (adv.) – earnestly

instigo, are (1) – incite

insto, are, institi (1) – draw nigh, approach

instruo, ere, struxi, structum (3) – set up, equip, train

insum, esse, fui – be inside

insuper (adv.) – moreover

intactus, a, um – untouched

integer, tegra, tegrum – intact

intendo, ere, tendi, tentum (3) – strain, stretch, direct

intento, are (1) – brandish at, aim at

intentus, a, um – eager, intent

intercessio, onis f. – intervention, protest

intercessor, oris m. – one who intercedes

intercludo, ere, clusi, clusum (3) – shut off

interfector, oris m. – murderer

interiacio/intericio, ere, ieci, iec-tum (3) – put between

interim (adv.) – meanwhile

interior, ius – interior

intermitto, ere, misi, missum (3) – leave off, intermit

interpono, ere, posui, positum (3) – interpose, place between

interpres, pretis m. – interpreter, translator

interpretor, ari (1) – understand, interpret, translate

interrex, regis m. – temporary chief magistrate

interrumpo, ere, rupi, ruptum (3) – break apart

intersum, esse, fui (+ dat.) – be present at

intervallum, i n. – interval, space between

intervenio, ire, veni, ventum (4) – intervene

introeo, ire, ivi, itum – enter

introrsum (adv.) – towards the inside

intueor, eri, tuitus (2) – gaze at

intutus, a, um – unsafe

inutilis, e – useless

investigatio, onis f. – investigation

invictus, a, um – unconquered

invidiosus, a, um – giving rise to bad feeling

inviolatus, a, um – inviolate

invisitatus, a, um – unseen, unkown

inviso, ere, visi, visum (3) – go to see, visit

irrideo, ere, risi (2) – laugh at

iugerum, i n. (pl.) iugera, um – acre

iugulo, are (1) – cut the throat, slay, murder

iugulum, i n. – neck

iugum, i n. – yoke

iuniores, um m. pl. – younger people

iuro, are (1) – swear, take an oath

iustitium, i n. – a cessation from business in the courts of justice

iuvat, are, iuvit (1) (impersonal verb + acc.) – it pleases

iuvenalis/iuvenilis, e – youthful

iuventa, ae f. – youth

iuventus, tutis f. – youth

iuxta (preposition + acc.; adv.) – near to

L

labo, are (1) – be ready to fall

laboriosus, a, um – laborious, difficult

labrum, i n. – lip

laete (adv.) – joyfully

lambo, ere (3) – lick

lamentum, i n. – lament

lana, ae f. – wool

languidus, a, um – slow, sluggish, languid

laqueus, i m. – noose

largitio, onis f. – giving freely

lascivia, ae f. – playfulness, sportiveness

lascivio, ire (4) – frolic, frisk, run wild

late (adv.) – widely

lator, oris m. – proposer of a law

latro, onis m. – robber

lectus, i m. – bed

legitimus, a, um – legitimate

lenio, ire (4) – soften

letum, i n. – death

levamen, inis n. – relief

levo, are (1) – lessen

libidinose (adv.) – wantonly

libido, inis f. – lust

libra, ae f. – pound

licentia, ae f. – unrestrained liberty, licentiousness

lictor, oris m. – official attendant

ligneus, a, um – wooden

limus, a, um – sidelong; oculis limis aspicere – look sideways

lingo, ere, linxi (3) – lick

linteus, a, um – made of linen

lis, litis f. – lawsuit

luctus, us m. – mourning, grieving

lucubro, are (1) – stay awake, work by night

ludibrium, i n. – game, sport, laughing-stock

ludicrum, i n. – sport

lugeo, ere, luxi, luctum (2) – mourn

luo, ere, lui (3) – release, pay, atone

lustro, are (1) – purify

lusus, us m. – jest, play, game

luxurio, are (1) – be too fruitful

luxus, us m. – luxury

M

macte virtute – bravo!

maestus, a, um – sad

magistratus, us m. – magistrate

magnificentia, ae f. – magnificence, grandeur

magnificus, a, um – magnificent

magnitudo, inis f. – size

maiestas, tatis f. – dignity, grandeur

Maius, a, um – of the month of May

maledico, ere, dixi, dictum (3) – speak ill of

mamma, ae f. – breast

mando, are (1) – commit to one's charge

manes, ium m. pl. – spirits of the dead

mano, are (1) – drip

mansuete (adv.) – calmly

manus consero (3) – join battle

Martius, a, um – related to Mars

matrona, ae f. – married woman, matron

maturo, are (1) – hasten

maturus, a, um – timely

memor, oris – mindful, remembering

memorabilis, e – memorable

mentio, onis f. – mention

mereor, eri, meritus (2) – deserve, earn

mergo, ere, mersi, mersum (3) – immerse, sink

meritum, i n. – good deed, merit

-met – a pronominal suffix

mico, are (1) – quiver, glitter

militia, ae f. – military service

milito, are (1) – perform military service

minaciter (adv.) – threateningly

minae, arum f. pl. – threat

minax, acis – threatening

minister, tri m. – agent, officer, attendant

ministerium, i n. – employment, occupation

minitabundus, a, um – threatening

minito, ari (1) – threaten

minor, ari (1) – threaten

minus (adv.) – less

mirabilis, e – wonderful, extraordinary

miraculum, i n. – marvel

miserabilis, e – miserable, exciting pity

miserandus, a, um – pitiful

miseratio, onis f. – pity

misereor, eri, itus (2) – have pity on

mitigo, are (1) – soften

mobilis, e – easy to be moved, inconstant

moderatio, onis f. – moderation

modestia, ae f. – moderation, modesty

modicus, a, um – moderate, modest

moles, is f. – mass

momentum, i n. – importance

morem alicui gero – humour, comply with someone

moribundus, a, um – dying

moror, ari (1) – stay, linger, cause delay

mortifer, a, um – deadly

motus, us m. – movement

mucro, onis m. – the point of a sword

muliebris, e – feminine

multa, ae f. – fine

multiplico, are (1) – multiply

multitudo, inis f. – crowd

munitio, onis f. – fortification, defensive work

murus, i m. – wall

mutuor, ari (1) – borrow

N

nanciscor, i, nactus (3) – obtain, get

narratio, onis f. – narrative

nato, are (1) – swim

navalia, ium n. pl. – dock-yard

necdum (conj.) – and not yet

necessitas, atis f. – necessity

necopinatus, a, um – unexpected

necto, ere, nexui/nexi (3) – weave, join, bind, oblige

negotiator, oris m. – trader

negotium, i n. – business

nepos, otis m. – grandson

nequaquam (adv.) – not at all

nequeo, nequire, nequivi – not to be able

nequiquam (adv.) – in vain

nex, necis f. – violent death

nihil antiquius est – nothing is more important

nihilominus (adv.) – nevertheless

nimio (adv.) – exceedingly

nimius, a, um – excessive

nobilis, e – famous, noble

nobilitas, tatis f. – nobility

nocivus, a, um – hurtful

nocturnus, a, um – nocturnal

nomino, are (1) – name

noscito, are (1) – recognize

noto, are (1) – indicate

novellus, a, um – new, newly founded

novissime (adv.) – recently

novitas, tatis f. – novelty

novo, are (1) – innovate, overthrow the government

noxa, ae f. – harm

nudus, a, um – naked, unarmed

numero, are (1) – count

numquid (interrogative adverb) – is it the case that?

nunc... nunc... – at one time .... at another ...

nuncupo, are (1) – name

nundinae, arum f. pl. – market-day

nuptiae, arum f. pl. – wedding

nuptialis, e – pertaining to marriage

nurus, us f. – daughter-in-law, young married woman

nusquam (adv.) – nowhere

nutus, us m. – nodding, command

O

ob (preposition + acc.) – on account of

obliviscor, i, oblitus (3) – forget

obnubo, ere, nupsi, nuptum (3) – veil, cover

oboedio, ire (4) – obey

oborior, iri, ortus (4) – rise up

obsecro, are (1) – beg, plea

obsecundo, are (1) – be compliant

obsero, are (1) – shut fast, close up

observantia, ae f. – respect

obses, idis m. or f. – hostage

obsideo, ere, sedi, sessum (2) – besiege

obsidio, onis f. – siege

obsisto, ere, stiti (3) – set one's self against, resist, oppose

obstinatus, a, um – determined, obstinate

obsto, are (1) – be in the way, impede

obstupefacio, ere, feci, factum (3) – startle

obtempero, are (1) (+ dat.) – obey

obtentus, us m. – covering, pretext

obtestor, ari (1) – invoke, call to witness

obtineo, ere, tinui, tentum (2) – hold, possess, gain possession of

obtrectatio, onis f. – envious detracting

obtrunco, are (1) – slaughter

obversor, ari (1) – take position opposite, hover before, appear to

obviam (adv.) – in the way

obvius, a, um – being in the way, available

occasus, us m. – fall, sunset

occidio, onis f. – massacre

occino, ere, cinui/cecini (3) – chirp, sing

occulto, are (1) – hide

occupo, are (1) – occupy

occurro, ere, curri (3) – come to meet, occur

occursus, us m. – meeting, making contact

octavum (adv.) – for the eighth time

octo (indecl.) – eight

octoni, ae, a – eight each

offundo, ere, fudi, fusum (3) – pour before

omen, inis n. – omen

onero, are (1) – burden

onustus, a, um – burdened

operam do – strive, give attention to

operarius, i m. – workman

operculum, i n. – cover

operosus, a, um – taking great pains

opinio, onis f. – opinion

opperior, iri, peritus/pertus (4) – await

oppidanus, i m. – townsman

oppidum, i n. – town

oppugnatio, onis f. – assault

ops, opis f. – wealth, influence, power

optimas, atis – aristocrat

opus est (+ abl.) - there is need of

oraculum, i n. – oracle

orbus, a, um – bereft, deprived, orphaned

origo, inis f. – origin

ornatus, us m. – attire, ornament

ortus, us m. – rise, origin

osculor, ari (1) – kiss

ostento, are (1) – show, demonstrate

otiosus, a, um – at leisure

ovatio, onis f. – ovation

ovo, are (1) – exult, celebrate

P

paene (adv.) – almost

paenitet, ere, ui (2) (impersonal) – be sorry for (+ acc. of person affected)

pala, ae f. – spade

palam (adv.) – openly

palor, ari (1) – wander, straggle

paludamentum, i n. – cloak

par, paris – equal (adjective) or equal/pair (neuter noun)

pariter (adv.) – equally

partim (adv.) – partly

partio, ire (4) – distribute

parum (adv.) – too little, not enough

parumper (adv.) – for a little while

pasco, ere (3) – feed

passim (adv.) – everywhere

pastor, oris m. – shepherd

pateo, ere, ui (2) – be open

patibulum, i n. – gallows

patres conscripti – senators

patricius, i m. – patrician

patrius, a, um – paternal, ancestral

patro, are (1) – perpetrate

patruus, i m. – uncle

paulatim (adv.) – gradually

paulo (adv.) – by a little

paveo, ere, pavi (2) – tremble, fear

pavidus, a, um – terrified

pavor, oris m. – trembling, fear

pecus, pecoris n. – herd

pecus, udis f. – a head of cattle

pedes, itis m. – foot-soldier

pello, ere, pepuli, pulsum (3) – impel, drive, drive out

Penates, ium m. pl. – the Penates, old Latin guardians of household

pendeo, ere, pependi (2) – hang, be suspended, depend on

penes (preposition + acc.) – in the possession of

penetralia, ium n. pl. – the sacred inner parts of shrines

penetro, are (1) – penetrate

penuria, ae f. – lack

perago, ere, egi, actum (3) – finish, perfect, spend

peragro, are (1) – cross, wander or travel over

perbenigne (adv.) – very kindly

percello, ere, culi, culsum (3) – overturn, upset, discourage percenseo, ere, censui, censum (2) – survey

percitus, a, um – instigated, impelled

percutio, ere, cussi, cussum (3) – strike; make a covenant

perduco, ere, duxi, ductum (3) – lead through, complete

perduellio, onis f. – treason

perfero, ferre, tuli, latum – bring forth, propose, complete

perfodio, ere, fodi, fossum (3) – pierce through

perfuga, ae m. – deserter

perfungor, i, functus (3) (+ abl.) – fulfill

pergo, ere, perrexi, perrectum (3) – go proceed, continue with something

perinde (adv.) … atque/ac – just… as

perlustro, are (1) – wander over

permagnus, a, um – very large

permultus, a, um – too many

pernumero, are (1) – count out

perpetro, are (1) – complete, perpetrate

persevero, are (1) – persevere

persolvo, ere, solvi, solutum (3) – pay off

persona, ae f. – mask

perspicio, ere, spexi, spectum (3) – see through

perstringo, ere, strinxi, strictum (3) – bind together, blunt, stun

perturbatio, onis f. – disturbance, worry

perveho, ere, vexi, vectum (3) – transport all the way to

pervinco, ere, vici, victum (3) – conquer completely

pestiferus, a, um – deadly, dangerous

pestilentia, ae f. – plague

petitio, onis f. – petition

piacularis, e – pertaining to atonement

piaculum, i n. – scapegoat, atonement, sacrifice, crime that requires expiation

pignus, oris/eris n. – pledge

pilum, i n. – javelin

plaustrum, i n. – wagon

plebeius, a, um – plebeian

plebes = plebs

plebicola, ae m. – one who courts the favor of the common people

plerique, pleraeque, pleraque – most

ploratus, us m. – wailing

ploro, are (1) – weep

poenas luo – pay a penalty

polleo, ere (2) – be strong and powerful

polluo, ere, ui (3) – pollute

pomerium, i n. – city boundary

pompa, ae f. – parade, procession, ostentation

pondus, eris n. – weight

pontifex, icis m. – chief priest

popularis, e – popular, fellow-citizen

populatio, onis f. – plundering

populator, oris m. – devastator

populor, ari (1) – devastate

porro (adv.) – further

portendo, ere, tendi, tentum (3) – portend

portentum, i n. – sign, omen

portio, onis f. – portion, part

portus, us m. – port

posco, ere, poposci (3) – require

possideo, ere, sedi, sessum (2) – possess, occupy

posteri, orum m. pl. – future generations

posterus, a, um – coming after

postmodum (adv.) – after a while

postremo (adv.) – finally

postridie (adv.) – the next day

postulo, are (1) – demand, request

potentia, ae f. – power

potior, iri, itus (4) (+ abl.) – acquire, possess

potissimum (adv.) – especially

poto, are (1) – drink

prae (preposition + abl.) – in front of, because of, compared with

praecaveo, ere, cavi, cautum (2) – guard against beforehand

praeceptus, a, um – taken in advance

praecipio, ere, cepi, ceptum (3) – prescribe

praecipue (adv.) – especially

praeco, onis m. – herald

praeda, ae f. – booty, prey

praedatio, onis f. – plundering

praedico, ere, dixi, dictum (3) – warn

praeditus, a, um – provided with, possessed of

praedives, itis – very rich

praedo, onis m. – plunderer

praedor, ari (1) – plunder, pillage

praeeo, ire, ivi, itum – go first, lead the way

praefectus, i m. – prefect

praefor, ari (1) – say in advance

praegredior, i, gressus (3) – go ahead, in advance

praepolleo, ere (2) – be very powerful

praesens, entis – present, at hand

praesentia, ae f. – presence

praesertim (adv.) – especially

praestantia, ae f. – excellence

praesto esse + dat. – be at hand, attend, serve

praetendo, ere, tendi, tentum (3) – use as a cover or pretext for

praeterquam (adv.) – besides, other than

pratum, i n. – meadow

precor, ari (1) – beg

prenso, are (1) – take hold of

pridem (adv.) – a long time ago

primores, um m. – leaders

pristinus, a, um – original, primitive

priusquam (conj.) – before

privatim (adv.) – privately

probabilis, e – probable

probabiliter (adv.) – probably

procedo, ere, cessi, cessum (3) – move forward, proceed

procella, ae f. – storm

procer, eris m. – noble, chief, leader

proclamo, are (1) – proclaim

proclivis, e – downward sloping, inclined

procreo, are (1) – procreate

procul (adv.) – far off

procul dubio – without doubt

procuratio, onis f. – management

procurro, ere, procucurri (3) – run forth

prodeo, ire, ivi, itum – go out, emerge, appear

prodigium, i n. – wonder, sign

prodo, ere, didi, ditum (3) – betray, hand over, give forth

produco, ere, duxi, ductum (3) – lead or bring forth

profano, are (1) – desecrate, render unholy

profectio, onis f. – departure

profecto (adv.) – actually

proficio, ere, feci, fectum (3) – make progress

profiteor, eri, fessus (2) – declare publicly

profluo, ere, fluxi, fluxum (3) – flow forth, flow along

profugio, ere, fugi (3) – flee

progenies, ei f. – offspring, descendants

prognatus, a, um – descended from

proinde (adv.) – therefore

prolabor, i, lapsus (3) – fall forward

proles, is f. – offspring

promissus, a, um – long

promo, ere, prompsi, promptum (3) – bring forth

promptus, a, um – ready, quick

promulgo, are (1) – promulgate

pronus, a, um – leaning forward, inclined downward

propalam (adv.) – openly

prope (adv. or preposition + acc.) – nearly, near

propere (adv.) – hastily

propero, are (1) – hurry

propinquitas, atis f. – vicinity

propinquus, a, um – near; **propinquus, i** m. – relative

propior, ius – closer

propitius, a, um – favorable

propositum est (with infin. or **ut** + subj.) – it is intended

propositum, i n. – plan, design

propterea (adv.) – for that reason

prorsus (adv.) – completely

prosequor, i, secutus (3) – follow, accompany

prosilio, ire, silui (4) – leap forth

prosper, era, erum – fortunate

prospicio, ere, spexi, spectum (3) – look forward or into the distance

protego, ere, texi, tectum (3) – cover over

prout (conj.) – just as, in so far as

proveho, ere, vexi, vectum (3) – carry or conduct forwards; **aetate provectus** – aged

provocatio, onis f. – appeal

provoco, are (1) – challenge, appeal

-pte – intensive suffix added to possessive adjectives

pubes, is f. – youth

publice (adv.) – at the cost of the State

pudicitia, ae f. – modesty, chastity

puerilis, e – childish, of boys

pullus, i m. – young chicken, young of any animal

pulvis, eris m. – dust

punctum, i n. – point

purgamentum, i n. – waste

purgo, are (1) – purge, exculpate

Q

quadratus, a, um – square

quadringentensimus, a, um – four hundredth

qualis, e – of what sort

quamquam (conj.) – although

quantopere (adv. interrog.) – how much

querela, ae f. – complaint

quicumque, quaecumque, quodcumque – whoever

quiesco, ere, quievi (3) – grow quiet, abate

quin (conj.) – but that, without, from, who…not, that…not

quingenti, ae, a – five hundred

quinque (indecl.) – five

quinquennium, i n. – space of five years

quintum (adv.) – for the fifth time

quippe (adv.) – for in fact; **quippe qui** – because

Quirites, ium m. pl. – Roman citizens

quisnam, quaenam, quidnam – who pray

quisquiliae, arum f. pl. – refuse

quoad (conj.) – as far as

quominus (conj.) – that not (after verbs of hindering)

R

raptim (adv.) – hastily

raro (adv.) – rarely

ratus, a, um – ratified, made official

recens, ntis – recent

recenseo, ere, censui, censum (2) – survey

recenter (adv.) – recently

receptaculum, i n. – receptacle

recipero, are (1) – recover

recito, are (1) – read out, recite

reclamo, are (1) – protest

rector, oris m. – ruler

redigo, ere, egi, actum (3) – reduce

redintegro, are (1) – restore, renew

reficio, ere, feci, fectum (3) – repair

refugio, ere, refugi, refugiturus (3) – flee back

regia, ae f. – palace

regimen, inis n. – government

regio, onis f. – region, district

regno, are (1) – reign, rule

regredior, i, gressus (3) – go back

reicio, ere, ieci, iectum (3) – throw back; drive back

relatio, onis f. – report

religio, onis f. – reverence, scruple, religion, object of religious worship, religious offence

religiosus, a, um – religious

reliquiae, arum f. – remnants

remitto, ere, misi, missum (3) – send back, relax

remuneror, ari (1) – repay

renovo, are (1) – restore, renew

renuntio, are (1) – announce

reor, reri, ratus sum (2) – think, believe, suppose

reparo, are (1) – repair

repello, ere, reppuli, pulsum (3) – thrust back

repens, ntis – sudden

repente (adv.) – suddenly

repentinus, a, um – sudden

repleo, ere, replevi, repletum (2) – fill

repono, ere, posui, positum (3) – lay, place

reporto, are (1) – carry back (**victoriam reportare** – win a victory)

reprehendo, ere, prehendi, prehensum (3) – hold back, rebuke

reprehenso, are (1) – hold back

repulsa, ae f. – rejection

resaluto, are (1) – greet back

rescindo, ere, scidi, scissum (3) – cut off

reservo, are (1) – reserve

respergo, ere, spersi, spersum (3) – besprinkle

respicio, ere, spexi, spectum (3) – look at, look to

respuo, ere, spui (3) – reject

reticeo, ere, ticui (2) – be silent about

retribuo, ere, tribui, tributum (3) – give back

retro (adv.) – backwards

retundo, ere, rettudi, retusum (3) – beat or pound back

reus, i m. – defendant

revera (adv.) – really, in fact

ripa, ae f. – bank

ritu (adverbial abl.) – in the manner of

rivus, i m. – stream

rixor, ari (1) – quarrel

roboro, are (1) – strengthen

robur, oris n. – hard wood, strength

rogatio, onis f. – bill, proposal for a law, regulation or policy

rogito, are (1) – ask repeatedly

ruina, ae f. – fall, collapse

rumpo, ere, rupi, ruptum (3) – break

S

sacellum, i n. – shrine

sacer, sacra, sacrum – sacred

sacramento aliquem adigo – make someone take the military oath

sacramentum, i n. – oath of allegiance

sacratus, a, um – consecrated

sacrificulus, a, um – in charge of, or connected with sacrifices

saepio, ire, saepsi, saeptum (4) – surround with a fence, block off

saeve (adv.) – fiercely

saevus, a, um – fierce

sagum, i n. – military cloak

salio, ire, salui, saltum (4) – jump

saltus, us m. – woodland pasture, ravine, mountain valley

salubris, e – healthy, salutary

sanguis, inis m. – blood

sarcina, ae f. – package

satelles, itis m. – attendant, life-guard

scando, ere, scandi (3) – climb, mount

sceleratus, a , um – wicked

scelus, eris n. – crime

scilicet (adv.) – namely, that is to say

scipio, onis m. – staff

sciscitor, ari (1) – ask

scisco, ere, scivi, scitum (3) – inquire, enact, pass a resolution

scriba, ae m. – clerk

scutum, i n. – shield

secedo, ere, cessi, cessum (3) – secede

secessio, onis f. – secession

secreto (adv.) – secretly

secundum (preposition + acc.) – following, after, according to

securis, is f. – axe

secus (adv.) – otherwise

sedilia, ium n. pl. – seats

seditio, onis f. – sedition

seditiosus, a, um – full of civil discord

sedo, are (1) – sedate

segnis, e – slow, sluggish, lazy

segrego, are (1) – separate, move aside

seligo, ere, legi, lectum (3) – choose

sella, ae f. – seat

semita, ae f. – path

semoveo, ere, movi, motum (2) – move away

senecta, ae f. – old age

senesco, ere, senui (3) – grow old

senilis, e – senile

senior, oris – older

seorsum (adv.) – separately

sepelio, ire, ivi/ii, pultum (4) – bury, inter

sepono, ere, posui, positum (3) – set aside

sepultura, ae f. – burial

sequior, sequius – lower, worse

sero (adv.) – late

serpens, entis f. – snake

serus, a, um – late

servilis, e – servile

servitium, i n. – servitude

seu... seu – whether... or

sexaginta (indecl.) – sixty

sextum (adv.) – for the sixth time

siccus, a, um – dry

signifer, i m. – standard-bearer

significo, are (1) – indicate

simul (adv.) – at the same time

simulacrum, i n. – image, statue

simulatio, onis f. – pretense

simulo, are (1) – feign, pretend

sin – if on the contrary

sincerus, a, um – sincere

singillatim (adv.) – individually

singularis, e – one of its kind, extraordinary

sino, ere, sivi, situm (3) – allow

situs, a, um – located

situs, us m. – location

sive (conj.) – or, or if

societas, atis f. – fellowship, association

socors, ordis – lazy, inert

solidus, a, um – firm, compact

sollemnis, e – regular, established, sollemn, religious

solvo, ere, solvi, solutum (3) – loosen, free, release, pay

sonitus, us m. – sound

sono, are, sonui, sonitum (1) – sound

sopio, ire, ivi/ii, itum (4) – calm, lull to sleep

sordidus, a, um – dirty, disgraceful

sors, tis f. – lot, fate, oracular response, principal sum loaned

sospes, itis – safe and sound

spatium, i n. – space, distance

species, ei f. – shape, form

speciosus, a, um – handsome

spectator, oris m. – spectator

specus, us m. – cave

spelunca, ae f. – cave

splendeo, ere (2) – glitter

splendor, oris m. – splendor

spolio, are (1) – despoil, plunder

spolium, i n. – spoil, arms taken from a defeated enemy

spondeo, ere, spopondi, sponsum (2) – promise solemnly

sponsus, a – betrothed

sponte (mea, tua, sua, eius, etc.) f. – of free will

spurcatus, a, um – soiled

stabulum, i n. – stable, stall, dwelling

stagnum, i n. – pool

statio, onis f. – military post

statuo, ere, statui, statutum (3) – establish, decide

status, us m. – condition

sterno, ere, stravi, stratum (3) – spread out, cover, throw down

stimulo, are (1) – spur on, incite

stipendium, i n. – pay

stipo, are (1) – crowd or press together

stirps, stirpis f. – stalk of plant or tree, lineage, offspring

strages, is f. – destruction, slaughter

strepitus, us m. – noise

stringo, ere, strinxi, strictum (3) – tighten, touch, unsheath a sword

stupefacio, ere, feci, factum (3) – stun, benumb, deaden

stupeo, ere, ui (2) – be astounded

stupor, oris m. – astonishment, numbness

stupro, are (1) – debauch, violate

suasor, oris m. – advocate, defender

subeo, ire, ivi – undergo, undertake, approach

subicio, ere, ieci, iectum (3) – bring under

subigo, ere, egi, actum (3) – subdue, tame, compel, train

sublicius, a, um – resting upon piles

submitto, ere, misi, missum (3) – let down

subrogo, are (1) – cause to be chosen in the place of another

subsequor, i, secutus (3) – follow close

subsisto, ere, stiti (3) – stand, remain, (trans.) resist

succedo, ere, cessi, cessum (3) – turn out, succeed, advance

succlamo, are (1) – shout out

sudor, oris m. – sweat

suetus, a, um – accustomed

sufficio, ere, feci, fectum (3) – suffice, substitute in place of

suffragium, i n. – vote

summisse (adv.) – modestly

summopere (adv.) – extremely

summoveo, ere, movi, motum (2) – drive away, move away

super (preposition + acc.) – over, upon, beyond

superaddo, ere (3) – add over and above

superbia, ae f. – pride

superfluens, entis – overflowing

superfluus, a, um – overflowing

superincidens, entis – falling from above

superne (adv.) – from above

supersum, esse, fui – be left, remain, abound

supplex, icis – humbly begging

suppliciter (adv.) – humbly, submissively

suspectus, a, um – mistrusted

symbolum, i n. – symbol

T

taberna, ae f. – shop

tabula, ae f. – tablet

taedium, i n. – weariness, loathing

tantopere (adv.) – so much

tantum ... quantum ... – so much ... as...

tantummodo (adv.) – only

tardus, a, um – slow

tectum, i n. – roof, house

telum, i n. – missile weapon

temere (adv.) – rashly, by chance

tempero, are (1) – give restraint to

tempto, are (1) – try

tendicula, ae f. – snare, leash

tenebrae, arum f. pl. – shadows

tener, era, erum – tender

tensa, ae f. – a type of chariot

tenuis, e – light, thin, delicate

tergiversor, ari (1) – turn one's back, seek evasion

tergum, i n. – back

terni, ae, a – three each

terribilis, e – frightful

territo, are (1) – frighten

terror, oris m. – great fear, terror

testis, is m. or f. – witness

testor, ari (1) – call to witness, declare

testudo, inis f. – tortoise, vault of roof, covering (like a tortoise shell) for besiegers

textus, us m. – text

tigillum, i n. – small beam

tignum, i n. – beam

torpeo, ere (2) – be sluggish, numb

torpor, oris m. – lethargy, numbness

torreo, ere, torrui, tostum (2) – roast, burn

trabs, trabis f. – timber

tractus, us m. – territory, region

traduco, ere, duxi, ductum (3) – bring over, transfer

traicio, ere, ieci, iectum (3) – place or throw across

trames, itis m. – cross-way

trano, are (1) – swim through

tranquillus, a, um – calm

transfigo, ere, fixi, fixum (3) – pierce, transfix

transfuga, ae m. – deserter

transfugio, ere, fugi (3) – flee over to the other side

transgredior, i, transgressus (3) – pass over

transilio, ire, silui/silivi (4) – leap over

transmitto, ere, misi, missum (3) – transmit, send across

transveho, ere, vexi, vectum (3) – transport

transversus, a, um – crosswise

trecentesimus, a, um + alter, a, um – three hundredth and second

trecenti, ae, a – three hundred

trepidatio, onis f. – confusion

trepido, are (1) – fear, feel alarm

trepidus, a, um – restless, alarmed, perilous

tribunal, alis n. – judgment-seat, tribunal

tribunatus, us m. – tribunate

tribunicius, a, um – belonging to a tribune

tribunus, i m. – tribune

tribus, us f. – tribe

triennium, i n. – a space of three years

trigemini, orum m. pl. – triplets

trinus, a, um – three each; three (with a noun that is used only in plural)

triumphalis, e – triumphal

triumpho, are (1) – triumph

trucido, are (1) – cut down, kill

truculenter (adv.) – ferociously

trux, trucis – fierce

tueor, eri, tuitus (2) – protect, look at

tugurium, i n. – hut

tumultuor, ari (1) – be in great confusion

tumultuosus, a, um – full of confusion

turbo, are (1) – disturb

turmatim (adv.) – in troops, in bands

tutela, ae f. – guardianship

tutor, ari (1) – guard, protect

U

ubique (adv.) – everywhere

ultor, oris m. – avenger

ultro (adv.) – beyond, besides, voluntarily

ululatus, us m. – wailing

umerus, i m. – shoulder

una (adv.) – together / **una cum** + abl. – together with

undique (adv.) – from all sides, on all sides

unice (adv.) – solely

unicus, a, um – one and no more, sole

universus, a, um – all together

unusquisque, unaquaeque, unumquodque – each one

urgeo, ere, ursi (2) – press

usquam (adv.) – anywhere

usura, ae f. – interest

usurpo, are (1) – make use of

utcumque (adv.) – however

uterque, utraque, utrumque – each of two (regarded separately)

utinam (adv.) – would to heaven!

utique (adv.) – in any case, certainly

utpote (adv.) – inasmuch as; **utpote qui** – because

utrimque (adv.) – from both sides

utroque (adv.) – in either direction

V

vado, ere (3) – go

vagitus, us m. – squalling of children

vagor, ari (1) – wander

vagus, a, um – wandering, roaming

valeo, ere (2) + infinitive – be able to

validus, a, um – strong, vigorous, powerful

vallum, i n. – rampart; palisade for rampart

vallus, i m. – stake

vanus, a, um – groundless

vapulo, are (1) – suffer blows

vastitas, tatis f. – devastation

vastus, a, um – immense

vates, is m. – soothsayer, prophet

vectigal, galis n. – tax

vehementer (adv.) – strongly, eagerly

vehiculum, i n. – vehicle

veho, ere, vexi, vectum (3) – transport, carry / **vehens, ntis** – riding

velo, are (1) – veil

velocitas, atis f. – speed

velociter (adv.) – quickly

velut (conj.) – as, like

vendito, are (1) – try to sell

venenum, i n. – poison

venerabilis, e – venerable

venerabundus, a, um – reverent

veneror, ari (1) – venerate, worship

venor, ari (1) – hunt

verbero, are (1) – beat

verecundia, ae f. – reverence

versor, ari (1) – be occupied with, engaged with / **verso, are** (1) – turn about

versus (adv.) – towards

vespertinus, a, um – pertaining to the evening

Vestalis, is f. – vestal virgin (priestess)

vestibulum, i n. – fore-court

vestigium, i n. – footstep, trace

vestimentum, i n. – garment

vestis, is f. – garment

veto, are, vetui, vetitum (1) – forbid

vetustus, a, um – old

vicis (gen.), **vicem** (acc.), **vice** (abl.), **vices** (nom. acc. pl.) – change, turn, time, duty, function

victrix, icis f. – victress

vigilia, ae f. – wakefulness, watch

viginti (indecl.) – twenty

vilis, e – cheap

vincio, ire, vinxi, vinctum (4) – bind, chain up

vinclum, i n. = **vinculum**

vindex, icis m. – avenger, one who lays claim to

vindico, are (1) – lay claim to, liberate, defend, avenge

violentia, ae f. – violent force

violo, are (1) – violate

virga, ae f. – rod

visus, us m. – faculty of sight, thing seen, vision

vitalis, e – life-giving

vitio, are (1) – violate

vitupero, are (1) – berate, rebuke

vociferor, ari (1) – cry aloud

volito, are (1) – fly to and fro

voveo, ere, vovi, votum (2) – vow, consecrate

vulgo, are (1) – disseminate, publish, prostitute

vulnero, are (1) – wound

vultur, uris m. – vulture